高职高专工学结合课程改革规划教材

Qiche Chuandong Xitong Jiance Zhenduan yu Xiufu

汽车传动系统检测诊断与修复

（汽车运用技术专业用）

交通职业教育教学指导委员会
汽车运用与维修专业指导委员会　组织编写

秦兴顺　刘　成　主　编
李　全　主　审

人民交通出版社

内 容 提 要

本书是高职高专工学结合课程改革规划教材，是在各高等职业院校积极践行和创新先进职业教育思想和理念，深入推进"校企合作、工学结合"人才培养模式的大背景下，由交通职业教育教学指导委员会汽车运用与维修专业指导委员会根据新的教学标准和课程标准组织编写而成。

本教材以汽车传动系统的检测、诊断与修复过程为主线，内容主要包括诊断与排除离合器故障、诊断与排除手动变速驱动桥故障、诊断与排除万向传动装置故障、诊断与排除驱动桥故障、诊断与排除自动变速器故障等，共5个学习任务。

本书主要供高职高专院校汽车运用技术、汽车检测与维修专业教学使用。

图书在版编目(CIP)数据

汽车传动系统检测诊断与修复 / 秦兴顺，刘成主编.
— 北京 ：人民交通出版社，2012.2
ISBN 978-7-114-09588-7

Ⅰ. ①汽… Ⅱ. ①秦… ②刘… Ⅲ. ①汽车－传动系－故障诊断－高等职业教育－教材②汽车－传动系－车辆修理－高等职业教育－教材 Ⅳ. ①U472.41

中国版本图书馆 CIP 数据核字(2012)第004255号

高职高专工学结合课程改革规划教材
书　　名：汽车传动系统检测诊断与修复
著 作 者：秦兴顺　刘　成
责任编辑：翁志新
出版发行：人民交通出版社
地　　址：(100011)北京市朝阳区安定门外外馆斜街3号
网　　址：http://www.ccpress.com.cn
销售电话：(010)59757973
总 经 销：人民交通出版社发行部
经　　销：各地新华书店
印　　刷：北京市密东印刷有限公司
开　　本：787×1092　1/16
印　　张：12.75
字　　数：290千
版　　次：2012年4月　第1版
印　　次：2016年7月　第2次印刷
书　　号：ISBN 978-7-114-09588-7
定　　价：28.00元
(如有印刷、装订质量问题的图书由本社负责调换)

交通职业教育教学指导委员会
汽车运用与维修专业指导委员会

编审委员会

前言

为落实《国家中长期教育改革和发展规划纲要(2010—2020年)》精神,深化职业教育教学改革,积极推进课程改革和教材建设,满足职业教育发展的新需求,交通职业教育教学指导委员会汽车运用与维修专业指导委员会按照工学结合一体化课程的开发程序和方法编制完成了《汽车运用技术专业教学标准与课程标准》,在此基础上组织全国交通职业技术院校汽车运用技术专业的骨干教师及相关企业的专业技术人员,编写了本套规划教材,供高职高专院校汽车运用技术、汽车检测与维修专业教学使用。

本套教材在启动之初,交通职业教育教学指导委员会汽车运用与维修专业指导委员会邀请了国内著名职业教育专家赵志群教授为主编人员进行了关于课程开发方法的系统培训。教材初稿完成后,根据课程的特点,分别邀请了企业专家、本科院校的教授和高职院校的教师进行了主审,之后又专门召开了两次审稿会,对稿件进行了集中审定后才定稿,实现了对稿件的全过程监控和严格把关。

本套教材在编写过程中,主要编写人员认真总结了全国交通职业院校多年来的教学成果,结合了企业职业岗位的客观需求,吸收了发达国家先进的职业教育理念,教材成稿后,形成了以下特色:

1. 强调"校企合作、工学结合"。汽车运用技术专业建设,从市场调研、职业分析,到教学标准、课程标准开发,再到教材编写的全过程,都是职业院校的教师与相关企业的专业人员一起合作完成的,真正实现了学校和企业的紧密结合。本专业核心课程采用学习领域的课程模式,基于职业典型工作任务进行课程内容选择和组织,体现了工学结合的本质特征——"学习的内容是工作,通过工作实现学习",突出学生的综合职业能力培养。

2. 强调"课程体系创新,编写模式创新"。按照整体化的职业资格分析方法,通过召开来自企业一线的实践专家研讨会分析得出职业典型工作任务,在专业教师和行业专家、教育专家共同努力下进行教学分析和设计,形成了汽车运用技术专业新的课程体系。本套教材的编写,打破了传统教材的章节体例,以具有代表性的工作任务为一个相对完整的学习过程,围绕工作任务聚焦知识和技能,体现行动导向的教学观,提升学生学习的主动性和成就感。

前言

《汽车传动系统检测诊断与修复》是本套教材中的一本。与传统同类教材相比,本教材倡导“在工作中学习,通过学习学会工作”的理念,学习内容以汽车传动系统维修生产中的问题引入,通过学习引导勾勒出每个学习任务的学习与工作主线,围绕汽车维修工作中的典型任务的实施组织学习内容,实现理论与实践的融合;注重学习效果的评价,每个学习任务制定了技能考核评分标准;本教材还考虑到各地的差异,增加了拓展学习部分。由于本教材是系列教材,考虑到教材间的内容衔接,书中未对汽车传动系统的结构原理作过多描述,仅针对任务实施涉及的车辆进行结构简介,若需要学习更多结构原理知识请在使用中参阅本套教材中的《汽车结构与拆装技术》。

参加本书编写工作的有:四川交通职业技术学院的秦兴顺(编写学习任务1、学习任务3的部分内容)、方文(编写学习任务2和学习任务3的部分内容)、邱尚磊(编写学习任务2的部分内容、学习任务4)、吉林交通职业技术学院的刘成(编写学习任务5)。四川交通职业技术学院邱尚磊、卜军伟完成了书中学习任务1至学习任务4的照片拍摄,吉林交通职业技术学院刘成完成了学习任务5的照片拍摄。全书由四川交通职业技术学院的秦兴顺、吉林交通职业技术学院的刘成担任主编,湖北交通职业技术学院李全担任主审。

限于编者经历和水平,教材内容难以覆盖全国各地的实际情况,希望各教学单位在积极选用和推广本系列教材的同时,注重总结经验,及时提出修改意见和建议,以便再版修订时补充完善。

交通职业教育教学指导委员会
汽车运用与维修专业指导委员会
2011年6月

目录

目录

学习任务1　诊断与排除离合器故障

工作情境描述

某一汽丰田汽车维修站接收了一辆威驰 1.5 GL-i MT 型汽车，根据车主反映，车辆在紧急加速时，感觉发动机转速迅速提高，但车辆提速响应慢，在上长坡的时候，在车内明显闻到东西烧焦的气味，并且车辆油耗最近比较高。

请通过检测离合器，判断离合器技术状况；若需要修复该故障，请制订离合器的修复方案并编制工艺流程。

学习目标

通过本任务学习，应能：

1. 叙述丰田威驰离合器结构特点；
2. 描述离合器常见故障现象，分析故障原因；
3. 描述离合器常见故障的检测与修复方法，判定故障部位；
4. 根据维修手册，制订对从动盘、压盘与飞轮、膜片弹簧的修复方案和工艺流程，完成离合器的检修及更换作业。

学习时间

10 学时。

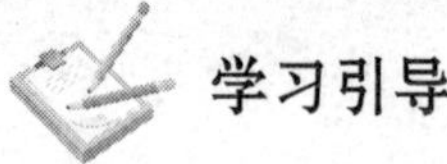

学习引导

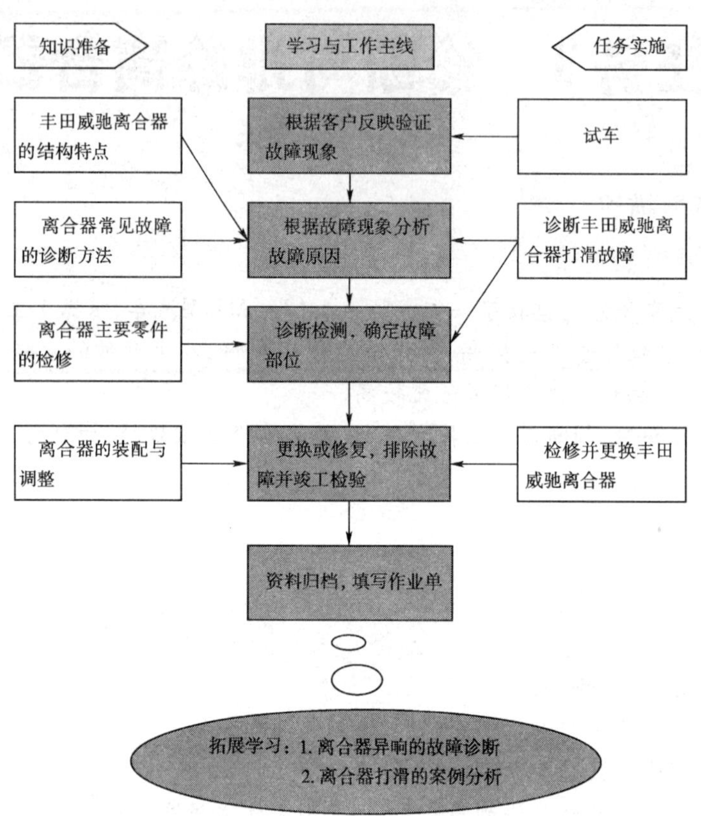

一、知 识 准 备

(一)丰田威驰汽车离合器的结构特点

丰田威驰1.5 GL-i MT型汽车的离合器系统组成如图1-1所示，该车装用单片干摩擦式膜片弹簧离合器，离合器操纵机构为液压操纵式。主要结构特点有以下四个方面。

(1)如图1-2a)所示，膜片弹簧具有压缩弹簧和分离杠杆的双重作用，所以离合器的结构简单，体积和质量较小；膜片弹簧与压盘圆周接触，压力在摩擦片上分布均匀，所以摩擦片摩擦均匀，可延长其使用寿命；膜片弹簧具有理想的非线性特性，使得离合器分离时操作轻便。另外，摩擦片磨损后压紧力变化小，工作较稳定；膜片弹簧的安装位置对称于离合器的中心线，因此其压力不受离心力的影响，能够高速工作，稳定性好。

(2)如图1-2b)所示，从动盘上的扭转减振弹簧具有变刚度的特性，因而可避免传动系统的共振,提高了零件的使用寿命。

(3)该离合器分离轴承可自动定中心,以保证工作时均匀地压紧膜片弹簧的分离指,消除了由于膜片弹簧的不同轴而引起的相对滑动。

(4)如图1-3a)所示,离合器分离轴承与膜片弹簧为常结合形式,离合器磨损后产生的间隙由膜片弹簧自动补偿,离合器踏板自由行程的大小仅取决于离合器主缸活塞与推杆之间的间隙。因此,离合器踏板自由行程的调整通过调节离合器主缸活塞推杆的长度来实现,如图1-3b)所示。

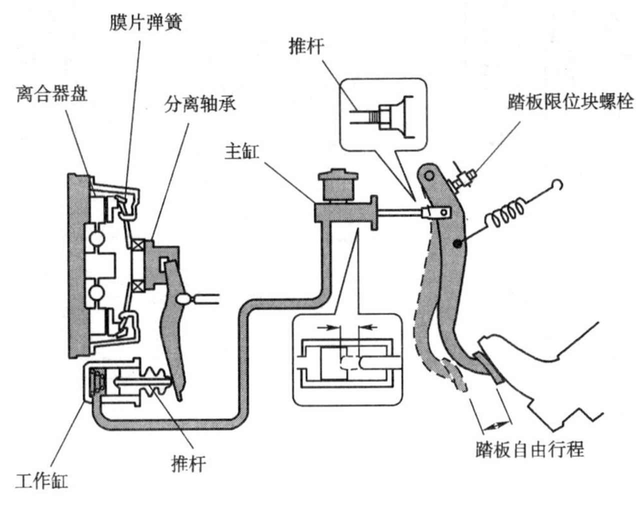

图1-1　丰田威驰1.5GL-i MT型汽车离合器系统组成简图

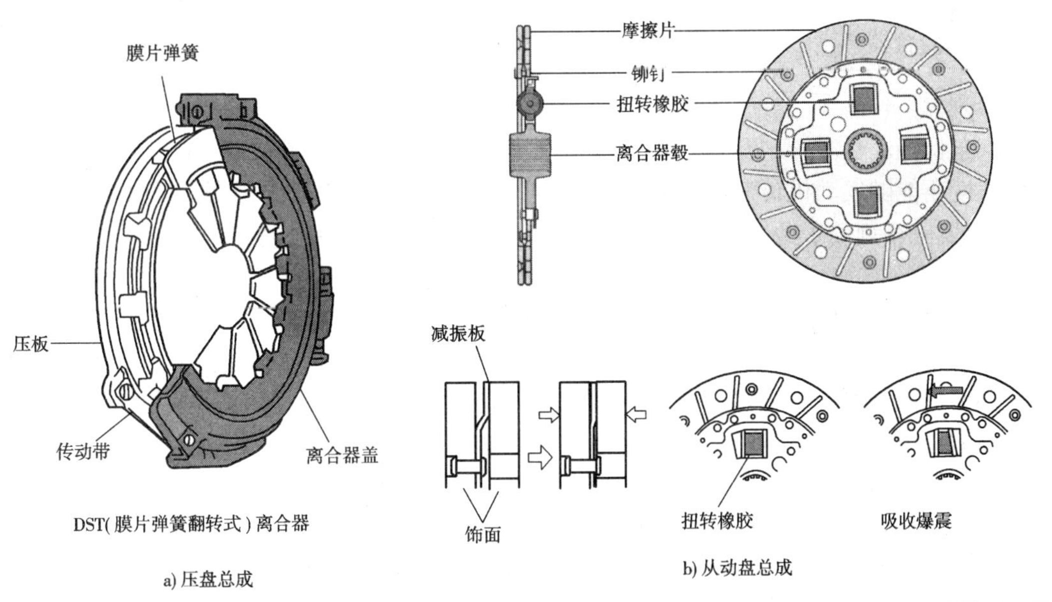

图1-2　离合器总成结构简图

(二)离合器常见故障的诊断

离合器的常见故障有离合器打滑、分离不彻底、接合不平顺和异响等。

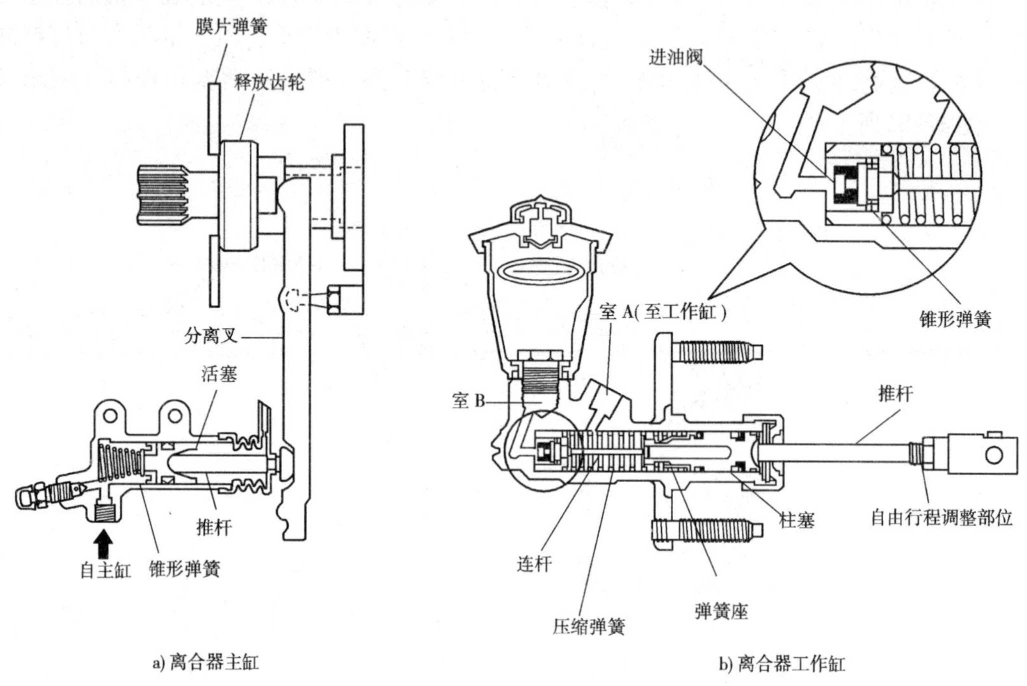

图 1-3 离合器操纵机构总成结构简图

1 离合器打滑

1)现象

汽车低挡起步时,离合器踏板抬起后,汽车不能起步或起步不灵敏;汽车加速行驶时,行驶速度不能随发动机转速的升高而升高,且伴随有离合器发热、产生烧焦气味或冒烟等现象;拉紧驻车制动手柄低挡起步时,发动机不熄火。

2)原因

(1)离合器踏板没有自由行程,使分离轴承压紧在分离杠杆上。

(2)从动盘摩擦片油污、烧焦、磨损过薄、表面不平、表面硬化或铆钉露头。

(3)压盘、飞轮变形或压盘过薄。

(4)压力弹簧过软或折断,膜片弹簧疲劳或破裂。

(5)飞轮与离合器盖之间的固定螺栓松动。

(6)分离轴承运动发卡而不能回位。

离合器打滑,动力不能有效地传递到驱动轮上,且使其过热,加剧磨损、烧焦,甚至损坏,必须及时排除故障。

3)故障诊断与排除方法

故障确认:拉紧驻车制动手柄,踩下离合器踏板使离合器分离,起动发动机,将汽车挂入高挡,将发动机转速提升至2000r/min左右,慢慢释放离合器踏板使离合器接合,发动机应立即熄火停转,若发动机在几秒钟内没有熄火说明离合器打滑。

诊断与检查:首先检查离合器踏板自由行程,若不符合标准,故障由此引起。否则,检查操纵机构是否有卡滞,若有,故障由此引起。否则,应检查离合器盖与飞轮的固定螺栓是否松动,若松动,故障由此引起。否则,应拆检离合器总成。

2 离合器分离不彻底

1)现象

发动机怠速运转时,离合器踏板完全踩下,挂挡困难且伴随齿轮撞击声;勉强挂入挡位,离合器踏板未抬起汽车就起步或发动机熄火;行驶中,换挡困难,且伴随有齿轮撞击声。

2)原因

(1)离合器自由行程过大。

(2)液压式离合器的液压系统油量不足(漏油)或有空气。

(3)分离杠杆内端不在同一平面上或内端太低,膜片弹簧分离指弹性减弱产生变形或内端磨损严重。

(4)从动盘正反装错。

(5)从动盘铆钉松脱、摩擦片破裂、钢片变形。

(6)从动盘在花键轴上轴向运动发卡。

(7)分离叉支点或分离轴承磨损过度。

(8)压紧弹簧弹力不均或个别弹簧折断(周布弹簧式离合器)。

3)故障诊断与排除方法

故障确认:使发动机处于怠速运转状态,完全踩下离合器踏板,进行变速器换挡操作,此时若齿轮发出异响并难以啮合时,可判断为离合器分离不彻底。也可将变速器挂入空挡,完全踩下离合器踏板,另找一人在车下面用起子拨动从动盘,如果能轻轻拨动,说明离合器能分离;如果拨不动,则说明离合器分离不彻底。

诊断与检查:首先检查离合器踏板自由行程,若自由行程太大,则故障由此引起。否则,对液压操纵式离合器应继续检查液压系统,若油量不足(漏油)或管路中有空气,则故障由此引起。对于机械操纵机构则应检查钢索及传动是否损坏、卡滞,若有,则故障由此引起。否则,确认是否刚换过摩擦片,若是,则应检查新换的摩擦片是否过厚,若过厚,则故障由此引起。如果上述调整、检查均未排除故障,应拆检离合器总成。

3 离合器接合不平顺

1)现象

严格按照操作规程进行汽车起步时,离合器在接合过程中产生振抖,严重时会使整车都产生振抖现象。

2)原因

(1)分离杠杆或膜片弹簧分离指内端高度不在同一平面内。

(2)压盘或从动盘钢片翘曲变形，飞轮工作端面圆跳动严重(翘曲变形)。

(3)从动盘摩擦片油污、表面厚度不均匀、表面不平整、表面硬化、烧焦，铆钉露头、松脱、折断。

(4)从动盘上的减振弹簧疲劳或折断、缓冲片破裂。

(5)分离轴承发卡而不能回位。

(6)离合器压紧弹簧折断或弹力不均，膜片弹簧疲劳或破裂。

(7)踏板复位弹簧折断或脱落。

(8)发动机支架、变速器、飞轮、飞轮壳等部件的固定螺栓松动。

3)故障诊断与排除方法

故障确认：使发动机处于怠速运转，完全踩下离合器踏板，反复以低速挡和倒车挡起步，在离合器开始接触时，检查车身是否抖动。当感觉不明显时，可改为陡坡道起步。操作过程中，注意不要完全释放离合器踏板，避免汽车发生窜动而导致严重事故。

诊断与检查：首先应检查发动机支架、变速器、飞轮、飞轮壳等部件的固定螺栓是否松动，若有松动，则故障由此引起；否则，检查离合器踏板复位弹簧是否折断或脱落，若折断或脱落，则故障由此引起；否则，检查分离轴承复位情况，不复位则故障由此引起。如果均非以上三步检查结果所引发的故障，则应拆检离合器总成予以诊断与检查。

(三)离合器主要零件的检修

1 飞轮的检修

飞轮后端面易出现磨损、沟槽、翘曲和裂纹等。一般情况下，磨损沟槽深度超过0.5mm，平面度误差超过0.12mm，应修平平面。当飞轮工作面的端面圆跳动超过极限值时，需更换飞轮。

2 导向轴承的检修

导向轴承通常是永久性润滑而不需清洁或加注润滑油的。一般对导向轴承的检查方法是：一面用手转动轴承，一面向转动方向施加压力，如轴承卡住或阻力过大，则应更换导向轴承。更换导向轴承时，需用专用工具拆装。

3 压盘和离合器盖的检修

离合器压盘的主要耗损是工作表面的磨损，严重时会出现磨损沟槽。使用不当时，甚至引起翘曲或破损现象。

压盘有严重的磨损或变形、出现裂纹、磨削后厚度小于极限值时，应更换新件。

离合盖与飞轮的接合面应平整。如有翘曲、裂纹或变形，应更换新件。

4 从动盘的检修

离合器从动盘的常见耗损有摩擦片的磨损、烧蚀、表面龟裂、油污、铆钉外露或松动等。使用不当时，还会出现扭转减振器弹簧折断、钢片与花键毂铆钉松动等问题。

从动盘摩擦衬片表面严重磨损,应更换新片。磨损程度的检查方法:用游标卡尺测量铆钉头的深度,其最小深度一般在0.3～0.5mm范围内。从动盘摩擦衬片表面有烧焦、开裂、松动和扭转减振器弹簧折断时,应更换新片。新的或经修复的从动盘装配前应检验其端面圆跳动。超过允许值应进行校正,端面圆跳动的最大值一般在0.5～0.8mm范围内。

从动盘摩擦衬片表面严重油污,应更换新摩擦衬片并检查曲轴后油封与变速器输入轴的密封情况。

5 膜片弹簧的检修

膜片弹簧因长时间使用,会出现弯曲、折断或弹力减弱的情况,进而影响动力的传递。

如图1-4所示,在膜片弹簧装复后,用塞尺和专用工具测量膜片弹簧分离指内端工作面与专用工具之间的间隙,如过大,则应调整膜片弹簧。

如图1-5所示,用游标卡尺测量膜片弹簧内端磨损深度A和宽度B,超过极限值应更换。

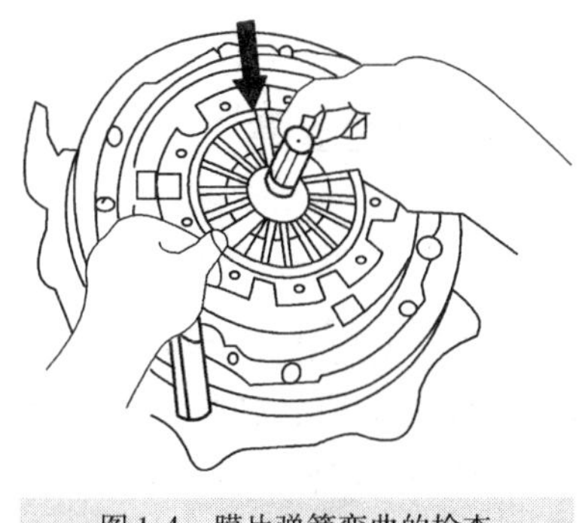

图1-4　膜片弹簧弯曲的检查

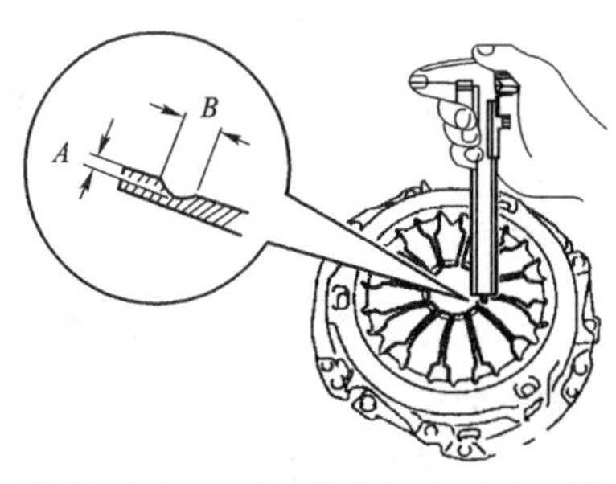

图1-5　膜片弹簧的深度和宽度的测量

6 主缸和工作缸的检修

离合器主缸及工作缸的皮碗和密封圈、防尘罩,因磨损或老化而漏油应及时更换。缸筒、活塞磨损出沟槽或台阶,也应及时更换。

(四)离合器的装配与调整

离合器的装配与调整是离合器修复后的重要工序,其工作质量直接决定离合器能否正常工作。因此,在进行装配调整时,应注意零件之间的相互联系和遵循其客观规律。

1 安装从动盘

用专用工具或变速器输入轴插入离合器从动盘键槽,使离合器从动盘键槽中心与曲轴后端孔内的导向轴承中心对正,将离合器从动盘装在飞轮上。

装配时,应仔细观察离合器从动盘的设计和制造质量,表面是否有油污,并将从动盘轴套(花键毂)较长的一端背向飞轮。

2 安装离合器盖

首先,对正离合器盖和飞轮上的装配记号,再交叉均匀地以规定的力矩分2～3次拧紧各螺栓。

3 安装分离轴承及分离拨叉

装配时,要在各活动部位,如分离叉支承衬套、分离轴承内腔、连接销等处,涂以润滑脂。

4 离合器踏板自由行程的调整

离合器踏板自由行程的调整方法因车而异。机械式操纵机构的离合器踏板自由行程是分离杠杆与分离轴承之间间隙的反映,踏板自由行程的调整就是调整该间隙的大小。液压操纵式离合器的踏板自由行程一般是主缸推杆与活塞之间的间隙和分离杠杆与分离轴承之间的间隙之和在踏板上的总反映。因此,踏板自由行程的调整实际上就是这两处间隙的调整,具体调整方法因车而异。

二、任务实施

项目1 检修威驰1.5 GL-i MT型汽车离合器打滑故障

1 项目说明

离合器打滑就是离合器接合时从动盘摩擦片在压盘与飞轮之间滑转,发动机动力不能可靠地传递给传动系。如果突然加速时,车速响应慢(即发动机转速提高而车速没有相应提高或提速迟缓);或离合器发出烧焦的气味;或爬坡时,发动机输出功率降低(即爬坡困难),就说明离合器打滑。可能的原因有:离合器踏板没有自由行程,摩擦片油污,压盘、飞轮变形,膜片弹簧疲劳或破裂,飞轮与离合器盖之间的固定螺栓松动,分离轴承运动发卡而不能回位等。因此,应通过维修人员综合检查,找出故障原因,并制订修复方案。

2 技术标准与要求

1)检测数据技术标准见表1-1。

技术标准 表1-1

检测项目	技术标准(mm)
从沥青层到踏板高度	134.3~144.3
离合器踏板自由行程	5.0~15.0
踏板全行程末端位置距离合器分离点	≥25
在踏板顶部的离合器踏板推杆间隙	1.0~5.0
从动盘铆钉头深度(最小)	1.6
从动盘端面圆跳动(最大)	0.8
膜片弹簧分离指内端磨损最大深度	0.5
膜片弹簧分离指内端磨损最大宽度	6.0
飞轮端面圆跳动(最大)	0.3

2)拧紧力矩

各紧固零件拧紧力矩见表1-2。

各紧固零件拧紧力矩　　表1-2

紧固零件	技术标准(N·m)
主缸推杆U形接头锁紧螺母	12
离合器壳总成×飞轮	19
分离叉支架×变速驱动桥总成	37

3 设备器材

(1)威驰1.5GL-iMT型乘用车。
(2)举升机、举升器。
(3)常用汽车维修工具、量具(游标卡尺、带磁铁座的百分表、塞尺、钢直尺)。
(4)专用工具(可相互借用)。
专用工具信息见表1-3。

专用工具信息　　表1-3

图例	代码	名称
	09301—00210	离合器导向工具
	09333—00013	膜片弹簧尖部平整度调整工具

4 作业准备

(1)实车检查。
(2)举升机准备。
(3)清洁、调整量具。
(4)准备作业单。

5 操作步骤

1)故障确认

将车停在水平路面(应选择安全场所),同时在车轮下放置三角木以固定车辆;进行驻车制动(即拉紧驻车制动器手柄);踩下离合器踏板,起动发动机;将挡位挂至最高挡(第四挡或第五挡);逐渐增加发动机转速(2000r/min左右),同时缓慢松开离合器踏板。如果此时发动机熄火,则说明离合器没有出现打滑故障;反之,此时发动机未熄火,则说明离合器有打滑故障。同时与客户交流,询问汽车行驶条件、行驶里程、使用强度等,做好记录。

安全提示:
此测试切勿长时间进行,否则可能会导致离合器损坏。

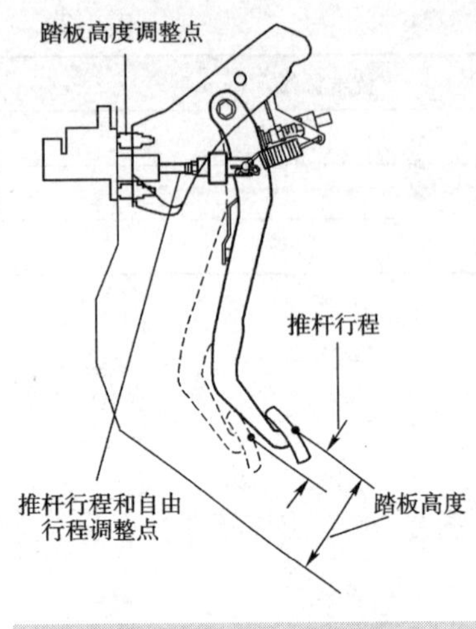

图 1-6　踏板高度示意图

2)离合器踏板高度和行程的检查与调整

(1)掀开地板地毯,检查踏板的高度。如图 1-6 所示,检测踏板距地板的高度应在 134.3 ~ 144.3mm 范围内,否则应予调整。

(2)调整踏板高度。松开锁止螺母并转动止动螺栓,直至踏板高度符合规定为止,然后紧固锁止螺母,拧紧力矩为 16N · m。

(3)检查调整踏板自由行程和推杆行程(图 1-7)。踩下踏板直至感到有阻力为止,此段距离即为踏板的自由行程,应在 5 ~ 15mm 范围内。拧松锁止螺母并转动推杆直至踏板自由行程和推杆行程符合要求,拧紧锁止螺母,拧紧力矩为 12N · m。调整后检查踏板高度是否符合要求。

(4)检查离合器的分离点(图 1-8)。

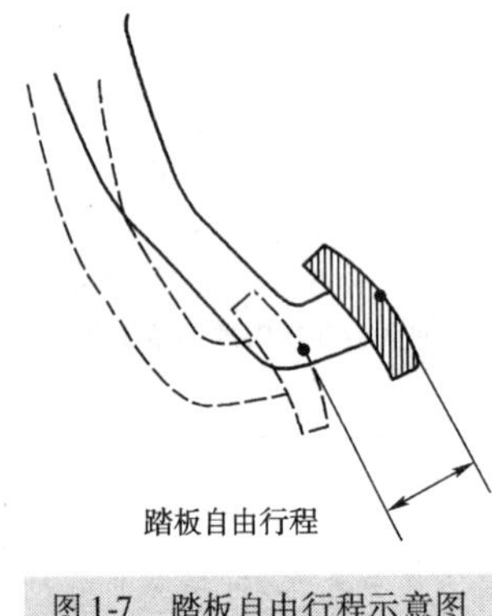

图 1-7　踏板自由行程示意图

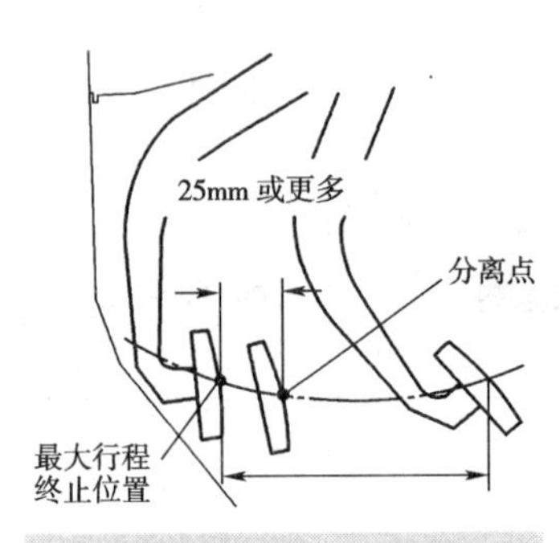

图 1-8　离合器分离点示意图

①拉紧驻车制动手柄并加装车轮止动器。

②起动发动机并怠速运转。

③不踩离合器踏板,慢慢将换挡杆换至倒挡位置,直至齿轮啮合为止。

④慢慢踩下离合器踏板,测量齿轮异响消失点(分离点)到最大行程终止位置的距离,应为 25mm 或更多(从踏板行程终止位置至分离点)。

安全提示:

检查过程中,应确保车辆前后无人员及障碍物。

踏板行程和高度经检查调整至符合规定后试车,若故障仍然存在则需拆检离合器总成。

3)离合器总成的拆检

(1)离合器总成的拆卸。

①拆下手动变速器总成。

②拆下离合器分离叉和分离轴承。如图 1-9 所示,从手动变速器总成上拆下带分离轴

承的分离叉和分离轴承。

③拆下离合器总成。注意:拆卸前,应检查确认离合器盖和飞轮上的标记;拆卸中,交叉分次旋松离合器盖固定螺栓,直至弹簧张力消失后逐个拆下安装螺栓;防止从动盘掉落在地上。

图1-9 拆下分离叉

(2)离合器总成的检查。

①检查从动盘总成是否磨损及翘曲变形。

a. 如图1-10所示,用游标卡尺测量铆钉头部的深度,深度应大于1.6mm,否则,应更换摩擦片。

b. 如图1-11所示,将从动盘安装到手动变速器输入轴上(注意装配方向不要错)。用百分表检查离合器从动盘端面圆跳动情况,其值应不大于0.8mm,否则应更换离合器从动盘片。

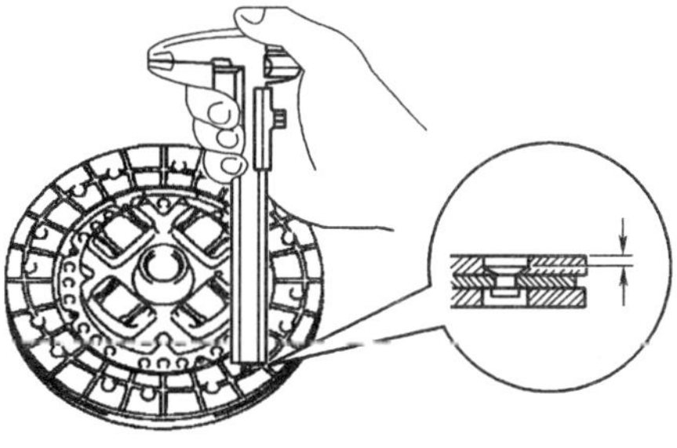

图1-10 测量铆钉头部的深度

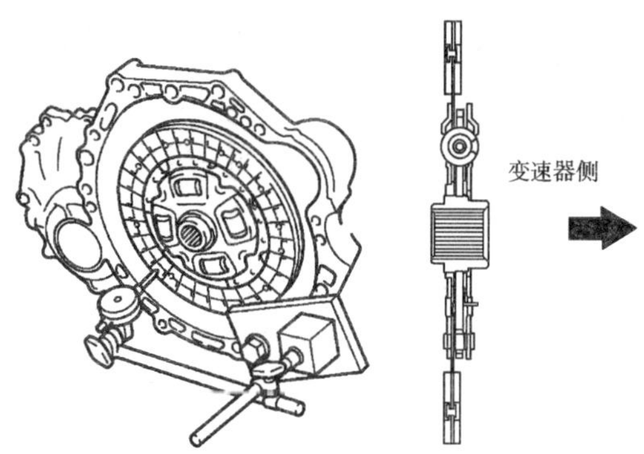

图1-11 检查从动盘摩擦片端面圆跳动

②检查离合器膜片弹簧磨损。如图1-12所示,用游标卡尺检查膜片弹簧磨损的深度和宽度,深度A应≤0.5mm;宽度B应≤6.0mm。必要时,更换离合器盖总成。

③检查飞轮工作面的端面圆跳动。如图1-13所示,其值应不超过0.20mm。

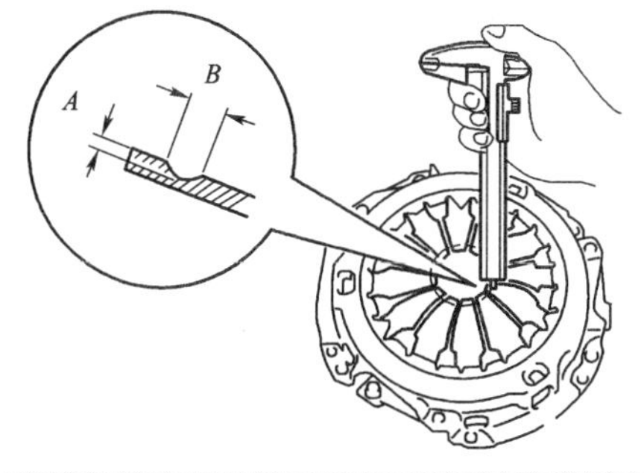

图1-12 检查离合器膜片弹簧磨损

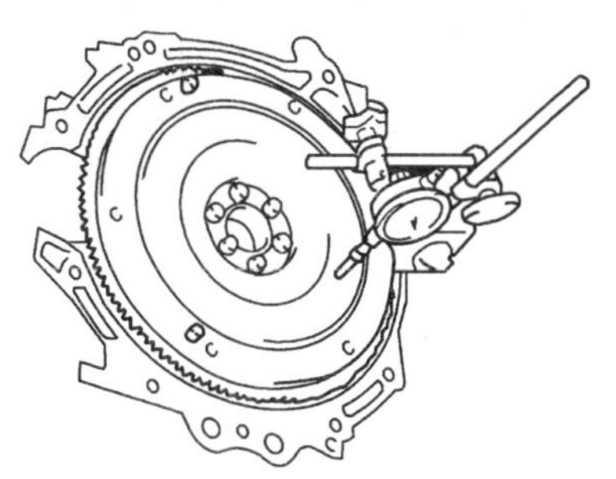

图1-13 检查飞轮端面圆跳动情况

④检查离合器分离轴承。从轴向施力并转动分离轴承应灵活自如(该轴承是永久润滑的,无需清洁或再做润滑),否则应更换分离轴承。

(3)离合器总成的安装。

①安装从动盘。用 SST 09301—00210 插入从动盘花键毂,然后将它们固定到飞轮上,如图 1-14 所示。注意:从动盘的方向不要装错。检查从动盘摩擦片与飞轮应贴合严密,没有翘曲变形。

②安装离合器盖。

a. 将离合器盖和飞轮上的标记对齐。

b. 按图 1-15 所示序号的顺序分多次均匀地拧紧 6 个螺栓(第一个螺栓位于顶部的定位销附近),拧紧力矩为 19N · m。拧紧螺栓过程中,应上下、左右轻微晃动 SST 09301—00210,确认从动盘对中后再继续拧紧,如图 1-16 所示。

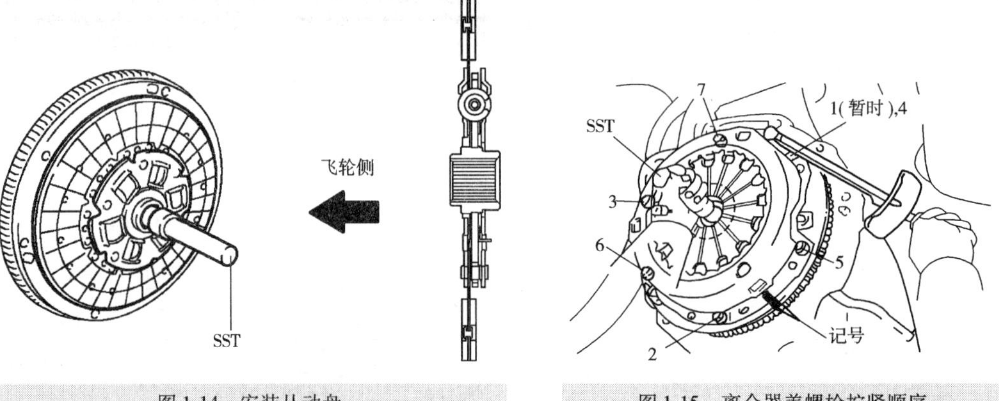

图 1-14 安装从动盘

图 1-15 离合器盖螺栓拧紧顺序

③检查并校正离合器膜片弹簧。

a. 用带滚轮的百分表检查膜片弹簧分离指内端平面度,如图 1-17 所示,平面度应≤0.5mm。

图 1-16 确认从动盘对中

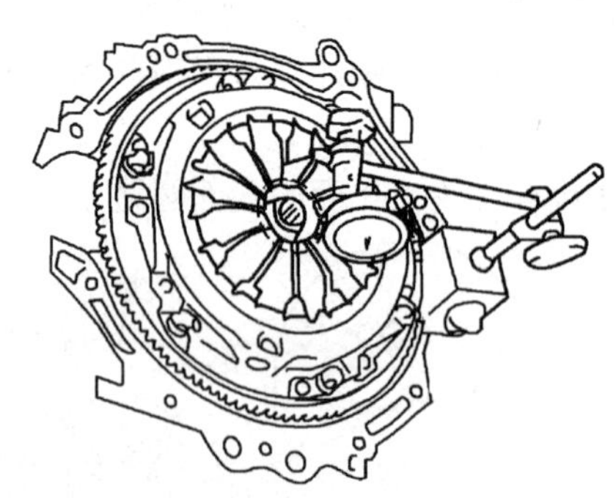

图 1-17 检查膜片弹簧分离指内端平面度

b. 如果平面度超标,说明膜片弹簧出现弯曲,可用 SST 09333—00013 进行校正,如图 1-18所示。

④安装分离叉支撑、分离叉防尘套、分离轴承固定夹。

⑤安装离合器分离叉和分离轴承。

a. 在输入轴花键上涂润滑脂。

b. 在分离叉和分离轴承接触面、分离叉推杆接触面及分离叉支点处涂抹润滑脂,如图1-19所示。

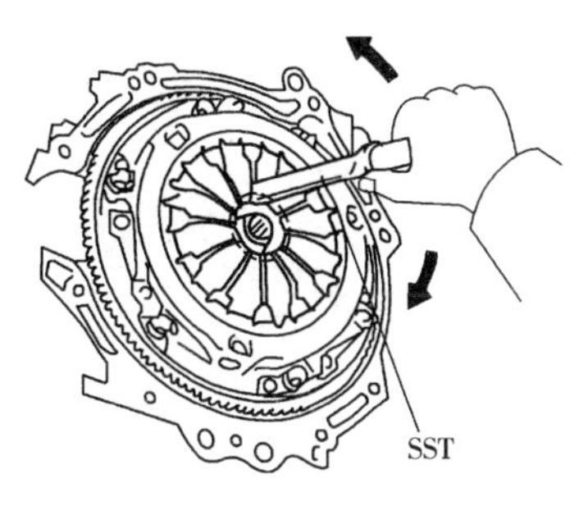

图1-18　校正膜片弹簧弯曲

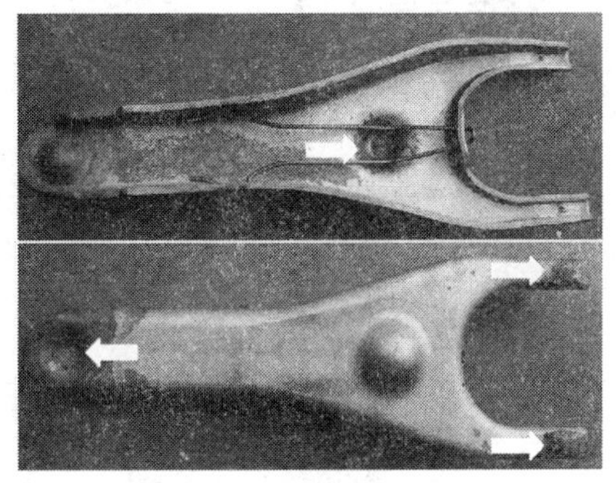
图1-19　分离叉润滑脂涂抹处

c. 把分离轴承装在分离叉上,然后再将组合件装在手动变速器总成上。安装后,应前、后移动分离叉检查分离轴承是否滑动自如。

⑥安装手动变速器总成。

6 记录与分析

故障作业记录单见表1-4。

诊断与排除离合器打滑故障作业记录单　　表1-4

姓名		班级		学号		组别	
车型		编号		作业单号		作业日期	
步骤	作业项目		作业记录				
1	故障确认						
2	离合器踏板高度和行程的检查与调整						
3	离合器总成的拆检						
竣工检验意见							

项目2　检修威驰1.5 GL-i MT型汽车离合器分离不彻底故障

1 项目说明

离合器分离不彻底是汽车传动系统的常见故障。若汽车起步时,离合器踏板完全踩下,出现挂挡困难且伴随齿轮撞击声,勉强挂入挡位,离合器踏板未抬起汽车就起步或发动机熄火;或汽车行驶中出现换挡困难,且伴随有齿轮撞击声则视为离合器分离不彻底。离合器分离不彻底的根本原因是离合器踏板踩下后,压盘对摩擦片的压紧力未消失或者是从动盘轴向运动卡滞。维修人员应根据故障现象进行综合检查,确认故障部位,有针对性地制订修复方法。

2 技术标准与要求

各紧固零件拧紧力矩见表 1-5。

各紧固零件拧紧力矩 表 1-5

紧固零件	技术标准(N·m)
离合器踏板×离合器踏板支承	37
离合器踏板支承×车身	12
离合器主缸×软管	15
离合器工作缸放气塞	8.4
离合器工作缸×变速驱动桥	12
离合器工作缸×软管	15
离合器工作缸×离合器分离接头	25

注:项目 1 中已出现的不再列出。

3 设备器材

(1)威驰 1.5 GL-i MT 型汽车。
(2)制动液:SAEJ1703 或 FMVSSNO.116 DOT3。
(3)举升机、举升器。
(4)常用汽车维修工具、量具(游标卡尺、带磁铁座的百分表、塞尺、钢直尺)。
(5)专用工具(可相互借用)。
专用工具信息见表 1-6。

专用工具信息 表 1-6

图例	代码	名称
	09023—00100 10mm	10mm 联管节螺母扳手
	09703—30010	制动蹄复位弹簧工具
	09751—36011	10×12mm 制动管路连接螺母扳手

4 作业准备

(1)实车检查。
(2)举升机准备。

(3)清洁、调整量具。

(4)准备作业单。

5 操作步骤

1)故障确认

在发动机处于怠速运转状态下,完全踩下离合器踏板,进行变速器换挡操作,此时若齿轮发出异响并难以啮合时,可判断为离合器分离不彻底。也可将变速器挂入空挡,完全踩下离合器踏板,另找一人在车下面用起子拨动从动盘,如果能轻轻拨动,说明离合器能分离;如果拨不动,则说明离合器分离不彻底。

2)离合器踏板行程的检查与调整

具体方法见项目1。

3)离合器液压系统空气的排除

这项工作需两人配合操作。先向制动储液罐加注制动液,一人在驾驶室内连续踩下离合器踏板数次至踏板变硬后踩住踏板,然后另一人在车下松开离合器工作缸放气螺塞进行排气,待离合器踏板降至最低位置后拧紧放气螺塞。重复以上步骤直至排尽管路空气。注意:排气过程中应始终保持储液罐中制动液位不低于最低位置,应注意排除制动液的回收。

4)离合器操纵机构的拆检

(1)离合器踏板的拆检。

①拆下蓄电池负极电缆。

②拆下组合仪表中央面板、组合仪表面板、操纵台面板。

③拆下离合器踏板弹簧。

④拆下离合器主缸推杆带有固定销的U形接头(拆下卡子和固定销)。

⑤拆下离合器踏板支架。

⑥拆下离合器踏板。如图1-20所示,拆下螺栓和螺母,从离合器踏板支架上拆下离合器踏板。

⑦拆下离合器踏板衬套,如图1-21所示。

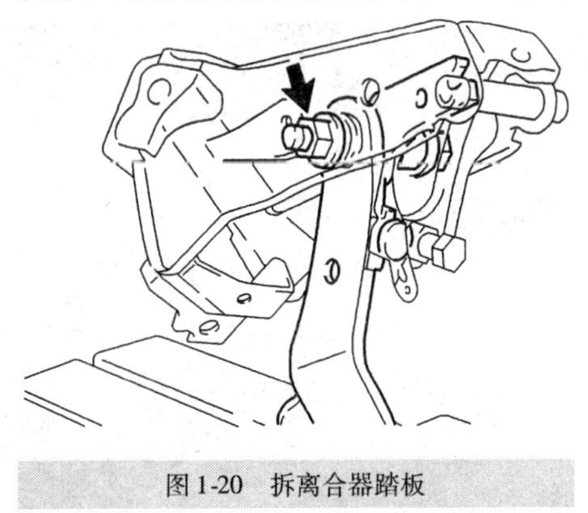

图1-20　拆离合器踏板

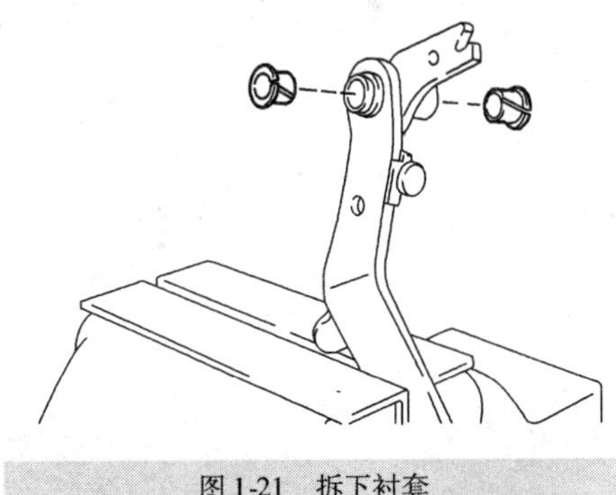

图1-21　拆下衬套

⑧拆下离合器主缸推杆U形接头衬套。如图1-22所示,用8mm的六角扳手和锤子从离合器踏板上拆下U形衬套。

⑨检验各零部件是否有磨损过度或变形,若有则更换。

⑩安装离合器主缸推杆U形接头衬套。如图1-23所示,在U形接头衬套内涂多用途润滑脂后从右侧将衬套装入离合器踏板。

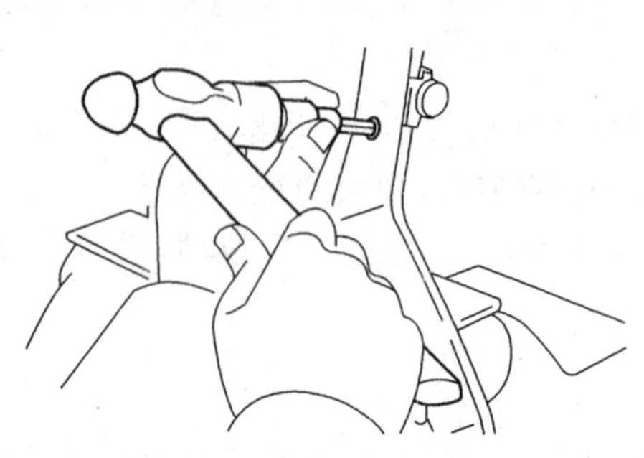
图1-22　拆下U形接头衬套

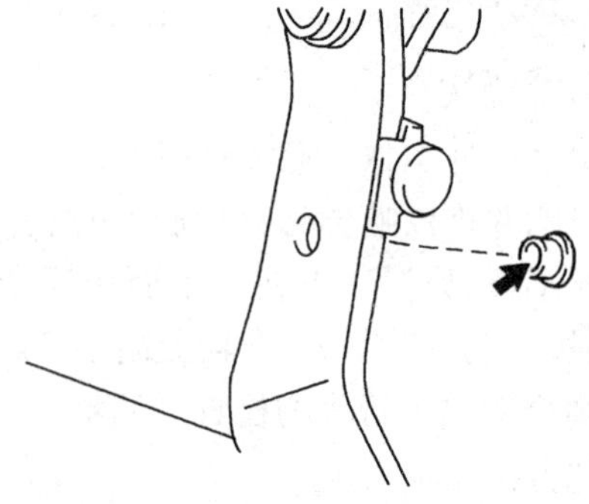
图1-23　安装U形接头衬套

⑪安装离合器踏板衬套。注意:在2个衬套的每侧涂抹多用途润滑脂。

⑫安装离合器踏板。用螺栓和螺母将离合器踏板装到离合器踏板支架上,拧紧力矩为37N·m(从汽车左侧装螺栓)。

⑬安装离合器踏板支架。用2个螺母和螺栓安装离合器支架,拧紧力矩为12N·m。

⑭安装离合器主缸推杆带固定销的U形接头。注意:在固定销和U形接头衬套的接触表面涂多用途润滑脂后,从汽车右侧装入固定销,并在固定销上加装卡子。

⑮安装离合器踏板弹簧。

⑯检查并调整离合器踏板高度及行程。

⑰接上蓄电池负极电缆。

(2)离合器主缸的拆检。

①放出离合器系统工作液(制动液)。

②拆下制动主缸及真空助力器总成。

③断开制动储液罐与离合器主缸上的连接油管,如图1-24所示。

④用专用工具SST 09023-00100将离合器主缸与工作缸连接油管分开,如图1-25所示。

图1-24　拆下离合器储液罐油管

图1-25　断开离合器主缸与工作缸连接油管

⑤拆下离合器主缸。

⑥解体离合器主缸。

a. 用冲子和手锤拆下有槽弹簧销,如图1-26所示。

b. 拆下分离接头和垫圈。

c. 拧松锁止螺母,拆下推杆U形接头和锁止螺母。

d. 从离合器主缸上拆下防尘套。

e. 推压推杆,用卡环钳拆下卡环,如图1-27所示。

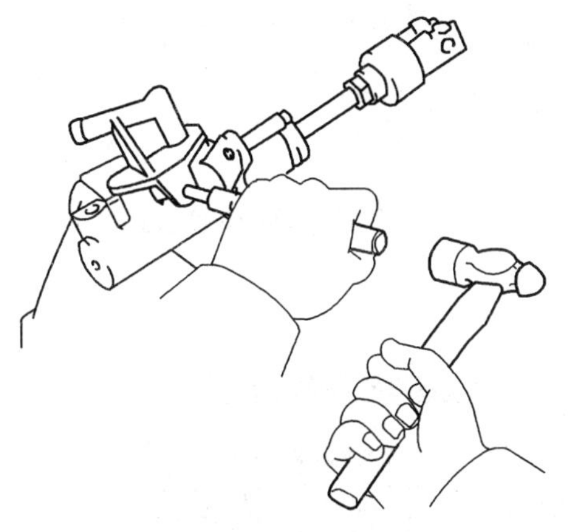

图1-26 拆下有槽弹簧销

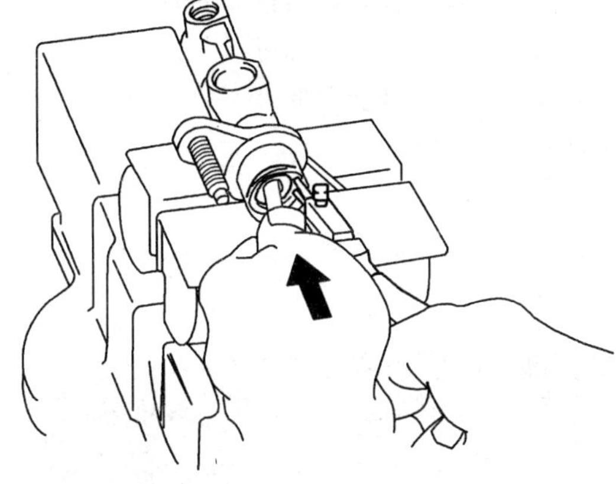

图1-27 拆下卡环

f. 从离合器主缸上拆下推杆。应慢慢地将推杆从泵体上拆下,以防活塞弹出泵体。

g. 从推杆上拆下止动板。

h. 从离合器主缸内拆下带弹簧的活塞。切勿损伤泵体内表面。

i. 检验各零部件技术状况应良好,否则应更换。

⑦组装离合器主缸。

a. 如图1-28所示,在零件有关表面涂上锂皂基乙二醇润滑脂。

b. 把带弹簧的活塞装入泵体内。切勿损伤泵体内表面。

c. 把推杆装入泵体,在推杆上装止动板。推压推杆,用卡环钳装入卡环。

d. 在泵体上加装防尘套,在推杆上装锁止螺母和推杆U形接头。

e. 用冲子和锤子安装有槽弹簧销,如图1-29所示。

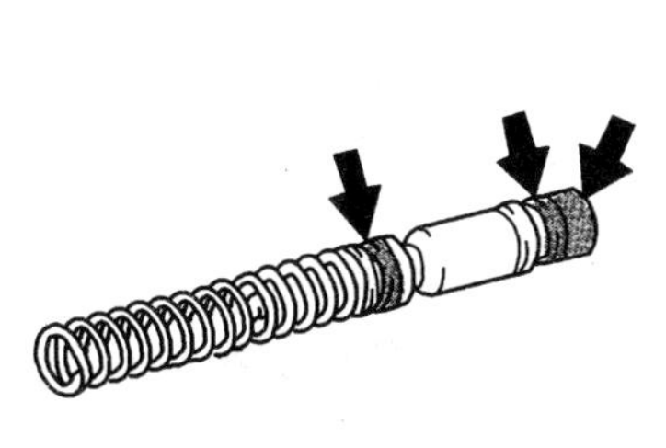

图1-28 在零件表面涂润滑脂

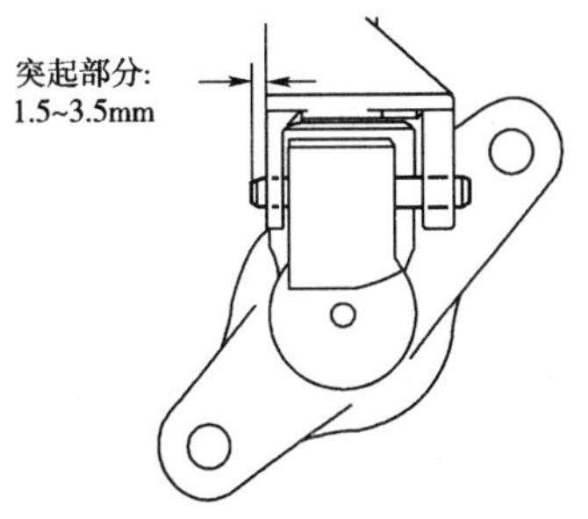

图1-29 安装有槽弹簧销

⑧安装离合器主缸。固定螺母拧紧力矩为12N·m。

⑨安装离合器主缸推杆U形接头和离合器踏板弹簧,方法同上。

⑩连接离合器主缸与工作缸、离合器储液罐油管。应确保离合器储液罐油管不扭曲。

⑪安装真空助力器总成、制动主缸。

⑫放出制动管路、离合器管路中的空气。

⑬检查并调整制动踏板高度、离合器踏板高度和行程。

⑭检查制动液、离合器液是否泄漏。

⑮检查储液罐的液面高度。

(3)离合器工作缸的拆检。

①拆下蓄电池。

②将油管与离合器工作缸分开。用SST 09023—00100断开工作缸油管,如图1-30所示,注意用容器接好管路油液,避免溅洒到地面。

③拆下离合器工作缸总成,如图1-31所示。

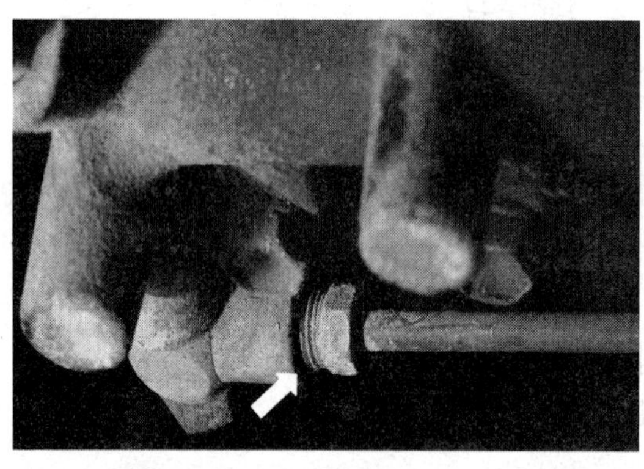

图1-30　断开工作缸油管

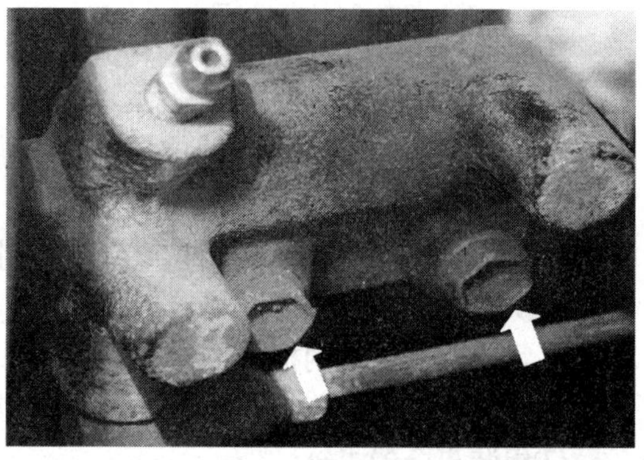

图1-31　拆下离合器工作缸总成

④拆下离合器分离接头。

⑤分解离合器工作缸。依次从泵体上拆下防尘套、推杆、活塞(切勿损伤泵体内表面)弹簧、放气螺塞。

⑥检验各零部件技术状况应良好,否则更换。

⑦组装离合器工作缸。

a. 安装工作缸放气螺塞,拧紧力矩为8.4N·m,注意在放气螺塞上加装螺塞帽。

b. 向缸内装入弹簧。

c. 如图1-32所示,在零件有关表面涂抹锂皂基乙二醇润滑脂。

d. 在泵体上依次装入活塞(切勿损伤泵体内表面)、推杆和防尘套。

e. 安装离合器分离接头。如图1-33所示,用接头螺栓安装分离接头和垫片,拧紧力矩为25N·m,接头与泵体间的夹角在0°±3°范围内。

f. 安装离合器工作缸。2个螺栓拧紧力矩为12N·m。

g. 将离合器工作缸和油管相连。用SST 09023—00100连接软管,拧紧力矩为15N·m。

h. 放出离合器油管的空气。

i. 安装蓄电池。

j. 检查离合器系统是否泄漏。

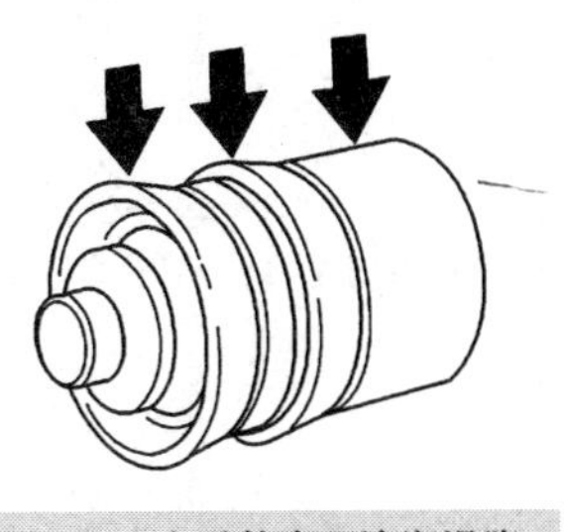
图1-32　在零件表面涂润滑脂

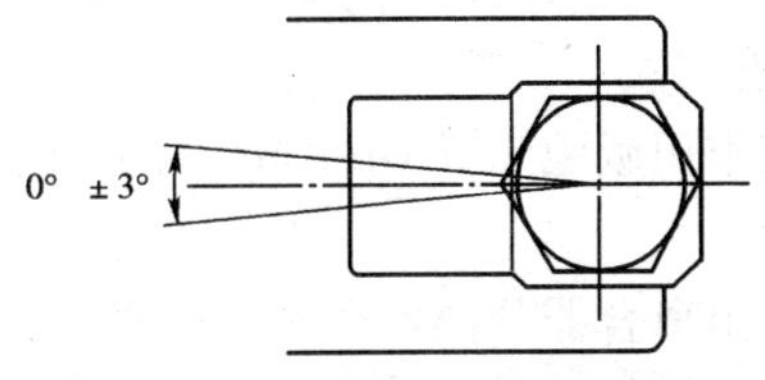

图1-33　分离接头与泵体间的夹角

5）离合器总成拆检

若操纵机构检查正常，则应对离合器总成进行拆检，方法见项目1。

6　记录与分析

故障作业记录单见表1-7。

诊断与排除离合器分离不彻底故障作业记录单　　表1-7

<table>
<tr><td>姓名</td><td colspan="2"></td><td>班级</td><td></td><td>学号</td><td></td><td>组别</td><td></td></tr>
<tr><td>车型</td><td colspan="2"></td><td>编号</td><td></td><td>作业单号</td><td></td><td>作业日期</td><td></td></tr>
<tr><td>步骤</td><td colspan="3">作业项目</td><td colspan="5">作业记录</td></tr>
<tr><td>1</td><td colspan="3">故障确认</td><td colspan="5"></td></tr>
<tr><td>2</td><td colspan="3">离合器踏板高度和行程的检查与调整</td><td colspan="5"></td></tr>
<tr><td rowspan="3">3</td><td rowspan="3">离合器操纵机构的拆检</td><td colspan="2">离合器踏板机构</td><td colspan="5"></td></tr>
<tr><td colspan="2">离合器主缸</td><td colspan="5"></td></tr>
<tr><td colspan="2">离合器工作缸</td><td colspan="5"></td></tr>
<tr><td>4</td><td colspan="3">离合器总成的拆检</td><td colspan="5"></td></tr>
<tr><td colspan="4">竣工检验意见</td><td colspan="5"></td></tr>
</table>

三、学 习 评 价

1 理论考核

1)分析题

(1)比较丰田威驰 1.5 GL-i MT 与上海大众波罗 SPORTY 1.6MT 汽车离合器的结构异同。

(2)试画出离合器分离不彻底的故障诊断流程图。

(3)离合器拆卸与装配的注意事项有哪些?

2)判断题

(1)离合器从动盘的转动惯量应尽量小,以减小换挡时的冲击。 ( )

(2)踏板自由行程过大可能导致膜片离合器分离不彻底。 ( )

(3)从动盘磨损过大可能导致膜片离合器分离不彻底。 ( )

(4)离合器打滑在高挡时最明显。 ( )

(5)离合器过度磨损后,会导致变速器挂挡困难。 ( )

(6)曲轴后油封漏油将会出现离合器发抖故障。 ( )

(7)离合器行程的检查与调整,其实质就是对离合器自由行程的检查与调整。 ( )

(8)从动盘在安装时应使花键毂长的一面朝向飞轮。 ( )

(9)在进行液压操纵系统管路空气排除过程中,应在释放踏板以后拧紧放气螺钉。 ( )

(10)在对离合器储液罐加注油液时,应尽量加满,以补偿使用过程中摩擦片的磨损量。 ( )

3)选择题

(1)膜片式离合器压紧力为( )。

A. 自动调节　　B. 手动调节

C. 需要视情决定　　D. 既可手动调节,也可自动调节

(2)膜片离合器分离不彻底的原因有( )。

A. 从动盘磨损过大　　B. 踏板自由行程过小

C. 车速过高　　D. 从动盘翘曲变形

(3)下列不会引起离合器振动的是( )。

A. 离合盖与压盘分解过程中未做记号　　B. 曲轴轴向间隙过大

C. 飞轮端面圆跳动过大　　D. 飞轮固定螺栓松动

(4)汽车离合器分离不彻底会导致( )。

A. 换挡困难　　B. 加速无力

C. 百公里油耗增加　　D. 怠速运转不正常

(5)当从动盘摩擦片磨损后,汽车离合器的分离点将会( )。

A. 升高　　B. 降低　　C. 不变

2 技能考核

1)项目1　检修威驰1.5 GL-i MT型汽车离合器打滑故障

诊断与排除离合器打滑故障项目评分表见表1-8。

诊断与排除离合器打滑故障项目评分表　　表1-8

基本信息	姓名		学号		班级		组别	
	规定时间		完成时间		考核日期		总评成绩	
任务工单	序号	步　骤			完成情况		标准分	评分
					完成	未完成		
	1	考核准备： 机件： 工具、量具：					5	
	2	工量具正确使用					5	
	3	故障确认					5	
	4	离合器踏板高度和行程的检查与调整					15	
	5	离合器总成的拆卸、检查与安装					30	
安全生产							10	
5S							10	
沟通表达							5	
工单填写							5	
工艺编制							10	

2)项目2　检修威驰1.5 GL-i MT型汽车离合器分离不彻底故障

诊断与排除离合器分离不彻底故障项目评分表见表1-9。

诊断与排除离合器分离不彻底故障项目评分表　　表1-9

基本信息	姓名		学号		班级		组别	
	规定时间		完成时间		考核日期		总评成绩	
任务工单	序号	步　骤			完成情况		标准分	评分
					完成	未完成		
	1	考核准备： 机件： 工具、量具：					5	
	2	工量具正确使用					5	
	3	故障确认					5	
	4	离合器液压系统空气的排除					15	
	5	离合器主缸拆卸、检查与组装					30	

续上表

安全生产		10	
5S		10	
沟通表达		5	
工单填写		5	
工艺编制		10	

四、拓 展 学 习

1 离合器异响的故障诊断

1)现象

离合器分离和接合时发出不正常声响。

2)原因

(1)分离轴承损坏或润滑不良。

(2)分离杠杆与离合器盖的连接松旷或分离杠杆支撑弹簧疲劳、折断或脱落。

(3)从动盘摩擦片花键孔与轴配合松旷。

(4)从动盘摩擦片铆钉松动或露头。

(5)从动片减振弹簧疲劳或折断。

3)故障诊断与排除方法

诊断前应调整离合器,使之分离彻底。

(1)轻轻踩下离合器踏板,使分离轴承与分离杠杆内端刚刚接触时察听:如果发出“沙沙”的响声,则说明故障由分离轴承缺油(润滑不良)引起;如无“沙沙”的响声,则拆下离合器下盖,将离合器踏板踩到底继续察听。

(2)离合器踩到底,发出“哗哗”的金属滑磨声,甚至看到离合器下部有火星冒出,则故障由分离轴承损坏引起;发出连续的“克啦、克啦”声,分离不彻底时尤为严重,放松踏板后响声消失,则故障由传动销与压盘孔配合松旷或离合器盖驱动窗孔与压盘凸块松旷引起。双片离合器比较容易产生此故障。否则,继续检查。

(3)在离合器处于刚接合或刚分离时察听:发出“咔嗒”的碰声,则故障由摩擦片松动引起;发出金属刮研声,则故障由从动片铆钉露头引起;发出连续噪声或间断的碰击声,则故障由分离轴承与分离杠杆内端间隙太小或无间隙引起。否则,继续检查。

(4)在汽车起步或行车中加、减速时,发出“抗”或“咔”的响声,则故障原因为:减振弹簧疲劳或断裂,从动片花键孔与轴配合松旷。

2 离合器打滑案例分析

某一汽丰田汽车维修站接收一辆行驶性能存在严重问题的威驰 1.5 GL-i MT 型汽车,根据车主反映,该车燃油消耗和机油消耗过多,加速能力很差,在高速公路上行驶时动力不足。

维修技师听取了顾客的说明后,向顾客询问了最近维护时间等相关问题,准备进行路试。路试前,他检查了发动机机油的油面高度,发现油面过低,结合顾客叙述的维护时间,判定发动机机油消耗过量,随后,他从发动机上将火花塞拆卸下来,检查是否存在烧机油的痕迹。火花塞很干净,并没有烧机油的痕迹。于是,技师检查发动机是否存在泄漏现象,希望找到机油消耗过多的原因。检查中,只是发现油底壳后部和变速器壳前部较潮湿,很可能是发动机后端主油封存在机油泄漏问题。但是,这不能解释燃油经济性差和动力性差等其他问题。

维修技师驾车进行路试,发现离合器打滑。汽车处于高挡时,他猛踩加速踏板,注意到发动机转速迅速升高,但车速几乎没有什么变化。经过一番思考后,技师判定离合器打滑是导致燃油经济性差和动力性差的原因,并进一步推断顾客所反映的所有问题都与发动机后端主油封漏油有关。机油从发动机泄漏出来,落在离合器上,导致了离合器打滑。技师将汽车开回维修厂,向顾客说明了情况,并估计了维修内容,顾客同意维修。经拆检,发动机后端主油封失效。实际维修内容包括:更换发动机后端主油封、更换离合器分离轴承、更换导向轴承、更换离合器总成、修整飞轮平面。

学习任务2　诊断与排除手动变速驱动桥故障

工作情境描述

情境1：一辆威驰1.3 GL-i MT型乘用车，行驶里程15万km，据车主介绍，汽车行驶过程中，当车速在80km/h以上时，听到汽车底盘出现不正常响声，而且随着速度的增加响声更加明显，有类似金属撞击声出现。

情境2：某汽车维修站接收一辆威驰1.3GL-i MT型乘用车，根据车主反映，车辆最近一段时间1挡和2挡挂挡困难，3挡以上挂挡正常。

请通过诊断检查，判断变速器驱动桥技术状况；若需要修复该故障，请制订变速驱动桥修复方案并编制工艺流程。

学习目标

通过本任务学习，应能：

1. 叙述丰田威驰手动变速驱动桥结构特点；
2. 描述手动变速驱动桥常见故障现象，分析故障原因；
3. 描述手动变速驱动桥常见故障的检测与修复方法，判定故障部位；
4. 根据维修手册，制订对变速驱动桥壳体、齿轮、轴和同步器、操纵机构的修复方案和工艺流程，完成变速驱动桥更换作业。

学习时间

12学时。

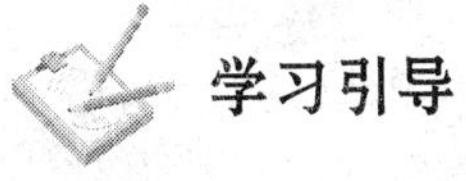

学习引导

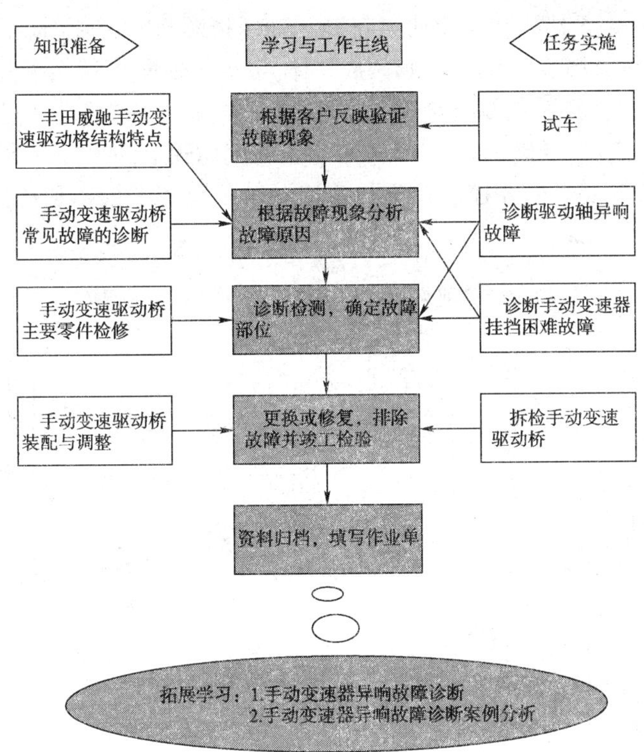

一、知识准备

(一)丰田威驰1.3 GL-i MT型汽车手动变速驱动桥的结构特点

对于发动机前置前轮驱动汽车而言，通常将变速器和驱动桥两个动力总成合为一体，布置在一个壳体内，变速器输出轴也就是主减速器的输入轴，特称此种桥为变速驱动桥。如图2-1所示，其动力从发动机经变速器输入轴、变速器输出轴、主减速器主动齿轮、从动齿轮、差速器传至左右驱动轴。在此系统中，发动机、变速器、主减速器和差速器成为一体式传动，省去了传动轴，缩短了传动路线，提高了传动效率，而且结构紧凑，减轻了传动系统质量。

丰田威驰1.3GL-i MT型汽车传动系统采用发动机前置(横置)前轮驱动形式，装用的手动变速器为C550型，该变速器为两轴式变速器，其特点是只有输入轴和输出轴(不包括倒挡轴)两根轴，输入轴与输出轴平行。输入轴的前端用轴承支承在曲轴尾端的中心孔内，后端用轴承支承在变速驱动桥壳体后壁上，轴上加工出1挡、倒挡、2挡主动齿轮，3挡、4挡和5挡主动齿轮加工出接合齿圈,通过滚针轴承空套在输入轴上。输入轴用花键套装着3挡、4挡同步器和5挡同步器。输出轴的前端通过轴承支承于变速器壳体前壁的孔中,后端通过轴承支承于壳体后壁上,1挡、2挡从动齿轮通过滚针轴承空套在输出轴上,其上加工有接合齿圈,3挡、4挡、5挡从动齿轮通过花键和轴用挡圈与输出轴固定在一起,而输出轴上的倒挡从动齿轮与1挡、2挡的接合套做成一体,节省了轴向空间。输出轴上用花键套装着1挡、2挡同步器。倒挡轴前端支承于变速器壳体前壁的孔中,后端通过倒挡轴锁止螺栓固定在变速器壳体上,倒挡惰轮通过滚针轴承空套在倒挡轴上,如图2-2所示。该变速驱动桥操纵机构为拉索式,变速杆经控制拉索与变速驱动桥壳体上换挡和选挡杆轴曲柄连接,如图2-3所示。

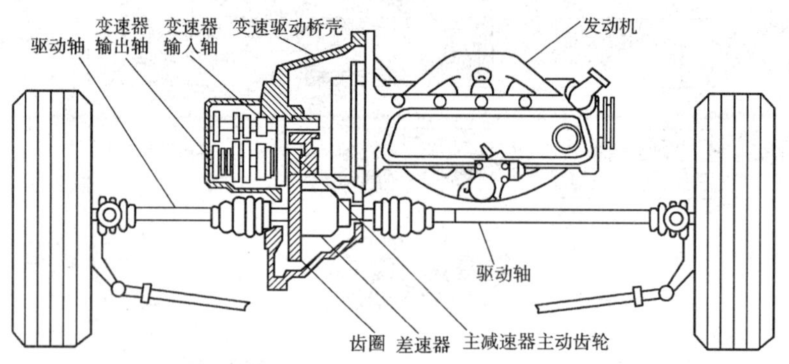

图2-1　变速驱动桥结构示意图

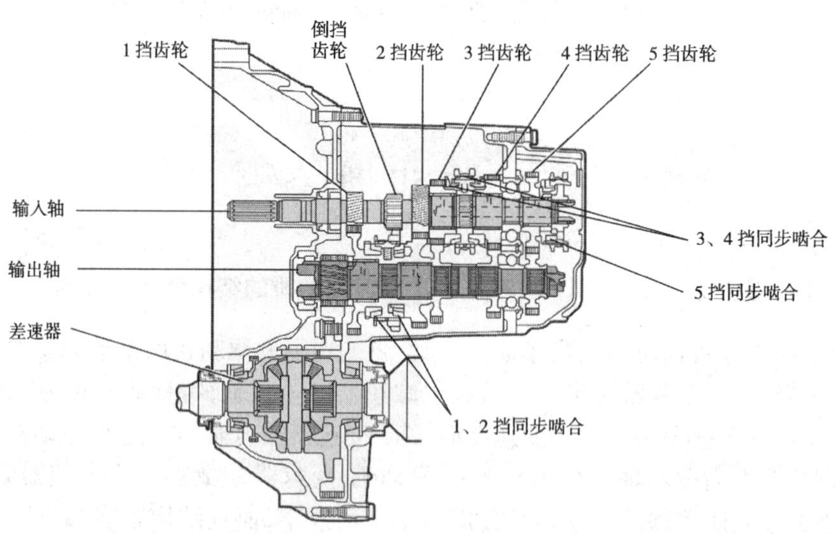

图2-2　C550型手动变速驱动桥结构简图

主减速器为单级圆柱斜齿轮传动,主动齿轮(驱动小齿轮)与变速器输出轴制为一体。主减速器从动齿轮(齿圈)固定在差速器壳体上,通过两个差速器侧轴承安装在变速器壳上,如图2-4所示。驱动轴与半轴齿轮内的花键啮合,动力经差速器壳体、两个行星小齿轮、半轴齿轮、驱动轴传递到车轮上。因车轮上下移动将导致驱动轴长度变化,同时车轮兼起转向和行驶作用,故驱动轴做成断开式,通过万向节连接。威驰车驱动轴内节为三叉式万向节,外节为球笼式万向节,如图2-5所示。

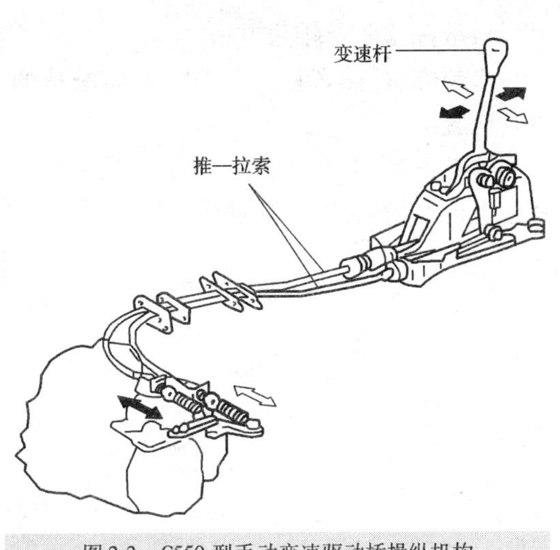

图2-3　C550型手动变速驱动桥操纵机构

(二)手动变速驱动桥常见故障的诊断

变速驱动桥的常见故障主要有变速器掉挡、乱挡、挂挡困难,异响、漏油等。

1　变速器掉挡(自动脱挡)

1)现象

汽车在加速、减速或爬坡时,变速杆自动跳回空挡位置。

2)原因

(1)变速器远程控制机构磨损或调整不当。

(2)自锁装置的钢球或拨叉轴凹槽磨损严重,自锁弹簧疲劳过软或折断。

(3)齿轮在轴线方向磨损成锥形,在汽车行驶中因振动、速度变化等,在齿轮轴向方向产生推力,迫使啮合齿轮沿轴线方向脱开。

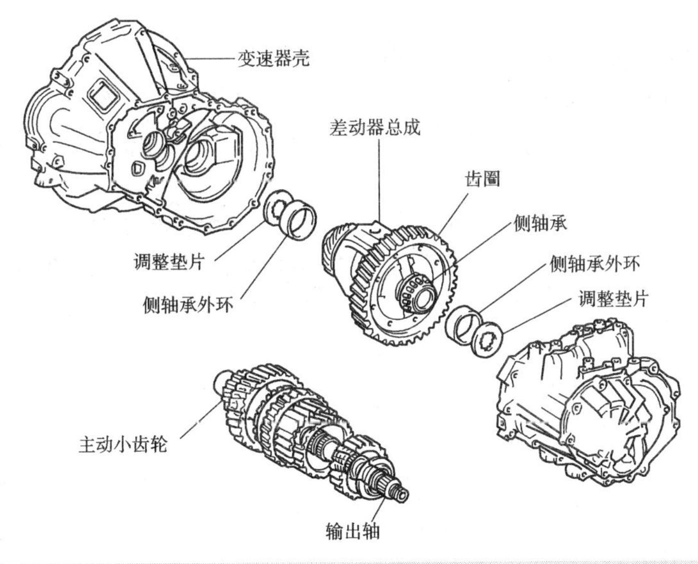

图2-4　主减速器、差速器结构简图

(4)变速器轴、轴承磨损松旷或轴向间隙过大,变速器壳松动、变形,从而导致轴转动时齿轮啮合不足而发生跳动和轴向窜动。

(5)常啮合齿轮轴向或径向间隙过大。

(6)同步器磨损或损坏。

3)故障诊断与排除方法

诊断方法:热车后,采用连续加、减速的方法逐挡进行路试,检查在各挡位上变速杆是否容易脱出。

排除方法:发现某挡跳挡后,将变速杆挂入掉挡挡位,发动机熄火。先检查操纵机构调整是否正确,然后小心拆下变速器盖。

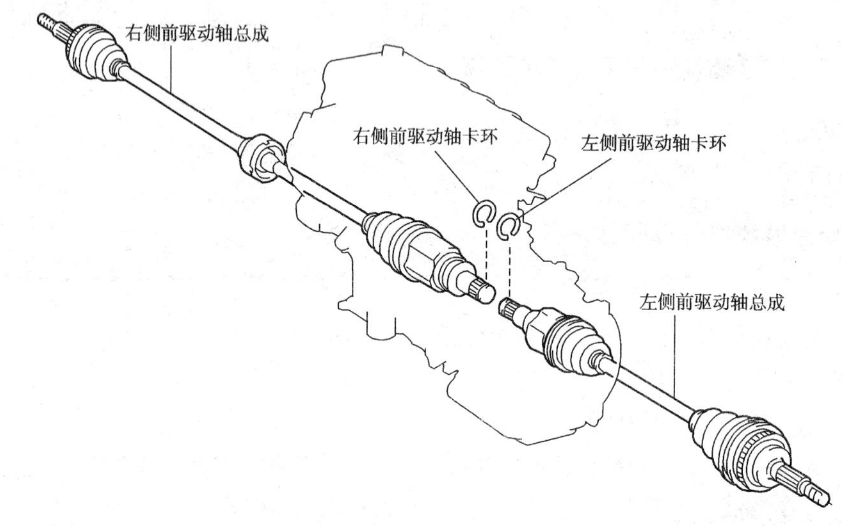

图 2-5 FF 式驱动轴结构简图

(1)观察掉挡齿轮的啮合情况:未达到全长啮合,则故障由此引起。

(2)检查啮合部位磨损情况:磨损成锥形,则故障可能由此引起。

(3)检查第二轴上该挡齿轮和各轴的轴向和径向间隙,间隙过大,则故障可能由此引起。

(4)检查自锁装置,若自锁装置的止动阻力很少,甚至手感钢球未进入凹槽,则故障为自锁效能不良;否则,可能为变速器壳松动或第一轴轴线与曲轴轴线不同轴等引起。

2 变速器乱挡

1)现象

在离合器技术状况正常的情况下,变速器同时挂上两个挡;或虽能挂上挡,结果挂入了其他挡位;或者挂入相应挡位后不能摘出。

2)原因

变速器乱挡主要原因是变速操纵机构失效。

(1)互锁装置失效:如拨叉轴、顶销或钢球磨损过甚等。

(2)变速杆下端弧形工作面磨损过大或拨叉轴上导块的导槽磨损过大。

(3)变速杆球头定位销折断或球孔、球头磨损,过于松旷。

3)故障诊断与排除方法

诊断方法:使车辆行驶,操纵变速杆进行换挡试验,检查是否存在同时挂上两个挡或挂上的挡位不是所需要挡位的情况。

(1)挂需要挡位时,结果挂入了其他挡位:摇动变速杆,检查其摆转角度,若超出正常范围,则故障由变速杆下端球头定位销与定位槽配合松旷或球头、球孔磨损过大引起。如果变速杆可以摆转360°,则为定位销折断。

(2)若变速杆摆转角度正常,仍挂不上或摘不下挡,则多为变速杆下端弧形工作面磨损或导槽磨损导致变速杆下端从导槽中脱出。

(3)若同时挂上两个挡,则为互锁装置磨损或漏装零件。

3 变速器挂挡困难

1)现象

挂挡时,不能顺利挂入挡位,常发生齿轮撞击声。

2)原因

①离合器分离不彻底。

②控制拉线调整不当或损坏,或操纵机构中控制连杆机构动作不良。

③同步器磨损或损坏。

④换挡键弹簧损坏。

⑤变速器拨叉或拨叉轴弯曲变形。

⑥自锁或互锁弹簧过硬,钢环破裂、毛糙卡滞。

⑦变速器轴弯曲变形或花键损坏。

⑧齿轮油规格不符。

3)故障诊断与排除方法

诊断方法:首先应确认离合器分离状态正常,然后使发动机怠速运转,踩下离合器踏板,试进行各挡位变换。检查变速杆是否卡滞、沉重等。当用这种方法不易判断时,可进行路试。

排除方法:

(1)汽车行驶时发生换挡困难现象,首先应检查离合器分离是否彻底,操纵机构是否调整不当或卡滞。

(2)若上述检查情况良好,应拆开变速器盖,检查变速器拨叉、拨叉轴是否弯曲变形,自锁和互锁钢球是否损坏,弹簧是否过硬。

(3)如上述检查正常,应检查同步器是否损坏,主要检视:同步器是否散架,同步器锥环内锥面螺纹是否磨损,滑块是否磨损,弹簧弹力是否过软。

(4)如同步器正常,应进一步检查变速器第一轴是否弯曲,其花键是否耗损。

4 变速驱动桥漏油

1)现象

变速驱动桥壳体外围出现齿轮润滑油,变速驱动桥齿轮箱的油量减少。

2)原因

(1)润滑油选用不当,产生过多泡沫,或润滑油量太多。

(2)变速盖与壳体间安装松动或密封垫损坏。

(3)油封磨损、变形或损伤,通气孔堵塞、放油螺塞松动。

(4)变速驱动桥壳体破裂。

(5)车速里程表接头或传感器锁紧装置松脱或破损。

3)故障诊断与排除

诊断方法:按油迹部位检查油液泄漏原因。

排除方法:

(1)检查调整变速驱动桥油量。检查齿轮油质量,如质量不佳,应更换合适的齿轮油。

(2)疏通堵塞的通气口,更换损坏的密封垫和油封。

(3)更换损坏的变速驱动桥壳。

(4)紧固松动的变速驱动桥盖、壳螺栓及放油螺塞。

(5)拧紧车速表接头或传感器锁紧装置,如果锁紧装置破损,应予以更换。

5 驱动轴故障

1)现象

(1)润滑脂从传动轴防尘罩中溢出。

(2)汽车转向时外侧万向节处出现"咔嗒"声。

(3)汽车加速或减速时内侧万向节处出现金属敲击声。

(4)汽车加速时有振动或抖动。

2)原因

(1)防尘罩破裂。

(2)传动轴外侧万向节磨损。

(3)传动轴内侧万向节磨损。

3)故障诊断

泄漏故障诊断:

(1)用举升机将汽车举升起来。

(2)把一个车轮的前端向外偏转,使外侧防尘罩完全显露出来,边旋转轮胎,边用手指放在防尘罩的折叠处检查有无裂缝或撕裂痕迹;当防尘罩出现破损和泄漏时,还需要检查万向节润滑脂的污损情况。若润滑脂里有硬粒,则需进一步拆检万向节。

(3)把内侧防尘罩的折叠部分撇开,进行彻底检查。

(4)重复上述步骤检查另一根传动轴。

异响和振动故障的诊断:

(1)驾驶汽车进行试验,先使汽车直行,并轻轻加速,然后向一个方向转向,再向另一个方向转向,若转向时噪声变大,可能是外万向节故障。

(2)若汽车直行时,万向节处发出"咔嗒"声或产生振动,一般为万向节严重磨损。

(3)将汽车加速直线前进或上坡,若出现振动或抖动,表明内侧万向节发卡,出现金属敲击声,则表明万向节磨损过度。

怀疑万向节有磨损或发卡，则要分解进行外观检查，以证实故障，并确定正确的维修步骤。

(三)手动变速驱动桥主要零件的检修

1 变速器壳体

变速驱动桥壳体的主要损伤形式有壳体的变形、裂纹，轴承孔磨损、螺纹孔损伤等。

1)变速器壳体的裂纹

对受力不大部位的裂纹，可用环氧树脂黏结修复；重要和受力较大部位的裂纹，可进行焊修。对与轴承承孔贯通的裂纹、安装固定孔处的裂纹不能维修，应更换变速器壳体。

2)变速器壳体的变形

变速器壳体的变形，将造成各轴轴线间的平行度差，轴心距改变，破坏齿轮副啮合精度，造成轮齿表面的阶梯形磨损，这不但使传动噪声加大，也会形成轴向力，当齿面上有冲击载荷时，就会形成变速器的早期自动脱挡故障。检查时，对三轴式变速器用专用量具检查。

(1)各轴承孔公共轴线间的平行度、轴心距。

(2)上孔轴线与上平面间的距离。

(3)前后两端面的平面度。

两轴式变速器的壳体一般由前、后两部分组成，其变形主要是检查输入轴与轴出轴的平行度及前后壳体接合面的平面度。当上述各项检查超过规定时，应进行更换或修复。

3)壳体螺孔损伤

壳体上所有连接螺孔的螺纹损伤不得多于2牙。螺纹孔的损伤可用换加粗螺栓或焊补后重新钻孔攻丝的方法修复。

2 齿轮与花键

齿轮的主要损伤形式有齿面、齿端磨损，齿面疲劳剥落、腐蚀斑点，轮齿破碎或断裂等。

(1)齿轮的啮合面上出现明显的疲劳麻点、麻面、斑疤或阶梯形磨损时，必须更换。齿面仅有轻微斑点或边缘略有破损时，可用油石修磨后继续使用。

(2)固定齿轮或相配合的滑动齿轮的端面损伤不得超过齿长的15%。

(3)齿轮齿面的啮合面中线应在齿高的中部，接触面积不得小于工作面的60%。

(4)齿轮与齿轮、径向间隙和轴向间隙应符合维修手册规定。

3 轴

轴的主要损伤形式为变形、裂纹、轴颈和花键齿的磨损等。

检查轴体，不得有任何性质的裂纹，否则必须更换。检查轴齿、花键齿的操作，达到前述齿轮损伤的程度时应及时更换。用百分表检查轴的变形,用千分尺检查各轴颈的磨损,超过规定值时应更换。轴的检查如图 2-6 所示。

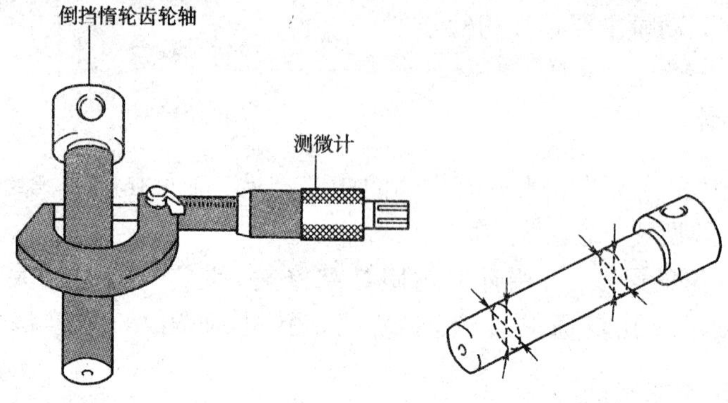

图 2-6　轴的检查

4　轴承

轴承的主要损伤形式为磨损、疲劳点蚀及破裂等。

检查轴承,应转动灵活,滚动体与内外圈滚道不得有麻点、麻面、斑疤和烧灼磨损等缺陷,保持架完好,否则应更换。

检查轴承的径向间隙,间隙不得超过规定值;检查滚动轴承与承孔、轴颈或齿轮的配合,应符合技术条件要求,否则应更换。

5　锁环式同步器

锁环式惯性同步器的主要损伤形式有锁环内锥面螺纹槽磨损、滑块磨损、弹簧弹力减弱或断裂、接合套和花键毂的花键齿损伤。

锁环与滑块的磨损会降低换挡过程的同步作用,锁环与接合套的接合齿端(锁止角)磨损会使同步器失去锁止作用,此外,滑块支承弹簧断裂或弹力不足,使锁环失去自动对中性能,这些都会造成换挡困难,使换挡时发出机械撞击噪声。

锁环的检查:将锁环压到接合齿圈锥面上,按压转动锁环时要有阻力,用塞尺测量锁环与接合齿端面之间的间隙应符合规定值。

将同步器接合套与花键毂组合在一起,使它们轴向滑动时应能平滑地滑动而无阻滞现象。接合套内表面的前后端应无损伤,否则应予更换。注意:同步器接合套与花键毂应作为一组同时更换。

检查齿轮及齿圈齿端、齿圈外锥面及齿轮轴孔的磨损过限应更换。

同步器滑块顶部凸起磨损出现沟槽,会使同步作用减弱。因此,当滑块顶部磨出沟槽时,必须更换。锁环的接合齿端磨秃,使锁环力矩减弱或消失,亦会导致换挡困难。

6　操纵机构

变速器操纵机构的主要损伤形式有磨损、变形、连接松动和弹簧失效等。

检查操纵机构各零件的连接应无松动现象，否则应及时紧固。检查变速杆、拨叉、拨叉轴等应无变形，否则应校正或更换。检查拨叉与接合套、拨叉与拨叉轴、选挡轴等处的磨损，磨损过限时应更换。检查定位钢球、定位锁销、锁止弹簧、复位弹簧，当出现磨损过限或弹簧失效时，应及时更换。

7 驱动轴

驱动轴的主要损伤形式有防尘罩、卡箍、弹簧挡圈等损坏，驱动轴弯曲，万向节磨损等。

检查驱动轴护套的整个外围是否有任何裂纹或者其他损坏，是否有任何油脂渗漏。检查护套卡箍，确保其已经正确安装并且没有损坏。用百分表测量轴外圆的径向圆跳动量，最大弯曲度不能超过1mm，超过时应更换新件。拆检万向节组件若有明显凹陷、磨损过度、裂纹和麻点，则更换万向节总成。

(四)手动变速驱动桥的装配与调整

手动变速驱动桥装配质量的好坏，对工作质量影响很大。在装配时，应注意以下几个方面。

(1)装配前，必须对零件进行认真的清洗，除去污物、毛刺和铁屑等。对于设计有径向润滑油孔的齿轮，应特别注意保持其畅通。

(2)装配各部轴承、齿轮时，应涂抹质量优良的润滑油进行预润滑。总成维修时，应更换所有的滚针轴承。

(3)对零件的工作表面不得用硬金属直接锤击，避免齿轮出现运转噪声。

(4)注意同步器锁环或锥环的装配位置。装配过程中，如有旧件时应原位装复，以保证两元件的接触面积。因此，在变速驱动桥解体时，应对同步器各元件做好装配记号，以免装错。

(5)组装第一轴和第二轴时，应注意各挡齿轮、同步器固定齿座、推力垫圈的方向及位置，以保证齿轮的正确啮合。

(6)安装第一轴、第二轴的轴承时，只许用压套垂直压在内圈上，禁止施加冲击载荷，轴承内圈圆角较大的一侧必须朝向齿轮。

(7)装入油封前，需在油封的刃口涂少量润滑脂，且垂直压入，并使刃口朝向液体方向。

(8)变速驱动桥装配后，要检查各齿轮的轴向间隙和各齿轮副的啮合间隙及啮合印痕。威驰手动变速器输出轴1、2挡齿轮间隙的检查调整如图2-7所示。

(9)装配密封衬垫时，应在密封衬垫的两侧涂以密封胶，确保密封效果。

(10)安装变速驱动桥盖时，各齿轮和拨叉均应处于空挡位置。必要时，可分别检查各个常用挡的齿轮副是否处于全齿长接合位置。按规定的力矩和顺序拧紧全部螺栓。

(11)安装主减速器差速器时，应注意检查调整差速器轴承间隙。

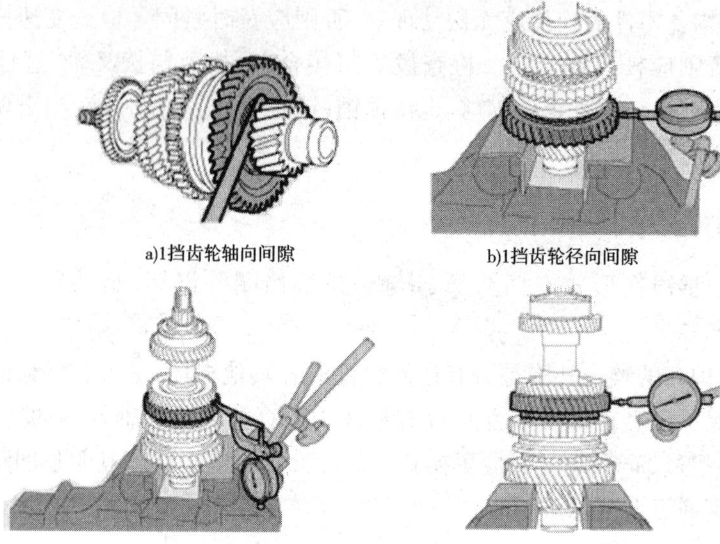

a)1挡齿轮轴向间隙　b)1挡齿轮径向间隙

c)2挡齿轮轴向间隙　d)2挡齿轮径向间隙

图 2-7　输出轴检查调整

二、任 务 实 施

项目1　诊断与排除威驰1.3 GL-i MT型乘用车驱动轴异响故障

1　项目说明

一辆威驰 1.3 GL-i MT 型乘用车，行驶里程 15 万 km，据车主介绍，汽车行驶过程中，当车速在 80km/h 以上时，听到汽车底盘出现不正常响声，而且随着速度的增加响声越明显，有类似金属撞击声出现。威驰 1.3 GL-i MT 型乘用车采用发动机前置前轮驱动，前悬架为麦克弗逊式独立悬架，驱动轴为断开式，通过万向节连接。汽车底盘出现异响可能是主减速器、差速器异响，驱动轴轮毂轴承松旷异响，驱动轴内外万向节损坏异响等。因此，维修人员应通过综合检查，找出故障原因，并制订修复方案。

2　技术标准与要求

1）检测数据

技术标准见表 2-1。

技 术 标 准　　表 2-1

检 测 项 目	技 术 标 准	检 测 项 目	技 术 标 准
前轮毂轴承间隙	≤0.05mm	后桥轮毂和轴承总成摆差	≤0.07mm
前轴轮毂分总成摆差	≤0.07mm	前驱动轴间距（左侧）	432.4 ±2.0mm
后桥轮毂和轴承总成间隙	≤0.05mm	前驱动轴间距（右侧）	523.1 ±5.0mm

2)拧紧力矩

各紧固零件拧紧力矩见表2-2。

各紧固零件拧紧力矩　　表2-2

紧固零件	技术标准(N·m)	紧固零件	技术标准(N·m)
前轮固定螺母	103	前车速传感器×转向节	8.0
后轴固定螺母	103	前桥轮毂螺母	216
手动传动桥放油塞	39	前盘式制动器防尘罩×转向节	8.3
转向横拉杆端头总成×转向节	33	前桥总成×前减振器总成	132
1号下悬臂分总成×转向节	98	前盘式制动卡钳总成×转向节	88
前稳定杆×1号下悬臂分总成	18	后桥轮毂和轴承总成×后桥梁	63
制动软管和前车速传感器×前减振器总成	29		

3　设备器材

(1)威驰1.3 GL-i MT型乘用车、驱动轴。

(2)举升机、举升器。

(3)常用汽车维修工具、量具。

(4)专用工具(可相互借用)。

专用工具信息见表2-3。

专用工具信息　　表2-3

工具图例	专用工具代码	专用工具名称
	09520—00031	后桥轴拉具
	09520—01010	驱动轴拆卸工具附件
	09520—24010	差速器侧齿轮拉具
	09520—32040	滑锤组件
	09608—16042	前轮毂轴承调整工具
	09608—02021	螺栓和螺母
	09608—02041	挡圈

4　作业准备

(1)实车检查。

(2)举升机准备。

(3)清洁、调整量具。

(4)准备作业单。

5 操作步骤

1)故障确认

驾驶汽车进行试验,先使汽车直行,并轻轻加速,然后向一个方向转向,再向另一个方向转向,若转向时噪声变大,可能是外万向节故障。若汽车直行时,万向节处发出"咔嗒"声或产生振动,一般为万向节严重磨损;将汽车加速直线前进或上坡,若出现振动或抖动表明内侧万向节发卡,出现金属敲击声表明万向节磨损过度。

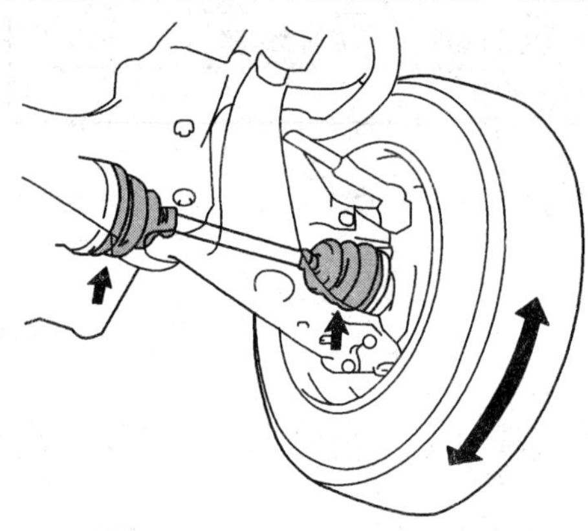

图 2-8　驱动轴护套检查

2)检查驱动轴内侧和外侧防尘罩

用举升机顶起汽车,把一个车轮的前端向外偏转,使外侧防尘罩完全显露出来,边旋转轮胎,边用手指放在防尘罩的折叠处检查有无裂缝或撕裂痕迹;当防尘罩出现破损和泄漏时,还需要检查万向节润滑脂的污损情况。把内侧防尘罩的折叠部分撇开进行彻底检查,如图 2-8 所示。若润滑脂里有硬粒,则需进一步拆检万向节,视情更换。

3)检查驱动轴轮毂轴承

拆下前轮、制动卡钳总成和制动盘,使用百分表,在接近前桥轮毂中心位置检查轴承间隙,如图 2-9 所示。测量的间隙值不能超过 0.05mm,否则更换前桥轮毂轴承。用百分表在轮毂螺栓外的端面上检查的轮毂表面偏摆,如图 2-10 所示。测量的偏摆量不能超过 0.07mm,否则更换前桥轮毂分总成。

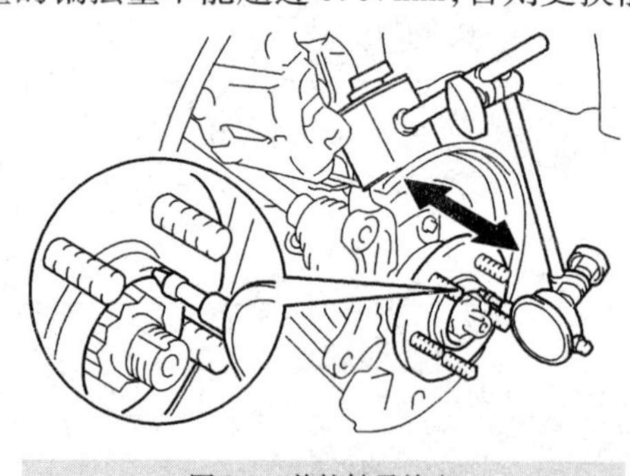

图 2-9　前轮轴承检查

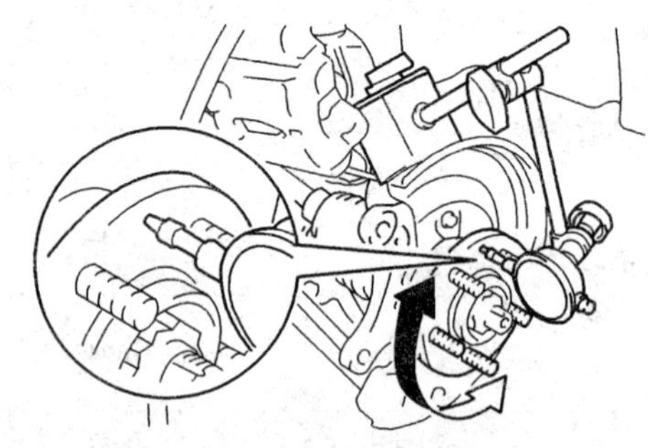

图 2-10　轮毂偏摆检查

4)拆检驱动轴

(1)拆下前轮,用锤子和专用工具松开轮毂螺母的锁紧卷边,拆下轮毂螺母,如图 2-11 所示。注意须完全松开螺母的锁紧卷边,不要损伤驱动轴的螺纹。

(2)拆下开口销和螺母。从转向节上,用专用工具拆下前悬架臂分总成下部和横拉杆端头分总成,如图 2-12、图 2-13 所示。注意不要损坏防尘罩和车速传感器。

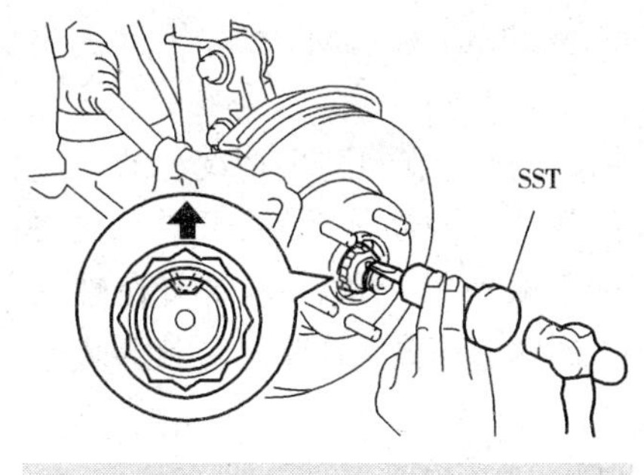

图 2-11 拆下前轮轮毂螺母

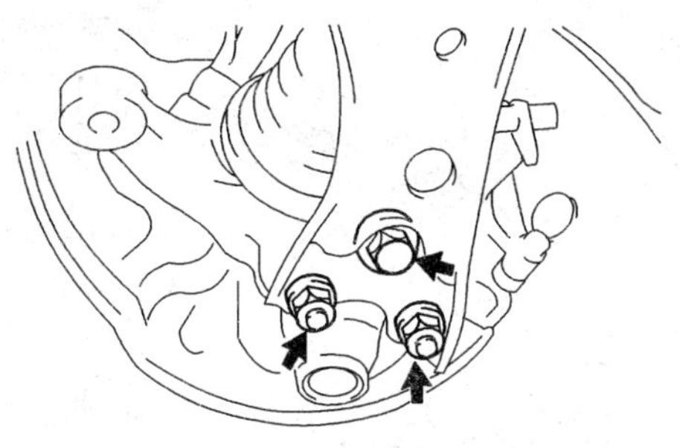

图 2-12 分离前悬架臂分总成下部

(3)拆下驱动轴总成。用驱动轴专用工具拆卸附件勾住内万向节沟槽 B 处,拉动滑锤,利用惯性将驱动轴从半轴齿轮花键中拉出,如图 2-14 所示。使用滑锤时应注意不要损坏防尘罩和油封。

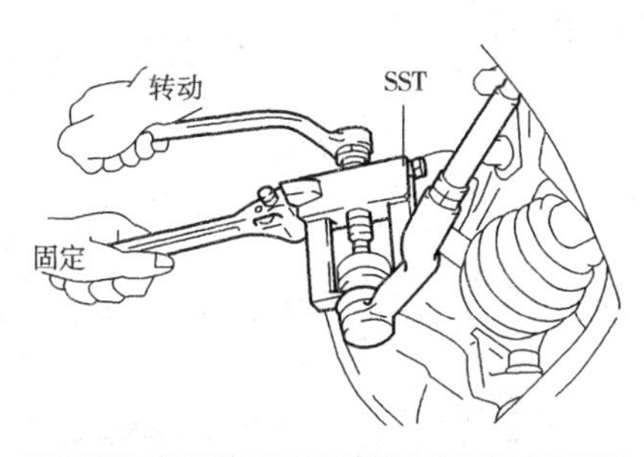

图 2-13 分离转向横拉杆端头分总成

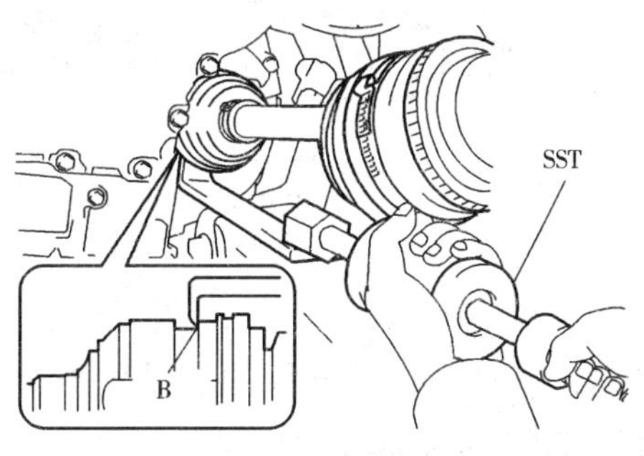

图 2-14 拆卸前驱动轴总成

(4)分解内侧三叉式球节总成。从内侧球节总成上擦去旧的润滑脂,在内侧球节和外侧球节上画上标记,如图 2-15a)所示。从外侧球节总成上拆下内侧球节总成,用卡环钳拆下三叉球节侧卡环,如图 2-15b)所示。并在三叉球节和外侧球节上画上标记,用铜棒和锤子拆下三叉球节,如图 2-15c)所示。

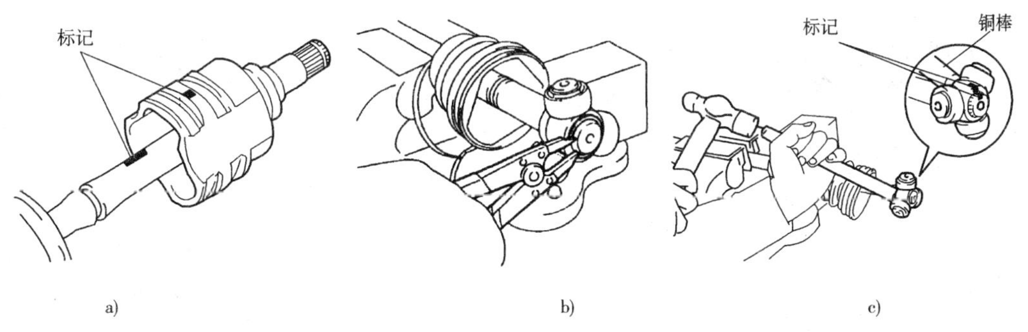

图 2-15 拆下内侧三叉式球节总成

(5)拆下外侧球笼式球节总成。用起子撬开外侧球节防尘罩夹箍,拆下外侧球笼式球节总成。清洗万向节后,检查内外球座及滚道、球笼、钢球不得有损伤或磨损松旷,若出现损伤则更换万向节,如图 2-16 所示。

(6)检查驱动轴的间距。如图 2-17 所示,左侧驱动轴的间距标准值为 432.4 ± 2.0mm,

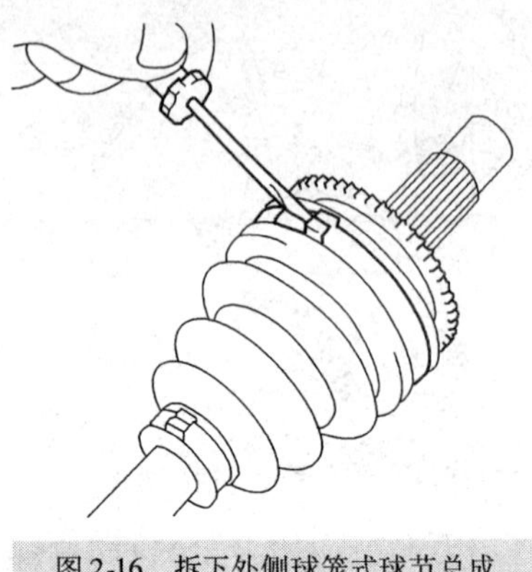
图 2-16　拆下外侧球笼式球节总成

右侧驱动轴的间距标准值为 523.1 ± 5.0mm。驱动轴如有弯曲、凹陷等损坏应更换。

(7)内、外等角速万向节的磨损情况检查。将传动轴夹在台虎钳上,左右来回拧动传动轴,万向节的径向应没有明显的间隙,靠主减速器一侧的万向节在轴向能自由平滑地滑动,如图 2-18 所示。否则,应更换万向节总成或传动轴总成。

5)安装驱动轴

驱动轴的安装过程与拆卸过程相反,应注意以下事项:

(1)安装内侧万向节时应注意对正装配记号。

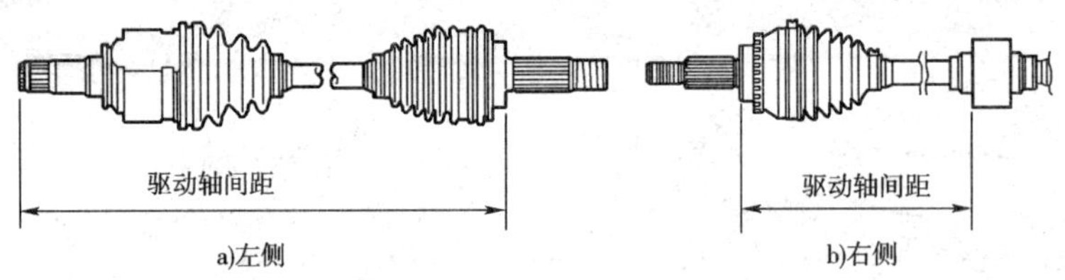

图 2-17　驱动轴的间距检查

(2)安装球节防尘罩时,用胶带包裹球节轴的花键齿,以避免防尘罩损坏。应给球节总成涂抹新的润滑脂,润滑脂量内侧为 99 ~ 109g,外侧为 69 ~ 79g。

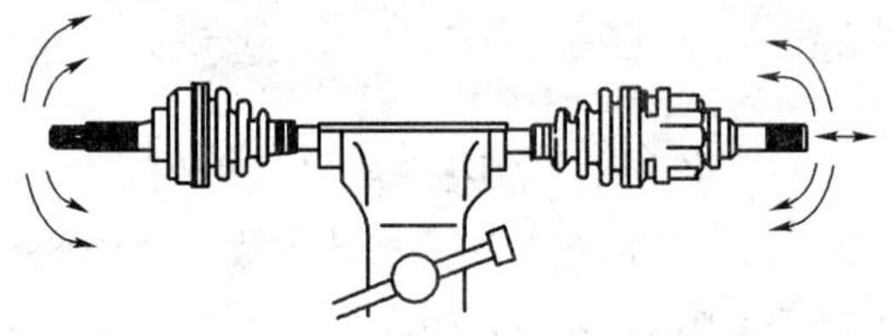
图 2-18　内、外等角速万向节的磨损情况检查

(3)前驱动轴总成的安装时须注意在内侧球节的花键轴上涂变速器齿轮油,将卡环的开口侧朝下,对齐轴花键齿,用铜棒和锤子安装驱动轴总成,如图 2-19 所示。安装后应转动驱动轴总成,通过听声音和感觉来判断内侧球节轴与半轴齿轮是否可靠接触。

(4)轮毂螺母为一次性使用件,安装时须更换新的轮毂螺母,并可靠锁紧,如图 2-20 所示。

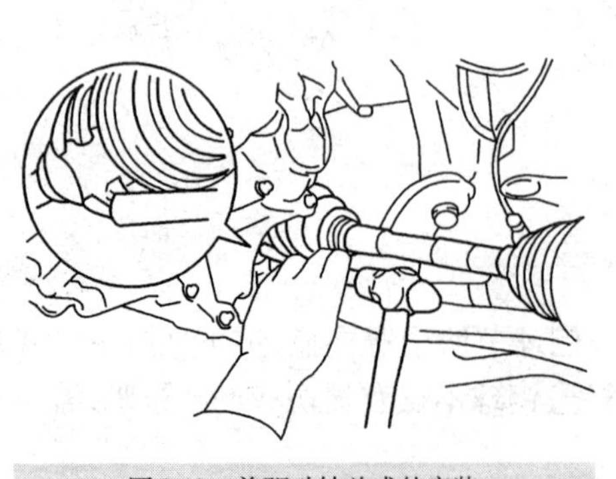
图 2-19　前驱动轴总成的安装

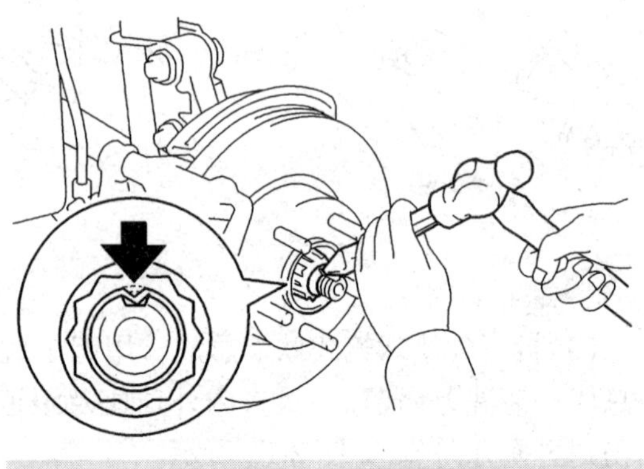
图 2-20　安装轮毂螺母

6 记录与分析

故障作业记录单见表2-4。

诊断与排除驱动轴异响故障作业记录单　　表2-4

姓名		班级		学号		组别	
车型		编号		检查单号		作业日期	
步骤	检查项目	作业记录					
1	故障确认						
2	驱动轴防尘罩检查						
3	前轮轮毂轴承检查						
4	拆检驱动轴						
5	驱动轴安装						
竣工检验意见							

项目2　诊断与修复威驰1.3 GL-i MT型乘用车变速器挂挡困难故障

1 项目说明

变速器应该换挡轻便，各齿轮运转时不互相撞击，工作平稳，且无异常响声。随着行驶里程的增加，由于变速驱动桥各机件的耗损和失效，变速驱动桥将出现各种故障，挂挡困难便是变速器最常见的故障之一。威驰1.3 GL-i MT型乘用车挂挡困难的常见原因有：离合器行程过小，分离不彻底；控制拉线调整不当或损坏；同步器锁环磨损或损坏；换挡键弹簧损坏；变速驱动桥操纵机构工作性能差；变速箱油黏度过大；变速箱油品较差等情况。因此，维修人员应通过综合检查，找出故障原因，并制订修复方法。

2 技术标准与要求

1）检测数据

技术标准见表2-5。

技术标准　　表2-5

检测项目	技术标准	检测项目	技术标准
差速器锥轴承预紧力	新轴承0.78～1.57N·m 旧轴承0.49～0.98N·m	5挡齿轮止推间隙	0.10～0.50mm
输出轴锥齿轮轴承预紧力	新轴承3.09～6.18N·m 旧轴承1.93～3.68N·m	1挡、2挡齿轮径向间隙	标准0.15～0.56mm
1挡齿轮止推间隙	0.10～0.35mm	3挡、4挡和5挡齿轮径向间隙	0.015～0.058mm

续上表

检 测 项 目	技 术 标 准	检 测 项 目	技 术 标 准
2 挡齿轮止推间隙	0.10~0.55mm	同步器环与齿轮的间隙	标准 0.8~1.6mm
3 挡齿轮止推间隙	0.10~0.35mm	输入轴、输出轴直线度	最大 0.03mm
4 挡齿轮止推间隙	0.10~0.55 mm	差速器齿隙	0.05~0.20mm
输入轴轴颈外径	A:25.502~25.515mm B:30.985~31.000mm C、D:33.985~34.000mm E:23.002~23.015mm F:22.967~23.000mm	输出轴轴颈外径	A:23.002~23.015mm B、C:28.3mm D、E:33.985~34.000mm F:25.002~25.015mm

2)拧紧力矩

各紧固零件拧紧力矩见表 2-6。

各紧固零件拧紧力矩 表 2-6

紧固零件	技术标准(N·m)	紧固零件	技术标准(N·m)
传动桥×发动机	64	1 挡、2 挡和空挡开关(TFT)	40
离合器分泵×传动桥	12	倒车灯开关	40
2 号换挡拨叉×2 号换挡拨叉轴	16	换挡杆轴总成×变速器壳体	12
倒挡臂支架配线支架×传动桥壳体	17	换挡操纵拉筋×传动桥壳体	11
1 号换挡拨叉×1 号换挡拨叉轴	16	车速传感器	11
变速器壳体×传动桥壳体	29	离合器分离拨叉定位螺栓	37
倒挡中间齿轮轴锁止螺栓	29	注油和放油塞	39
锁止球总成×变速器壳体	37	换挡内杆×换挡杆轴	16
变速器转速传感器(TFT)	7.8	差速器壳体×齿圈	124
变速器壳体护罩(TFT)	18	换挡杆总成×壳体	12

3 设备器材

(1)威驰 1.3 GL-i MT 型乘用车、丰田二轴式变速驱动桥。

(2)举升机、举升器。

(3)常用汽车维修工具、量具。

(4)专用工具(可相互借用)。

专用工具信息见表 2-7。

专用工具信息 表2-7

工具图例	专用工具代码	专用工具名称
	09223—00010	后盖和油封更换器
	09308—00010	油封拉出器
	09316—60011	变速器和分动器轴承更换器
	09387—00041	轴承拉出器总成
	09506—35010	差速器小齿轮轴承更换器
	06564—32011	差速器预紧器
	09950—00020	轴承拆卸器
	09950—00030	轴承拆卸器附件

4 作业准备

(1)实车检查。

(2)举升机准备。

(3)清洁、调整量具。

(4)准备作业单。

5 操作步骤

1)故障确认

首先应确认离合器分离状态正常,使发动机怠速运转,踏下离合器踏板,进行各挡位变速操作,检查变速杆是否卡滞、沉重等。汽车行驶时发生换挡困难现象,分为几种情况:

(1)若所有挡位均挂挡困难,首先检查离合器能否分离彻底,变速操纵机构能否工作。

(2)若仅有其中一个或两个挡位挂挡困难,应拆检变速驱动桥。

(3)若挂挡困难在冷车或热车时出现,应重点考虑变速器油品质。

2）检查离合器是否分离彻底

离合器系统出现故障的现象为发动机怠速运转时，踩下离合器踏板挂挡困难，且伴随齿轮撞击声；勉强挂入挡位，离合器未抬起汽车就起步或发动机熄火；行驶中，换挡困难且仍伴随有齿轮撞击声。如果熄火后排挡自如那么就是离合器系统出现故障，仍挂挡困难则需进一步检查变速驱动桥。其故障诊断与排除方法详见学习任务 1。

3）检查手动变速驱动桥齿轮油的油面与油质

油面检查。拆卸注油螺塞，检查油液是否在注油螺塞孔的下沿。如果液位太低，加注油液直至其到达注油螺塞孔下沿。重新牢固安装注油螺塞，如图 2-21 所示。

油质检查。查看变速驱动桥油品的状况和颜色，用手指蘸少许油液并在手指间互相摩擦看是否有渣粒。正常情况下，油液应该清爽，如果有粉末、过度变色，则应该更换新的变速驱动桥油。

安全提示：

在进行油面检查时，应待变速器油液冷却到用手可以触摸的状态，避免烫伤。

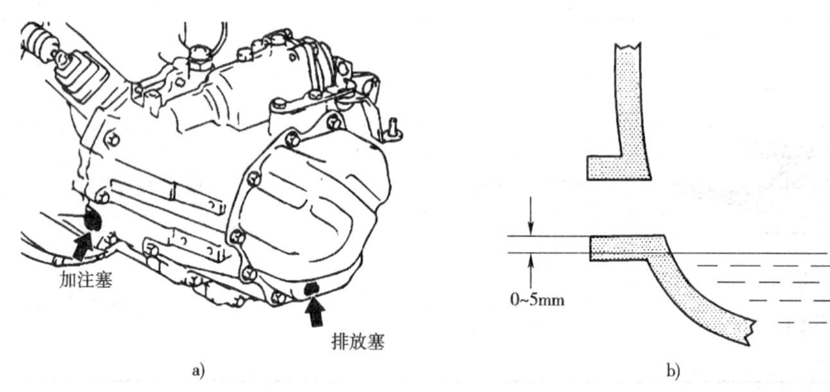

图 2-21　手动变速驱动桥油液检查

4）拆检变速器控制拉线

（1）先拆下组合仪表中央面板，组合仪表面板，操作台面板。然后拆下地板储物盒，地板式换挡手柄，手柄控制盒孔盖，控制盒后部。

图 2-22　脱开拉线端部

（2）拆下手动变速驱动桥控制拉线总成。

①拆下 2 个卡子，脱开手动变速驱动桥控制拉线的端部，如图 2-22 所示。

②松开 2 个卡爪后拆下手动变速驱动桥控制拉线总成，如图 2-23 所示。

③拆下 2 个卡子和 2 个垫片，从手动变速驱动桥上脱开两条拉线，如图 2-24 所示。

④拆下螺栓，脱开控制拉线，如图 2-25 所示。

⑤拆下 2 个螺栓。从车身上拉出控制拉线，从控制拉线上拆下固定器，如图 2-26 所示。

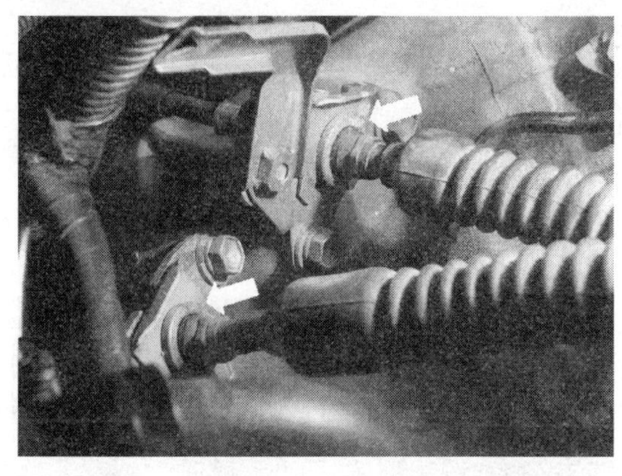

图 2-23　拆下手动变速驱动桥控制拉线总成

图 2-24　脱开两条拉线

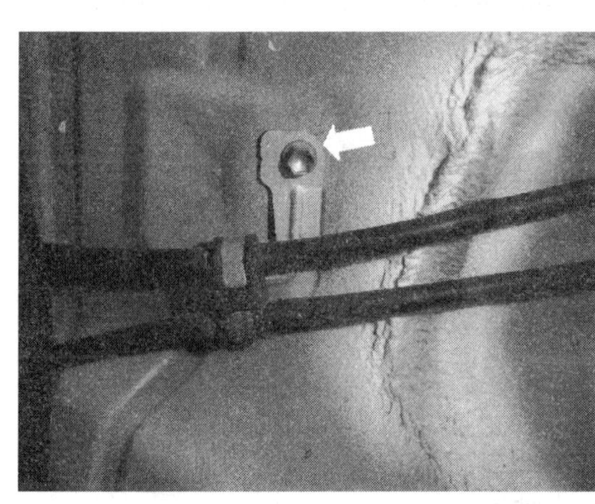

图 2-25　脱开控制拉线

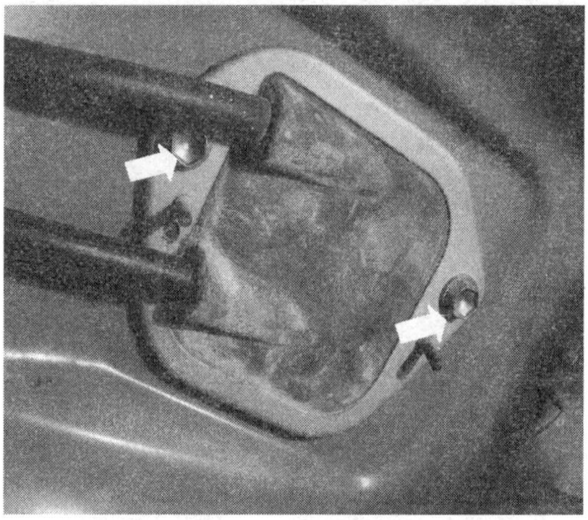

图 2-26　拆下 2 个螺栓

(3)检查变速器控制拉线。检查变速器控制接线是否有拉毛、断线现象,若有则更换。

5)拆检手动变速器

如果经确认挂挡困难原因不是离合器、变速驱动桥油、控制拉线的故障引起,则应拆检变速器。

(1)变速器的拆卸。

①拆下发动机盖、蓄电池、带油管的离合器工作缸等附件,放尽变速驱动桥齿轮油。

②拆开倒车灯开关接头,如图 2-27 所示。

③拆开车速传感器接头,如图 2-28 所示。

④断开左右驱动轴与变速器的连接,具体方法见项目 1。

⑤吊起发动机总成。正确安装 1 号吊钩,拧紧力矩为 30N · m。把起吊链连接在吊钩上,切勿把起吊链连在其他零件上。

⑥拆下起动机总成。

⑦用千斤顶支撑前悬架横梁。

⑧拆下螺栓从发动机右后支架上脱开脚胶，如图 2-29 所示。

⑨拆下前悬架横梁。

a. 拆下 4 个螺栓，取下前悬架加强梁，如图 2-30 所示。

图 2-27　拆下倒车灯开关接头

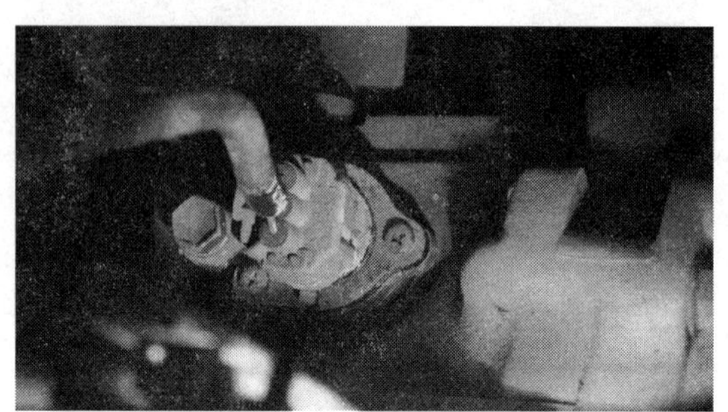
图 2-28　拆开车速传感器接头

图 2-29　分离脚胶

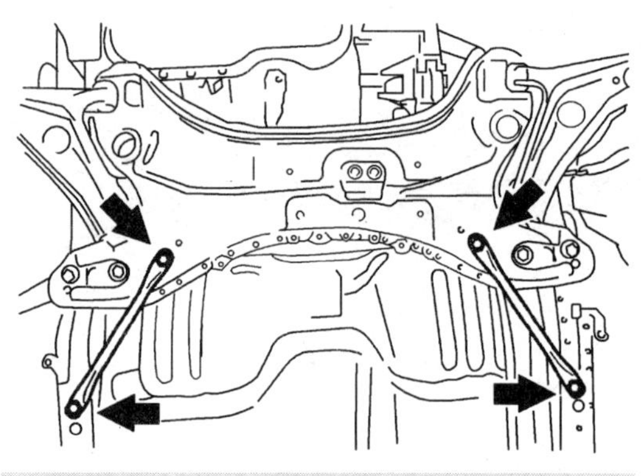
图 2-30　取下前悬架加强梁

b. 拆下 2 个螺栓，拆开前悬架横梁，如图 2-31 所示。

c. 拆下 4 个螺栓和前悬架横梁，如图 2-32 所示。

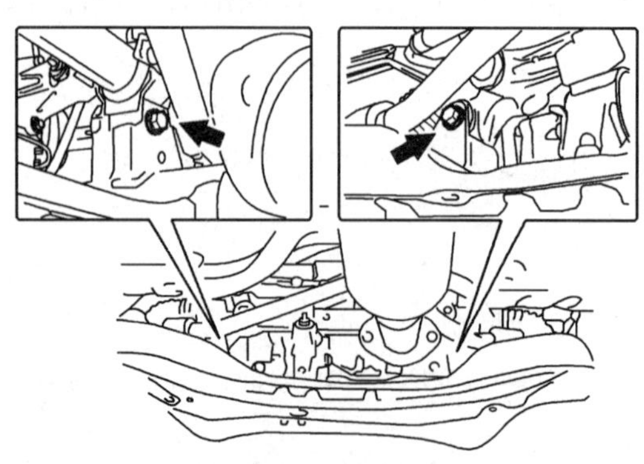
图 2-31　拆开前悬架横梁

⑩用千斤顶支撑起手动变速驱动桥总成。

⑪拆下 3 个螺栓，拆开变速驱动桥左前支架，如图 2-33 所示。

⑫拆下 7 个螺栓，从发动机上拆下手动变速驱动桥。

（2）变速驱动桥的解体检查。

①拆下分离轴承总成和分离叉总成，拆下车速表传感器和车速表驱动齿轮总成。

②拆下换挡杆轴总成，如图 2-34 所示。

图 2-32　拆下前悬架横梁

图 2-33　拆开左前支架

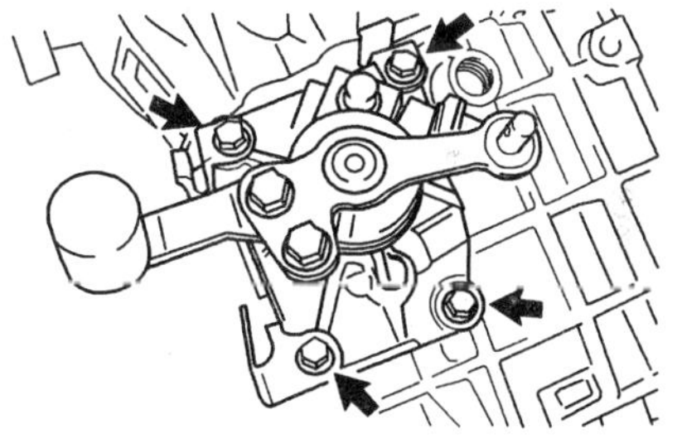

图 2-34　拆下换挡杆轴总成

③拆下换挡拨叉轴。取下变速驱动桥壳体，用磁棒从拨叉上拆下固定销，如图 2-35a）所示。用两个改锥和手锤，从换挡拨叉轴上冲出卡环，注意防止卡环飞出，如图 2-35b）所示。拆下螺栓，取出换挡拨叉轴，如图 2-35c）所示。

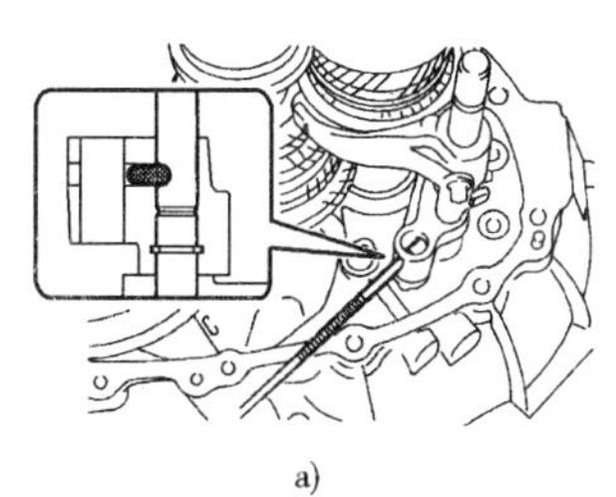

a)

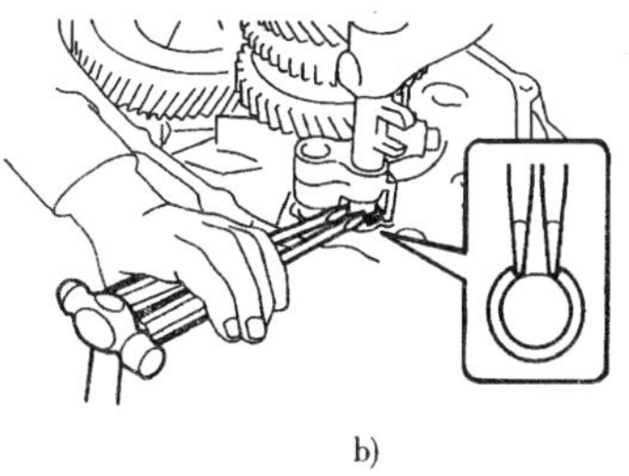

b)

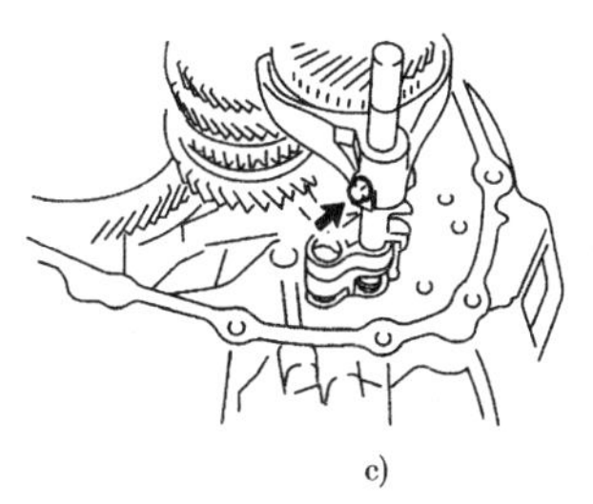

c)

图 2-35　拆下换挡拨叉轴

④从手动驱动桥壳体上拆下输入轴和输出轴总成,如图 2-36 所示。

⑤从前驱动桥壳体上拆下差速器总成,如图 2-37 所示。

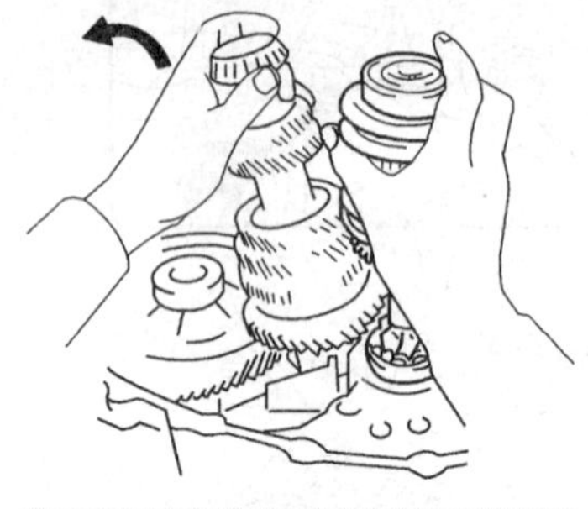

图 2-36 拆下输入轴和输出轴总成

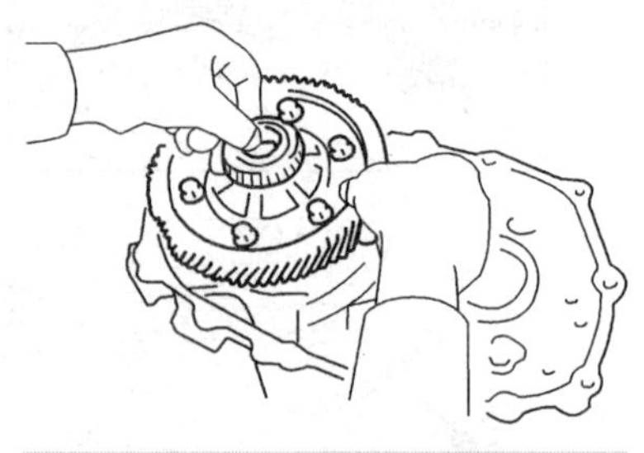

图 2-37 拆下差速器总成

⑥用游标卡尺检查倒挡中间齿轮内径,标准值为 16.04 ~ 16.05mm,如果内径大于 16.05mm,须更换倒挡中间齿轮;用外径千分尺检查倒挡中间齿轮轴,标准值为 15.97 ~ 15.98mm,如果外径小于 15.97mm,则更换倒挡中间齿轮轴,如图 2-38 所示。

⑦用游标卡尺检查 1、2、3 号换挡拨叉内径和厚度,如图 2-39 所示。如果不符合相应标准,须更换拨叉。用千分尺检查 1、2、3 号换挡拨叉轴外径,如果不符合相应标准,须更换拨叉轴。

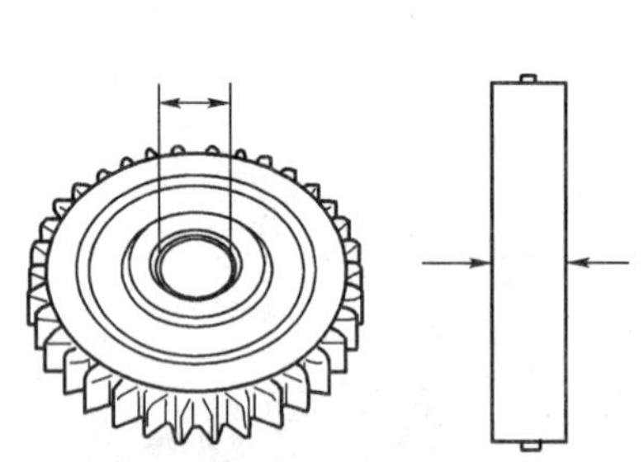

图 2-38 检查齿轮内径和齿轮轴外径

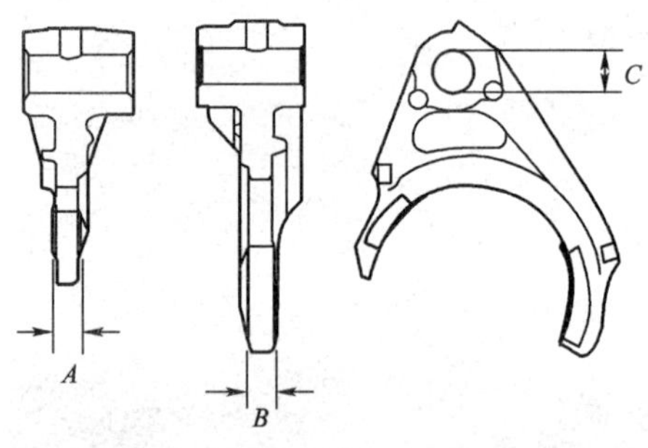

图 2-39 检查换挡拨叉内径和厚度

⑧用百分表检查各挡齿轮的止推间隙,如图 2-40 所示。如果间隙超过最大值,则须更换相应齿轮。用百分表检查各挡齿轮径向间隙,如图 2-41 所示。如果间隙超过最大值,则须更换相应齿轮。

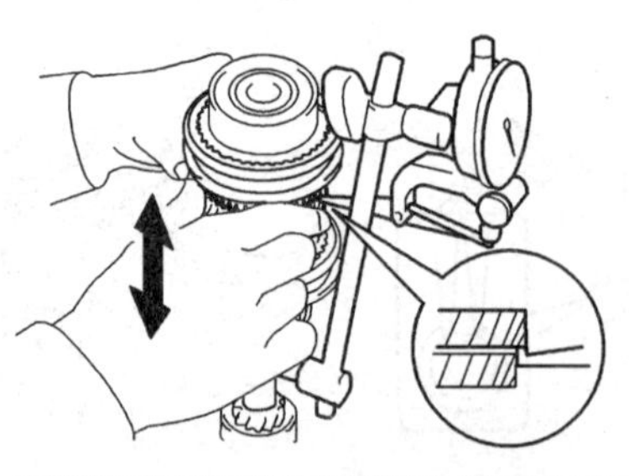

图 2-40 检查齿轮的止推间隙

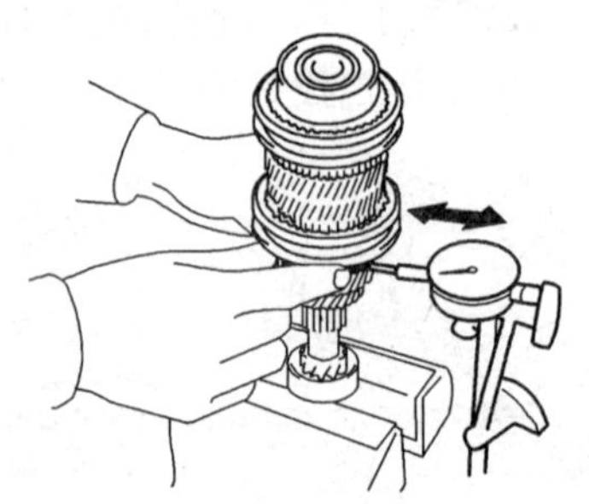

图 2-41 检查齿轮径向间隙

⑨解体输入轴和输出轴总成。图 2-42 所示为从输入轴拆下 5 挡齿轮,需使用专用工具

在压床上先将输入轴与后端球轴承分离，然后依次取下离合器毂，滚针轴承，隔垫，卡环，止推垫圈等。

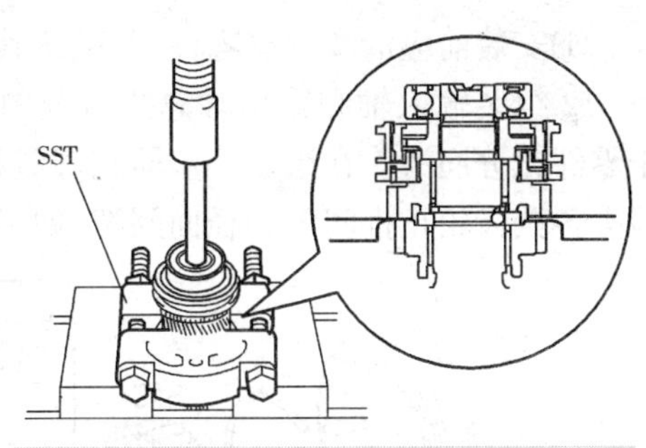

图2-42　拆下输入轴5挡齿轮

⑩如图2-43所示，用手检查同步器环的制动效果，用塞规检查同步器环和有键槽端的间隙，如果制动作用不好，涂少量的细研磨膏在同步器环和齿轮圆锥部位之间，同时轻轻摩擦，改善同步器环摩擦条件。

⑪用内径百分表检查各挡齿轮内径，如果超过最大值，则须更换相应齿轮，如图2-44所示。

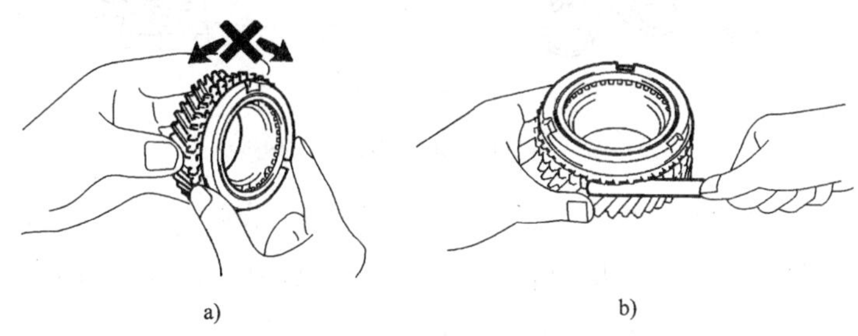

图2-43　检查同步器环

⑫用百分表检查输入轴直线度，如图2-45所示，如果磨损或损坏，须校正或更换；用千分尺检查输入和输出轴轴颈外径测量，如图2-46所示，如果超过标准，则须更换整根轴。

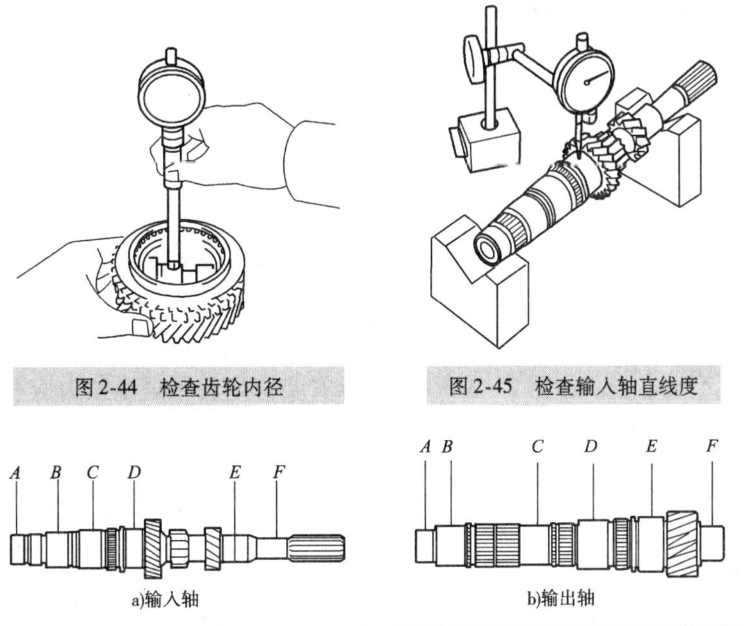

图2-44　检查齿轮内径

图2-45　检查输入轴直线度

图2-46　输入和输出轴轴颈外径测量

(3)手动变速驱动桥的组装。手动变速驱动桥安装过程与拆卸过程相反，同时应注意以下事项。

①安装前应清洗所有零件,并确认其技术状况符合要求。

②组装输入轴和输出轴总成过程中,应在滚针轴承、齿轮、同步器环上涂抹齿轮油,便于零件充分润滑。在组装同步器花键毂和接合套时应注意位置和方向,如图2-47所示。并检查各挡齿轮止推间隙和径向间隙,如不符合标准间隙要求,须调整后重新检查测量。

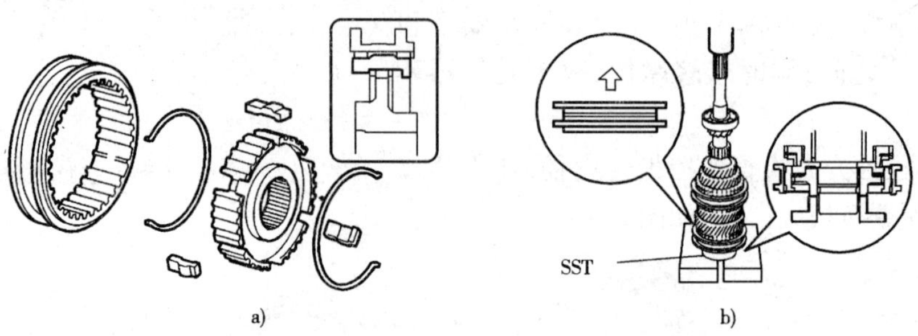

图2-47　同步器花键毂和接合套的组装

③组装差速器时应检查行星齿轮和半轴齿轮的啮合间隙,如图2-48a)所示,若间隙不在规范之内,选择不同厚的止推垫圈进行调整,但应注意两侧的止推垫圈尺寸应相同,如图2-48b)所示。组装齿圈和差速器壳时应注意对正装配记号。

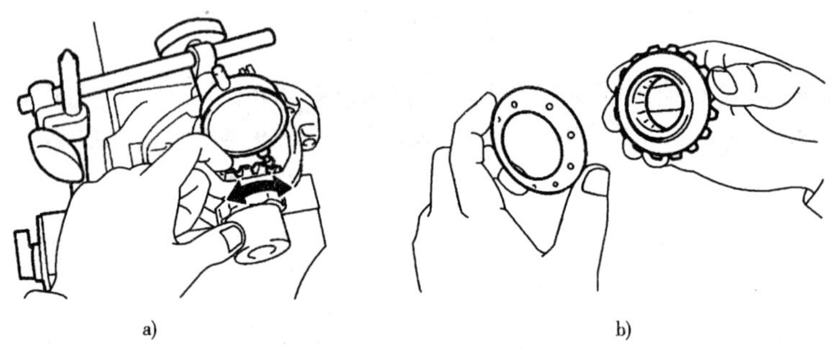

图2-48　组装差速器总成

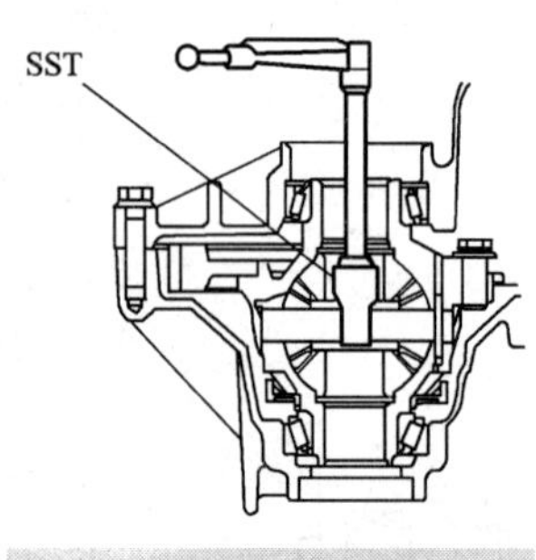

图2-49　检查轴承预紧力

④组装手动变速驱动桥时应调整差速器和输出轴轴承预紧力。如图2-49所示,在不装输入轴出轴的情况下将差速器总成装配到变动器壳体内用SST和扭矩扳手,向左向右分别转动差速器2~3次,使轴承安装稳定后测量预紧力应符合要求(新轴承0.78~1.57N·m,旧轴承0.49~0.98N·m),否则通过选择不同厚度的差速器侧轴承衬垫进行调整。在安装输出轴后测量总的预紧力新轴承应为3.09~6.18N·m,旧轴承应为1.93~3.86N·m,否则通过轴出轴后轴承衬垫进行调整。

⑤安装变速器壳体和油封时,须涂MP润滑脂在油封前端。

⑥安装时应在有相对运动的配合副表面涂上齿轮油,螺栓的拧紧力矩应达到规定标准。

6)手动变速驱动桥的吊装

手动变速驱动桥吊装过程与拆卸过程相反,同时应注意以下事项:

(1)吊装前应对正输入轴和离合器片，把手动变速驱动桥安装到发动机上。

(2)吊装后应检查并添加手动变速驱动桥油(GL4 或 GL575W-90，容量:1.8L)。

(3)整个安装过程完成后应进行前轮定位的检查和调整。

6 记录与分析

故障作业记录单见表2-8。

诊断与修复手动变速器挂挡困难故障作业记录单　　表2-8

<table>
<tr><td>姓名</td><td></td><td>班级</td><td></td><td>学号</td><td></td><td>组别</td><td></td></tr>
<tr><td>车型</td><td></td><td>编号</td><td></td><td>作业单号</td><td></td><td>作业日期</td><td></td></tr>
<tr><td>步骤</td><td colspan="2">检查项目</td><td colspan="5">作业记录</td></tr>
<tr><td>1</td><td colspan="2">故障确认</td><td colspan="5"></td></tr>
<tr><td>2</td><td colspan="2">离合器检查</td><td colspan="5"></td></tr>
<tr><td>3</td><td colspan="2">手动变速驱动桥齿轮油的检查</td><td colspan="5"></td></tr>
<tr><td>4</td><td colspan="2">变速器控制拉线的检查与更换</td><td colspan="5"></td></tr>
<tr><td>5</td><td colspan="2">手动变速驱动桥总成的拆检</td><td colspan="5">
各挡位齿轮相关间隙检查记录表
<table>
<tr><td>挡位</td><td>1挡齿</td><td>2挡齿</td><td>3挡齿</td><td>4挡齿</td><td>5挡齿</td></tr>
<tr><td>轴向间隙(mm)</td><td></td><td></td><td></td><td></td><td></td></tr>
<tr><td>径向间隙(mm)</td><td></td><td></td><td></td><td></td><td></td></tr>
<tr><td>啮合间隙(mm)</td><td></td><td></td><td></td><td></td><td></td></tr>
</table>
结论:
输入轴、输出轴检查记录表
<table>
<tr><td>检查点</td><td>径向跳动(mm)</td><td>轴颈 A(mm)</td><td>轴颈 B(mm)</td><td>轴颈 C(mm)</td><td>轴颈 D(mm)</td></tr>
<tr><td>输入轴</td><td></td><td></td><td></td><td></td><td></td></tr>
<tr><td>输出轴</td><td></td><td></td><td></td><td></td><td></td></tr>
<tr><td>检查点</td><td>轴颈 E(mm)</td><td>轴颈 F(mm)</td><td></td><td></td><td></td></tr>
<tr><td>输入轴</td><td></td><td></td><td></td><td></td><td></td></tr>
<tr><td>输出轴</td><td></td><td></td><td></td><td></td><td></td></tr>
</table>
结论:
同步器锁环与相应挡位齿轮间隙检查记录表
<table>
<tr><td rowspan="2">同步器锁环与各挡位齿轮</td><td colspan="2">1、2挡同步器</td><td colspan="2">3、4挡同步器</td><td>5挡同步器</td></tr>
<tr><td>1挡齿</td><td>2挡齿</td><td>3挡齿</td><td>4挡齿</td><td>5挡齿</td></tr>
<tr><td>检测值(mm)</td><td></td><td></td><td></td><td></td><td></td></tr>
</table>
结论:
</td></tr>
<tr><td colspan="3">竣工检验意见</td><td colspan="5"></td></tr>
</table>

三、学习评价

1 理论考核

1)分析题

(1)变速驱动桥油液检查时发现了金属颗粒,试分析产生这种现象的原因是什么?

(2)变速器装配时应注意哪些问题?

(3)变速器常见故障有哪些? 试述自动脱挡的原因。

(4)以某一款三轴式手动变速器为例,编制维修工艺。

2)判断题

(1)汽车满载状态下爬坡时,变速器应挂最高挡。 ( )

(2)变速器传动比即是输入轴转速与输出轴转速的比值。 ( )

(3)换挡时施加于结合套推力的大小,不影响同步器达到同步的时间。 ( )

(4)变速驱动桥中的所有齿轮都是常啮合的。 ( )

(5)汽车安装变速驱动桥的目的是为了改变发动机扭矩,增加发动机动力。 ( )

(6)变速器输入轴的弯曲变形不一定会造成挂挡困难。 ( )

(7)同步器的滑块严重磨损会导致变速器挂挡困难。 ( )

(8)手动变速驱动桥,拨叉轴上固定拨叉的紧固螺钉松动,会导致变速箱挂挡困难。 ( )

(9)惯性式同步器锁环工作面上有沟槽,即说明锁环磨损失效。 ( )

3)选择题

(1)以下哪种原因会引起汽车手动变速器换挡困难?( )。

A. 变速器有漏油　　B. 离合器自由行程过小

C. 离合器自由行程过大　　D. 变速器拨叉轴自锁钢球弹簧过软

(2)手动变速器汽车在挂挡时,出现异响并不能顺利进入挡位的原因是( )。

A. 互锁钢球轻微磨损　　B. 变速叉轴弯曲变形

C. 输出轴轴承磨损　　D. 齿轮啮合间隙过小

(3)下列哪个齿轮传动比表示超速? ( )

A. 2.1:1　　B. 1:1　　C. 0.85:1　　D. 以上都不表示超速

(4)前进挡和倒挡有噪声,而空挡没有,故障可能是( )。

A. 输出轴损坏　　B. 输入轴轴承损坏

C. A 和 B　　D. 以上都不是

(5)滚动轴承的内圈与轴颈之间的配合形式为( )。

A. 间隙配合　　B. 过渡配合　　C. 过盈配合　　D. 松动配合

2 技能考核

1)项目1　诊断与排除威驰 1.3 GL-i MT 型乘用车驱动轴异响故障

诊断与排除驱动轴异响故障项目评分表见表2-9。

诊断与排除驱动轴异响故障项目评分表 表2-9

<table>
<tr><td rowspan="2">基本信息</td><td>姓名</td><td></td><td>学号</td><td></td><td>班级</td><td colspan="2"></td><td>组别</td><td></td></tr>
<tr><td>规定时间</td><td></td><td>完成时间</td><td></td><td>考核日期</td><td colspan="2"></td><td>总评成绩</td><td></td></tr>
<tr><td rowspan="10">任务工单</td><td rowspan="2">序号</td><td colspan="4" rowspan="2">步骤</td><td colspan="2">完成情况</td><td rowspan="2">标准分</td><td rowspan="2">评分</td></tr>
<tr><td>完成</td><td>未完成</td></tr>
<tr><td>1</td><td colspan="4">考核准备：
机件：
工具、量具：</td><td></td><td></td><td>5</td><td></td></tr>
<tr><td>2</td><td colspan="4">工量具的正确使用</td><td></td><td></td><td>5</td><td></td></tr>
<tr><td>3</td><td colspan="4">故障确认</td><td></td><td></td><td>5</td><td></td></tr>
<tr><td>4</td><td colspan="4">驱动轴防尘罩检查</td><td></td><td></td><td>5</td><td></td></tr>
<tr><td>5</td><td colspan="4">驱动轴轮毂轴承检查</td><td></td><td></td><td>10</td><td></td></tr>
<tr><td>6</td><td colspan="4">驱动轴拆卸</td><td></td><td></td><td>10</td><td></td></tr>
<tr><td>7</td><td colspan="4">驱动轴检查</td><td></td><td></td><td>10</td><td></td></tr>
<tr><td>8</td><td colspan="4">驱动轴组装</td><td></td><td></td><td>10</td><td></td></tr>
<tr><td colspan="2">安全生产</td><td colspan="6"></td><td>10</td><td></td></tr>
<tr><td colspan="2">5S</td><td colspan="6"></td><td>10</td><td></td></tr>
<tr><td colspan="2">沟通表达</td><td colspan="6"></td><td>5</td><td></td></tr>
<tr><td colspan="2">工单填写</td><td colspan="6"></td><td>5</td><td></td></tr>
<tr><td colspan="2">工艺编制</td><td colspan="6"></td><td>10</td><td></td></tr>
</table>

2)项目2 诊断与修复威驰1.3GL-i MT型乘用车变速器挂挡困难故障

诊断与排除变速驱动桥挂挡困难故障项目评分表见表2-10。

诊断与排除变速驱动桥挂挡困难故障项目评分表 表2-10

<table>
<tr><td rowspan="2">基本信息</td><td>姓名</td><td></td><td>学号</td><td></td><td>班级</td><td colspan="2"></td><td>组别</td><td></td></tr>
<tr><td>规定时间</td><td></td><td>完成时间</td><td></td><td>考核日期</td><td colspan="2"></td><td>总评成绩</td><td></td></tr>
<tr><td rowspan="7">任务工单</td><td rowspan="2">序号</td><td colspan="4" rowspan="2">步骤</td><td colspan="2">完成情况</td><td rowspan="2">标准分</td><td rowspan="2">评分</td></tr>
<tr><td>完成</td><td>未完成</td></tr>
<tr><td>1</td><td colspan="4">考核准备：
机件：
工具、量具：</td><td></td><td></td><td>5</td><td></td></tr>
<tr><td>2</td><td colspan="4">工量具的正确使用</td><td></td><td></td><td>5</td><td></td></tr>
<tr><td>3</td><td colspan="4">故障确认</td><td></td><td></td><td>5</td><td></td></tr>
<tr><td>4</td><td colspan="4">离合器检查</td><td></td><td></td><td>5</td><td></td></tr>
<tr><td>5</td><td colspan="4">手动变速驱动桥齿轮油的检查</td><td></td><td></td><td>5</td><td></td></tr>
</table>

续上表

<table>
<tr><td rowspan="6">任务工单</td><td rowspan="2">序号</td><td rowspan="2">步　骤</td><td colspan="2">完成情况</td><td rowspan="2">标准分</td><td rowspan="2">评分</td></tr>
<tr><td>完成</td><td>未完成</td></tr>
<tr><td>6</td><td>手动变速驱动桥控制拉线的检查</td><td></td><td></td><td>5</td><td></td></tr>
<tr><td>7</td><td>变速器的解体</td><td></td><td></td><td>10</td><td></td></tr>
<tr><td>8</td><td>变速器主要零件的检查</td><td></td><td></td><td>10</td><td></td></tr>
<tr><td>9</td><td>变速器组装</td><td></td><td></td><td>10</td><td></td></tr>
<tr><td colspan="2">安全生产</td><td colspan="3"></td><td>10</td><td></td></tr>
<tr><td colspan="2">5S</td><td colspan="3"></td><td>10</td><td></td></tr>
<tr><td colspan="2">沟通表达</td><td colspan="3"></td><td>5</td><td></td></tr>
<tr><td colspan="2">工单填写</td><td colspan="3"></td><td>5</td><td></td></tr>
<tr><td colspan="2">工艺编制</td><td colspan="3"></td><td>10</td><td></td></tr>
</table>

四、拓 展 学 习

1 手动变速器异响故障诊断

1）现象

变速驱动桥发响是指变速器工作时发出的不均匀的碰撞声。由于变速器内相对运动的机件较多，故发出不均匀的响声也较复杂。

2）变速器发响的原因

（1）齿轮发响。齿轮磨损过甚变薄，间隙过大，运转中有冲击；齿面啮合不良，如维修时没有成对更换齿轮；齿面有金属疲劳剥落或个别齿损坏折断；齿轮与轴上的花键配合松旷，或齿轮的轴向间隙过大；轴弯曲或轴承松旷引起齿轮啮合间隙改变。

（2）轴承响。轴承磨损严重；轴承内（外）座圈与轴颈（孔）配合松动；轴承滚珠碎裂或有烧蚀麻点。

（3）其他原因发响。如变速器内缺油，润滑油过稀、过稠或质量变坏；变速器内掉入异物；某些紧固螺栓松动；里程表软轴或里程表齿轮发响等。

3）故障诊断与排除

在判断变速器异响故障时，应根据响声的不均匀程度，出现的时机和发响的部位来判断响声的原因，然后予以排除。

（1）变速器发出金属干摩擦声，即为缺油或油的质量不好。应加油和检查油的质量，必要时更换。

（2）行驶中若换入某挡时响声明显，即为该挡齿轮轮齿磨损；若发生周期性的响声，则为个别齿损坏。

（3）空挡时响，而踏下离合器踏板后响声消失，一般为第一轴前、后轴承或常啮合齿轮响；如换入任何挡都响，多为第二轴后轴承响。

(4)变速器工作时发生突然撞击声,多为轮齿断裂,应及时拆下变速器盖检查,以防机件损坏。

(5)行驶时,变速器只有在换入某挡时齿轮发响,在上述完好的前提下,应检查啮合齿轮是否搭配不当,必要时应重新搭配一对新齿轮。此外,也可能是同步器齿轮磨损或损坏,应视情况修复或更换。

(6)换挡时齿轮相撞击而发响,则可能是离合器不能分离、同步器损坏、怠速过大、变速杆调整不当或导向衬套过紧等。遇到这种情况,先检查离合器能否分离,再分别调整怠速或变速杆位置,检查导向衬套与分离轴承配合的松紧度。

如经上述检查排除后,变速器仍发响,应检查各轴轴承与轴孔配合情况、轴承本身的技术状况等;如完好,再查看里程表软轴及齿轮是否发响,必要时予以维修或更换。

2　手动变速器异响故障案例分析

4S店接到一辆故障汽车,顾客反映其汽车在行驶过程中底盘存在间歇性异响,特别是在汽车刚刚暖车的时候。该车为发动机前置后轮驱动,装用四挡手动变速器。维修技师经过路试,发现该车在1、2、3挡时有粗暴异响,而在4挡稳定行驶时异响消失。

维修技师将汽车开回维修站,在举升器上作进一步检查。经检查,传动轴、差速器、离合器和车轮轴承的状态都很好,从而判定问题与变速器有关。根据该车装用的是四挡变速器,维修技师推测可能是变速器输入轴后端轴承发生损坏,该轴承支撑着变速器输出轴前端的导向轴颈,除了在直接挡以外,在所有的前进挡下,输入轴和输出轴都以不同的转速旋转,但在直接挡时,输入轴与输出轴由同步器接合在一起,并以相同的转速一起旋转,这使输入轴后端轴承不再受力,从而异响消失。

维修技师决定拆检变速器。经过拆检,证实了推测,输入轴后端的滚针轴承发生了破裂,不再是一体,输出轴的导向轴颈也损伤较严重。分解变速器后,清洗了所有零件,并检查了所有零件的损伤和磨损情况,发现1、2挡同步器锥环的切油槽已经变钝变平,需更换。尽管顾客并没有反映在这些挡位上发生过跳挡现象,维修技师将这一维修作业建议报给服务顾问,希望与顾客沟通确认。服务顾问将磨损的同步器拿给顾客看,并向顾客说明不久后可能会出现问题,顾客同意了这项维修作业。更换轴出轴、滚子轴承和1、2挡同步器后,组装变速器,故障排除。

学习任务3 诊断与排除万向传动装置故障

工作情境描述

一辆丰田皇冠乘用车,行驶里程21万km,据车主反映,最近一段时间车辆行驶过程中听到底盘有一种连续的"呜呜"响声,急加速和急减速时响声尤为明显。响声发生的条件和路面没有关系,即使是在平坦良好的路面时也会发生。维修技师通过试车初步判断为传动轴故障。

请通过检测传动轴,判断传动轴技术状况;若需要修复该故障,请制订传动轴修复方案并编制工艺流程。

学习目标

通过本任务学习,应能:

1. 叙述丰田皇冠汽车万向传动装置结构特点;
2. 描述万向传动装置常见故障现象,分析故障原因;
3. 描述万向传动装置常见故障的检测与修复方法,判定故障部位;
4. 根据维修手册,制订对万向传动装置的修复方案和工艺流程,进行万向节传动装置装配作业。

学习时间

6学时。

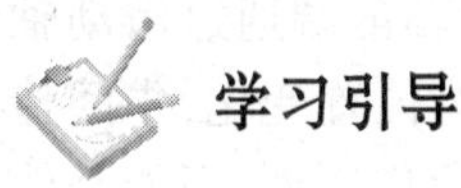

学习引导

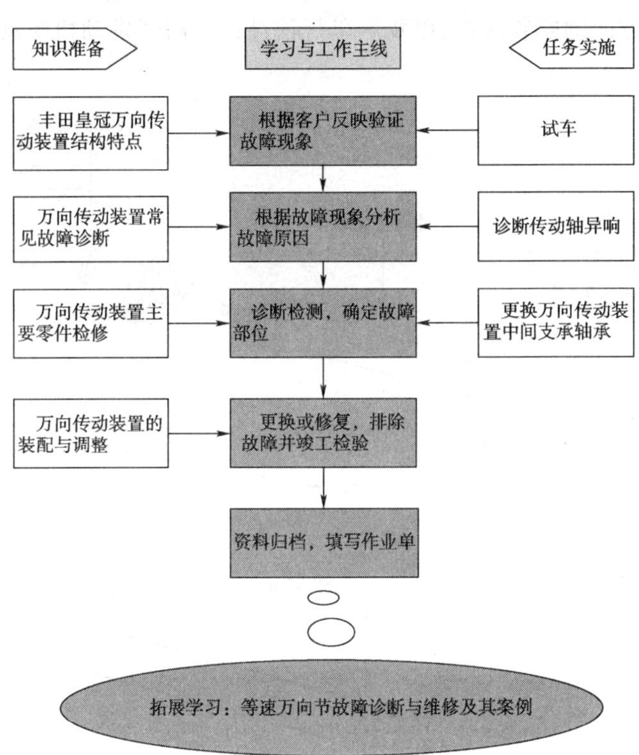

一、知 识 准 备

(一)丰田皇冠万向传动装置结构特点

丰田皇冠汽车传动系的布置采用发动机前置后轮驱动形式,其万向传动装置由三个十字轴式万向节、两段传动轴和一个中间支承构成,如图 3-1 所示。

十字轴式万向节主要由一个十字轴,两个万向节叉和四个滚针轴承组成。两个万向节叉分别与主、从动轴相连,节叉上的孔分别套在十字轴的四个轴颈上。在十字轴轴颈和万向节叉孔间装有滚针轴承,滚针轴承用轴承盖定位。为了润滑轴承,十字轴上装有润滑脂嘴,并经十字轴中心油道通向各轴颈,润滑脂定期从润滑脂嘴注入。为了避免润滑脂流出及灰尘进入轴承,在十字轴的轴颈上装有油封。

传动轴是万向传动装置中的主要传力部件,通常用来连接变速器(或分动器)和驱动桥,在转向驱动桥和断开式驱动桥中,则用来连接差速器和驱动轮。为了减轻传动轴的质量,节省材料,提高轴的强度、刚度及临界转速,传动轴多为空心轴,由厚薄均匀的钢板卷焊

而成。丰田皇冠传动轴分为两段,即中间传动轴和主传动轴,中间传动轴前端通过滑动轴套与变速器输出轴相连,以适应汽车行驶过程中变速器与驱动桥的相对位置变化,中间传动轴的后端通过中间支承安装在车架上。中间支承除了对传动轴起支承作用外,还能补偿传动轴轴向和角度方向的安装误差,以及汽车行驶过程中由于发动机窜动或车架变形等引起的位移。

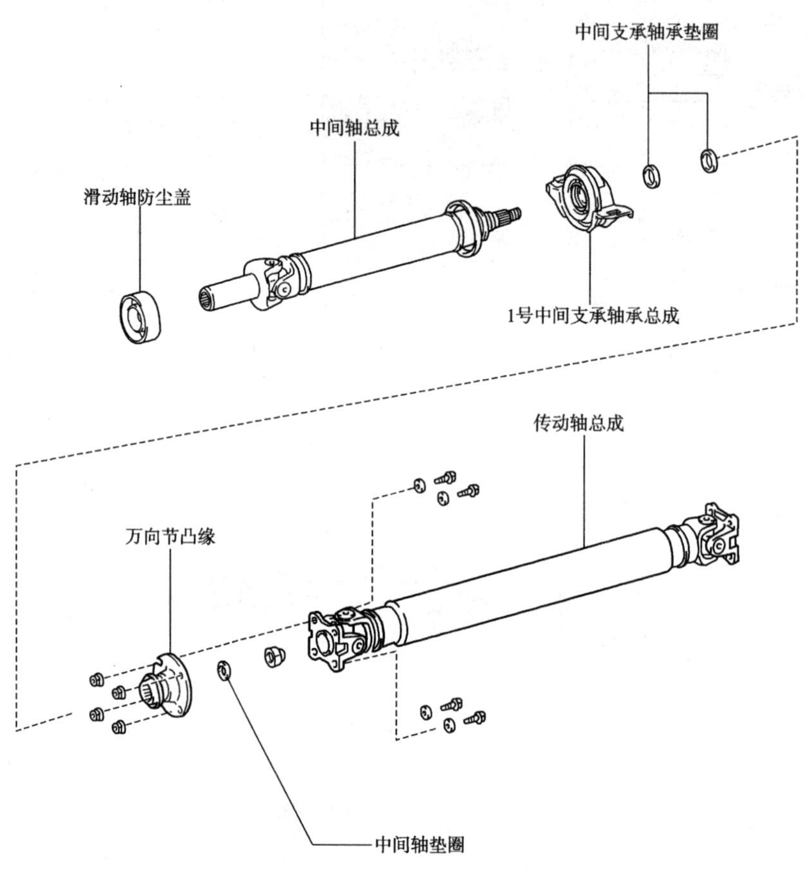

图3-1　丰田皇冠万向传动装置结构简图

(二)传动轴常见故障的诊断

由于经常受汽车在复杂道路上行驶的影响,使传动轴在其角度和长度不断变化情况下传递转矩,因此传动轴常出现异响、振动等故障。

1　传动轴动不平衡(振动)

1)现象

在万向节和伸缩叉技术状况良好时,汽车行驶中发出周期性的响声;速度越高响声越大,甚至伴随有车身振动,握转向盘的手感觉麻木。

2)原因

(1)传动轴上的平衡块脱落。

(2)传动轴弯曲或传动轴管凹陷。

(3)传动轴管与万向节叉焊接不正或传动轴未进行过动平衡试验和校准。

(4)伸缩叉安装错位,造成传动轴两端的万向节叉不在同一平面内,不满足等角速传动条件。

3)故障诊断与排除方法

(1)检查传动轴管是否凹陷:有凹陷,则故障由此引起;无凹陷,则继续检查。

(2)检查传动轴管上的平衡片是否脱落:如脱落,则故障由此引起;否则,继续检查。

(3)检查伸缩叉安装是否正确:不正确,则故障由此引起;否则,继续检查。

(4)拆下传动轴进行变形检查、动平衡试验:若弯曲应校直。动不平衡,则应校准以消除故障。

2　万向节和伸缩叉异响

1)现象

在汽车起步或突然加减速时,传动轴发出“哐”的响声;在汽车缓行时,发出“呱嗒、呱嗒”的响声。

2)原因

(1)万向节凸缘盘连接螺栓松动。

(2)万向节主、从动部分游动角度太大。

(3)万向节十字轴磨损严重。

(4)伸缩叉花键磨损严重。

3)故障诊断与排除方法

(1)用榔头轻轻敲击各万向节凸缘盘连接处,检查其松紧度。太松旷,则故障由连接螺栓松动引起;否则,继续检查。

(2)用双手分别握住万向节、伸缩叉的主、从动部分转动,检查游动角度。游动角度太大,则故障由此引起。

3　中间支承松旷

1)现象

汽车运行中出现一种连续的“呜呜”响声,车速愈高响声愈大。

2)原因

(1)滚动轴承缺油烧蚀或磨损严重。

(2)中间支承安装方法不当,造成附加载荷而产生异常磨损。

(3)橡胶圆环损坏。

(4)车架变形,造成前后连接部分的轴线在水平面内的投影不同线而产生异常磨损。

3)故障诊断与排除方法

(1)给中间支承轴承加注润滑脂,响声消失,则故障由缺油引起;否则,继续检查。

(2)松开夹紧橡胶圆环的所有螺栓,待传动轴转动数圈后再拧紧,若响声消失,则故障由中间支承安装方法不当引起。否则故障可能是:橡胶圆环损坏;或滚动轴承技术状况不佳;或车架变形等引起。

(三)万向传动装置主要零件的检修

1 传动轴

传动轴的主要损伤形式有弯曲、轴管凹陷或裂纹等。

检查传动轴轴管不得有裂纹及严重的凹瘪,否则应更换。

检查传动轴的弯曲。用 V 形块水平架起传动轴并旋转,用百分表在轴的中间部位测量。传动轴轴管全长上的径向全跳动公差应符合原厂规定,否则,应校正或更换。

检查中间传动轴支承轴颈的径向圆跳动公差为 0.10mm。当传动轴轴管的径向全跳动误差超过规定时,应更换。

检查传动轴花键与滑动叉花键、凸缘叉与所配合花键的侧隙:乘用车应不大于0.15mm,其他类型汽车应不大于 0.30mm,否则应更换。

2 万向节叉、十字轴及轴承

万向节叉、十字轴及轴承的主要损伤形式为裂纹、磨损和疲劳剥落。

检查万向节叉和十字轴上不得有裂纹,否则应更换。

检查滚针轴承的油封失效、滚针断裂、轴承内圈有疲劳剥落时,应更换。

检查十字轴轴颈表面有疲劳剥落、磨损沟槽或滚针压痕深度在 0.10mm 以上时,应更换。十字轴与轴承的最小、最大配合间隙应符合原厂规定。

3 中间支承

中间支承的常见损伤形式是橡胶老化、轴承磨损等。

拆下中间支承前,可以在中间支承周围摇动传动轴,检查中间支承轴承的松旷程度,分解后,进一步检查轴承的轴向和径向间隙是否符合原厂规定。中间支承经使用磨损后,需及时检查和调整,以恢复其良好的技术状况。

检查中间支承的旋转是否灵活,橡胶垫环、油封是否损坏而失效,否则应更换。

4 传动轴管焊接组合件

传动轴管焊接组合件经维修后,原有的动平衡已不复存在。因此,传动轴管焊接组合件(包括滑动套)应重新进行动平衡试验。一般情况下,乘用车传动轴两端任一端的动不平衡量应不大于 10gcm。传动轴管焊接组合件的平衡调整可在轴管的两端加焊平衡片,每端最多不得多于 3 片。

5 万向传动装置的装配

万向传动装置装配时,应注意装配位置对其传动速度特性的影响,装配时应注意以下问题。

1)清洁零件

待装零件应彻底清洗,特别是十字轴的油道、轴颈和滚针轴承,最好用清洁的煤油清洗后,用压缩空气吹干。装配时,应避免磕碰,并注意传动轴管两端点焊的平衡片是否脱落。

2)核对零件的装配标记

应认真核对十字轴及万向节叉、十字轴及短传动轴和滑动叉及花键轴管等的装配标记,按原标记装配。在安装滑动叉时,特别要保证传动轴两端万向节叉的轴承承孔轴线位于同一平面上,其位置误差应符合原厂规定。

3)十字轴的安装

十字轴上的加油螺孔,要朝向传动轴以便注油;两偏置滑脂嘴应间隔180°,以保持传动轴的平衡。

4)中间支承的安装

将中间支承对正后压入中间传动轴的花键凸缘内。压入时,不允许用榔头敲打轴承,以防止轴承内圈挡边破裂。紧固中间支承的前后轴承盖上的三个紧固螺栓时,应支起后轮,边转动驱动轮边紧固,以便自动找正中心。

5)加注润滑脂

用润滑脂枪加注汽车通用的锂基2号或二硫化钼锂基脂。加注时,量要适当,以从油封刃口处或中间支承的气孔能看到有少量新润滑脂被挤出为宜。

二、任务实施

项目　诊断与排除传动轴异响故障

1　项目说明

传动轴是将发动机动力传至汽车驱动轮的重要传动部件,在动力传递的过程中,要求传动轴运转均匀、平稳和噪声小。传动轴在使用过程中会出现各种损伤,尤其是那些传动轴管长度大,工作条件恶劣,润滑条件差,行驶在不良道路上的汽车,冲击载荷的峰值往往会超过正常值的一倍以上,以致造成万向传动装置的弯曲、扭转和磨损,产生振动、异响等故障,使传动效率降低,从而影响汽车的动力性和经济性。因此,传动轴出现故障后,应及时进行诊断维修。本项目以丰田皇冠为例完成传动轴的振动故障的诊断与排除。

2　技术标准与要求

1)检测数据

技术标准见表3-1。

2)拧紧力矩

各紧固零件拧紧力矩见表3-2。

技术标准 表3-1

检测项目	技术标准
传动轴总成外圆径跳(最大)	0.8mm
中间轴外圆径跳(最大)	0.8mm
前桥轮毂轴承松动量(最大)	0.05mm
前桥轮毂偏摆(最大)	0.05mm
后桥轮毂轴承松动量(最大)	0.05mm
后桥轮毂偏摆(最大)	0.05mm

各紧固零件拧紧力矩 表3-2

紧固零件		技术标准(N·m)	紧固零件	技术标准(N·m)
中间轴×1号中间支承轴承总成	第一次	182	后轮速度传感器配线×前束控制连杆分总成	6.0
	第二次(拧松后)	69		
传动轴总成×中间轴总成		74	后驱动轴×后桥半轴螺母	290
前地板中间支架×车身		7.4	后桥支架分总成×后盘式制动卡钳	54
右外侧空气导向隔板×车身		5.4	感载阀传感器支架×2号后悬架臂总成	27
1号前地板隔热垫×车身		5.4	后桥支座分总成×前束控制连杆分总成	70
传动轴总成×差速器配对凸缘		74	后桥支座分总成×后桥轮毂和轴承总成	70
1号中间支承轴承总成×车身		49	后桥支座分总成×1号后上控制臂总成	161
前轮紧固螺母		103	后桥支座分总成×2号后上控制臂总成	70
下球头总成×转向节		120	后桥支座分总成×2号后悬架臂总成	161
转向节×上悬架臂		87	后悬架横梁支架×车身	50
前桥轮毂分总成×转向节		69	后桥支座分总成×1号后悬架臂总成	95
前盘式制动卡钳总成×转向节		78	2号差速器支架保护装置×后悬架横梁支架	5.4
后轮紧固螺母		103	3号驻车制动拉索总成×车身	19
后轮速度传感器×后桥支架分总成		8.5	驻车制动固定器分总成×后桥支座分总成	76

3 设备器材

(1)皇冠乘用车,传动轴总成。
(2)举升机、举升器。
(3)常用汽车维修工具、量具。
(4)专用工具(可相互借用)。
专用工具信息见表3-3。

专用工具信息　　表3-3

工具图例	专用工具代码	专用工具名称
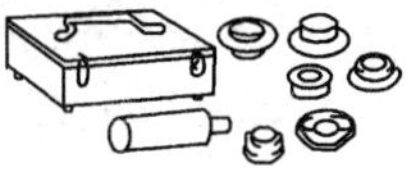	09316—60011	变速器轴承更换工具
	09316—00011	防尘盖更换用管套
	09325—40010	变速器油塞
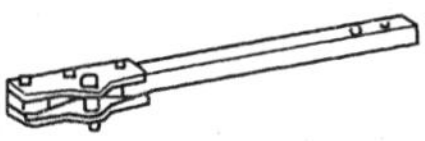	09330—00021	配对凸缘盘夹持工具
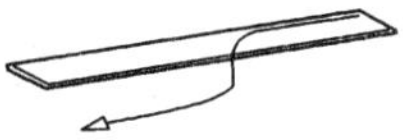	09370—50010	传动系量角器
	09520—01010	驱动轴拆卸工具附件
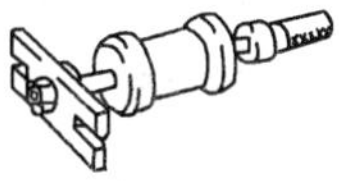	09520—24010	差速器半轴齿轮轴拉具
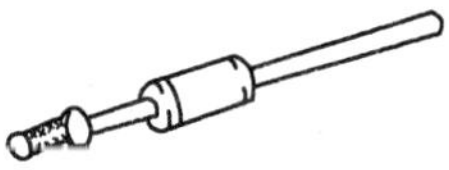	09520—32040	振动器组件
	09628—00011	球头拉具(后驱动轴总成、左转向节、后桥轮毂和轴承总成)
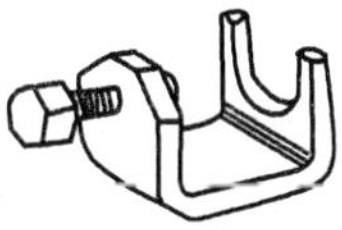	09628—10011	球头拉具(前桥轮毂螺栓、后桥轮毂左螺栓)
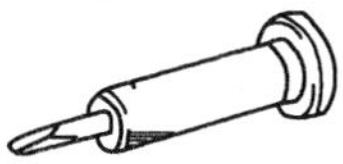	09930—00010	驱动轴螺母凿子
	09950—00020	轴承拆卸工具
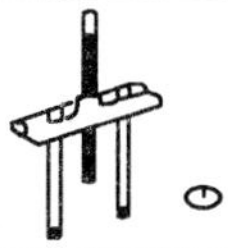	09950—00030	轴承拆卸工具及附件

续上表

工具图例	专用工具代码	专用工具名称
	09950—70010	手柄组件(车速传感器孔和车桥支架孔对中工具)
	09951—07150	150 号手柄(车速传感器孔和车桥支架孔对中工具)
	09951—01000	100 号更换工具(车速传感器孔和车桥支架孔对中工具)

4 作业准备

(1)实车检查。

(2)举升机准备。

(3)清洁、调整量具。

(4)准备作业单。

5 操作步骤

1)故障确认

(1)当汽车起步时,车身发抖,并能听到底盘有响声,在改变车速时响声更加明显,这是因为万向节与变速器和后桥凸缘的连接松动或花键与花键套配合间隙过大而引起的。顶起汽车,用手晃动传动轴,仔细检查这两个部位的连接是否松动、配合是否松旷。

(2)当汽车在行驶中,能听到底盘发出一种周期性的响声,汽车速度越快,声音越响,严重时伴有车身发抖,握转向盘的手有麻木感觉,一般可断定为传动轴弯曲或扭曲以及不平衡所引起。此时,应把传动轴拆下,检查它的弯曲度、扭曲度,检测动平衡。

(3)汽车在行驶中,如果以上两种情况均已排除,传动轴还是有异响或振动,且声音越来越大,这可能是传动轴中间支承没有在底盘的横梁上固定牢,或是中间支承轴承装配不当、损坏而引起。应检查并紧固中间支承,必要时应予更换。

2)拆卸传动轴总成

传动轴总成的元件及位置关系如图 3-2 所示。

(1)拆下前中间地板架,如图 3-3 所示。

(2)拆下 2 号发动机下盖。

(3)拆下排气管总成。如图 3-4 所示,先拆卸排气管中节与尾节螺母,再拆卸三元催化器与排气管中节的连接螺母,如图 3-5 所示。

(4)拆下 1 号前部地板隔热垫,如图 3-6 所示。

(5)拆下外侧右导风板,如图 3-7 所示。

(6)拆下带中间支承的传动轴总成。

①如图 3-8 所示,在传动轴和主减速器输入轴配对凸缘上做好装配标记后,脱开传动轴

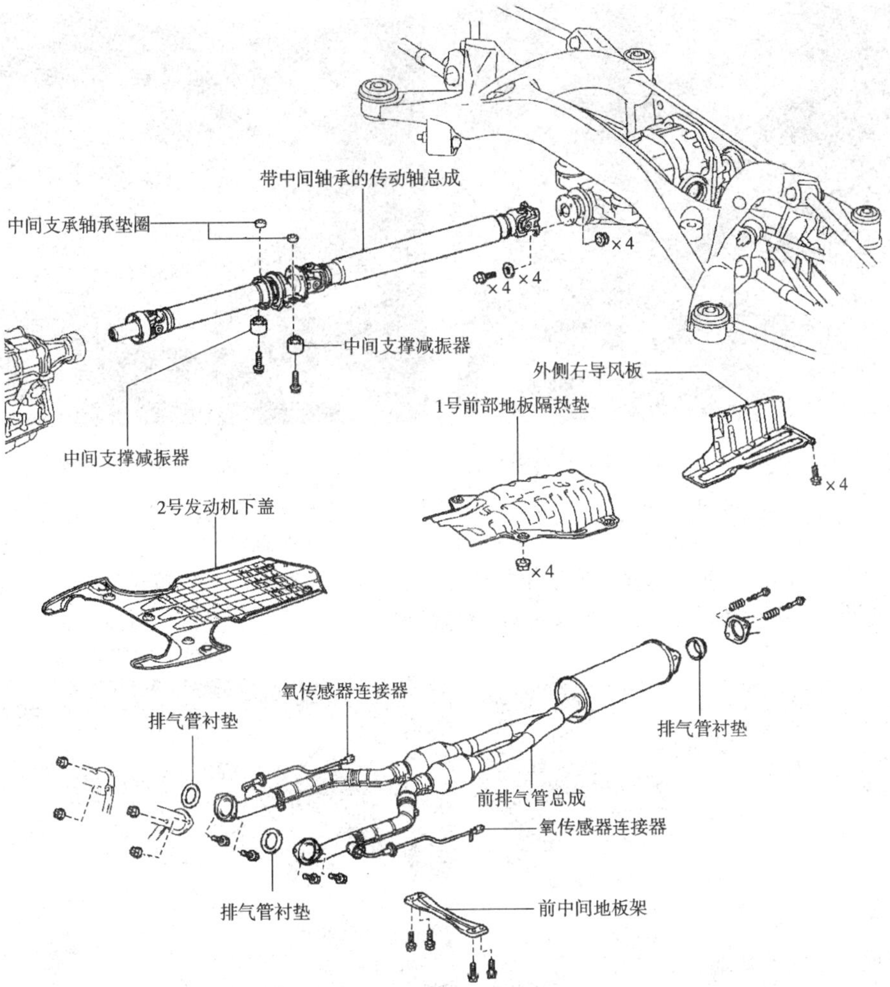

图 3-2　传动轴总成的安装位置关系图

与主减速器输入轴的连接。

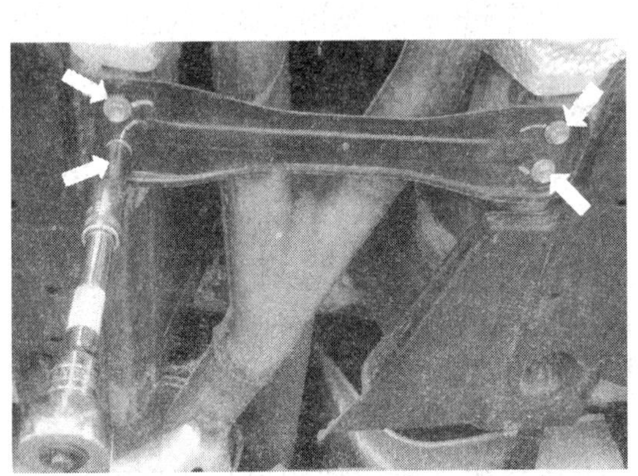

图 3-3　前中间地板架

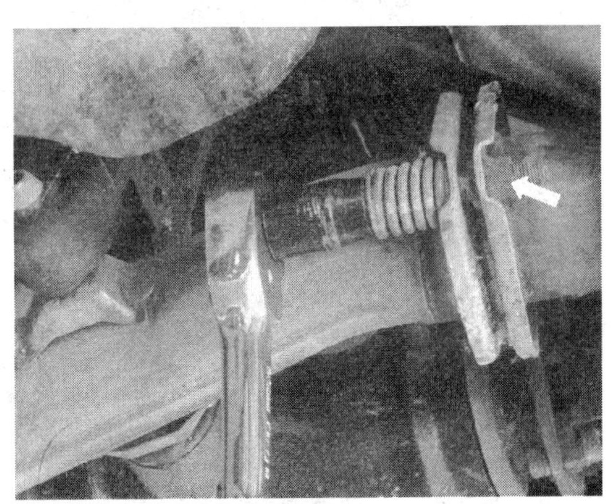

图 3-4　拆卸排气管中节与尾节螺母

图 3-5　拆卸三元催化器与排气管中节的连接螺母

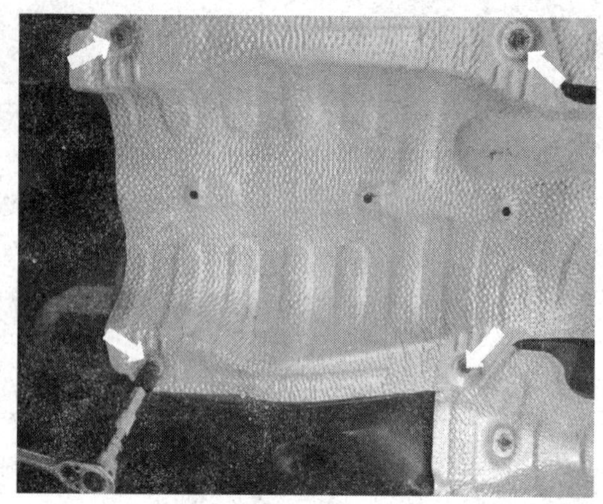
图 3-6　拆卸前部地板隔热垫

提示：

如果凸缘连接部分脱开困难，则只将一个螺母临时拧紧，并用铜棒和锤子均匀的敲打凸缘，以从主减速器配对凸缘上脱开传动轴。

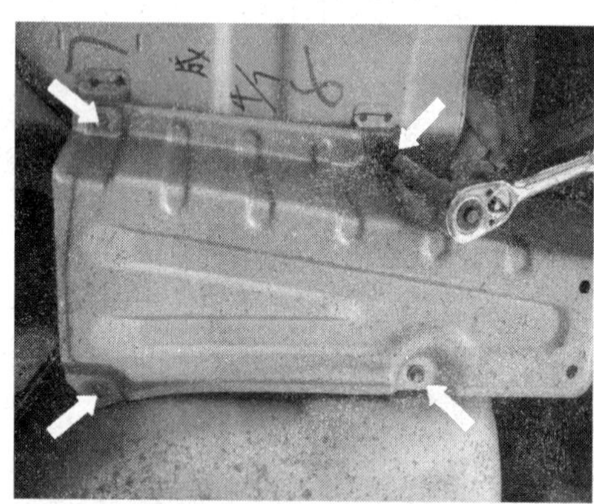
图 3-7　外侧右导风板

图 3-8　传动轴凸缘和主减速器配对凸缘标记

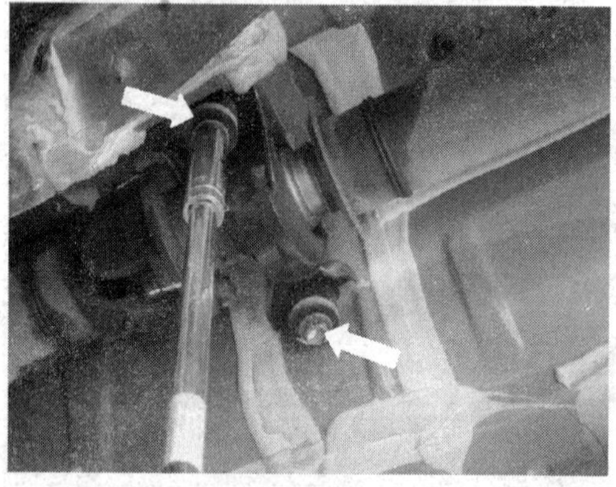
图 3-9　支架螺栓

②如图 3-9 所示，辅助人员支承住传动轴，然后拆下中间支承轴承两个固定螺栓，取下中间支承减振器和带中间支承的传动轴总成。

③如图 3-10 所示，将 SST 09235—40010 插入变速器输出轴，防止变速器油泄漏。

(7)拆下传动轴总成。如图 3-11 所示，在连接中间轴和传动轴总成的两边凸缘上做装配标记后，拆下传动轴总成。

(8)拆下 1 号中间支承轴承总成。

①在台钳上将中间轴总成固定在铝板中间。

②用凿子和锤子松开螺母的锁紧零件。

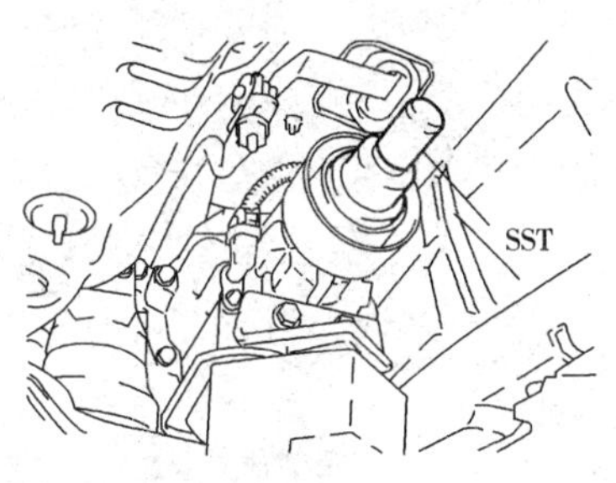

图 3-10　SST 09235—40010 的使用

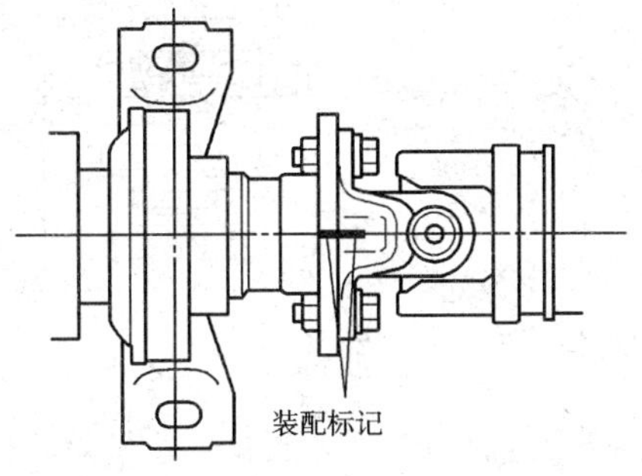

图 3-11　中间轴凸缘和传动轴凸缘标记

安全提示：

将螺母的锁紧零件完全松开，否则中间轴的螺钉可能会损坏。

③如图 3-12 所示，用 SST 09330—00021 固定万向节凸缘，拆下螺母和中间轴垫圈。

④如图 3-13 所示，在中间轴总成和万向节凸缘上做装配标记。

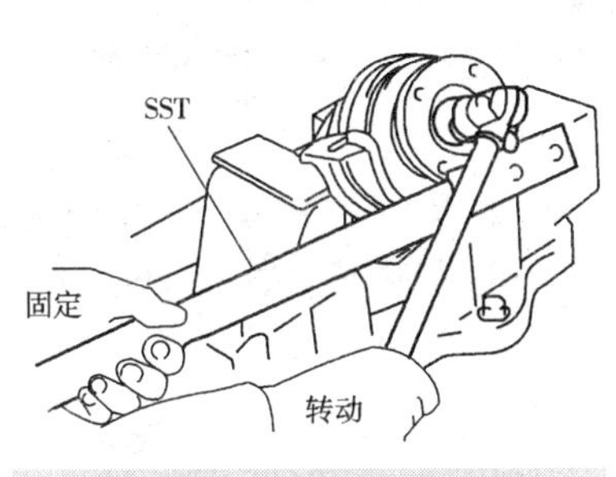

图 3-12　拆卸中间轴螺母

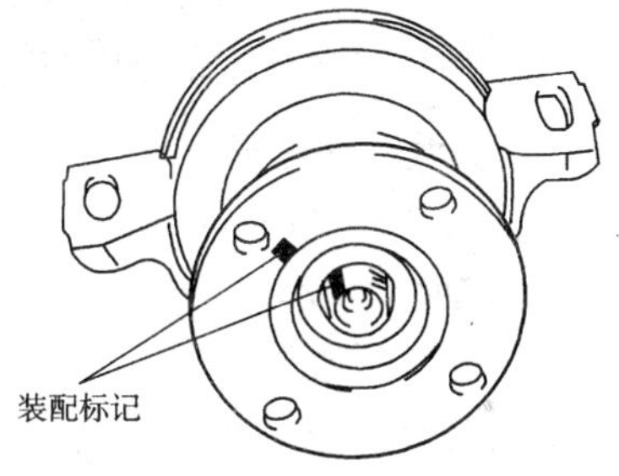

图 3-13　中间轴总成和万向节凸缘标记

⑤用 SST 09330—00021，09950—00020，09950—00030 从中间轴总成上拆下万向节凸缘，如图 3-14 所示。

安全提示：

使用前用油脂涂抹 SST 中心螺栓的螺纹和端部。

⑥从中间轴总成上拆下 1 号中间支承轴承总成和两个中间支承轴承垫圈。

⑦在台钳上将中间支承轴承总成固定在铝板中间。

⑧用螺丝刀和锤子拆下滑动轴防尘盖，如图 3-15 所示。

3）检修传动轴和中间轴总成

如图 3-16 所示，将传动轴支承在 V 形铁上，用百分表在传动轴中部检查传动轴的外圆径向跳动。检测过程中应确保百分表测杆与传动轴的轴线垂直，如果跳动量超过 0.8mm，则更换传动轴。用同样的方法检查中间轴，若跳动量超过 0.8mm，则更换中间轴。

4）检修十字轴轴承

如图 3-17 所示，检查十字轴轴承是否转动平滑、是否有任何窜动量。若有卡滞或窜动，则需拆检,视情更换。

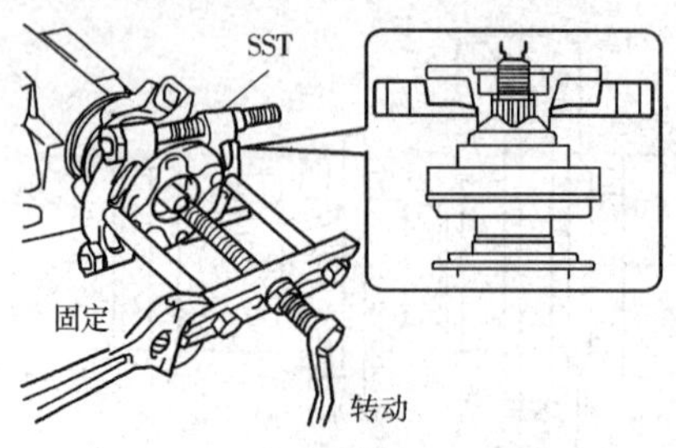

图3-14 拆卸万向节凸缘

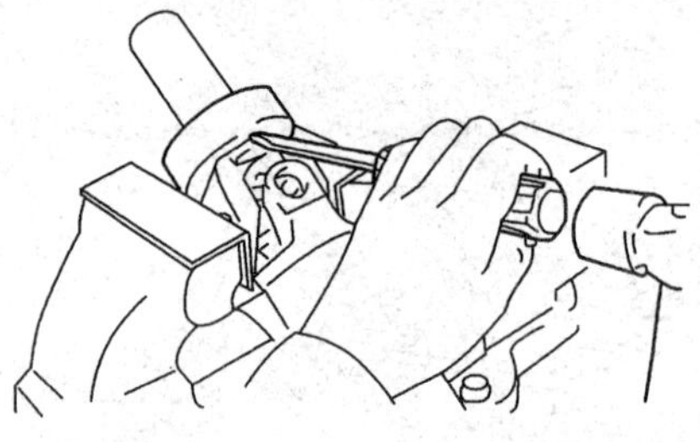
图3-15 拆卸滑动轴防尘盖

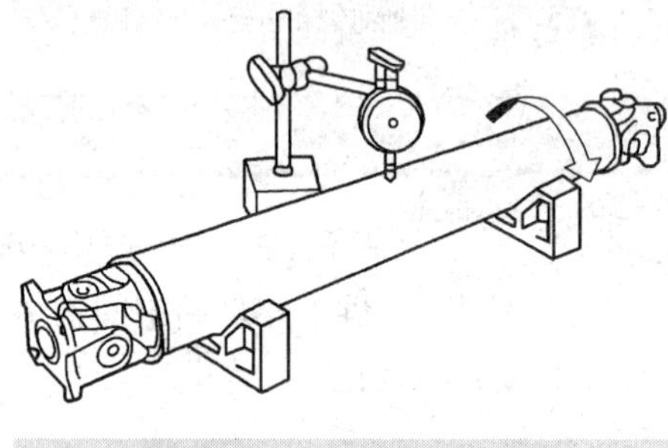
图3-16 传动轴外圆径向跳动测量

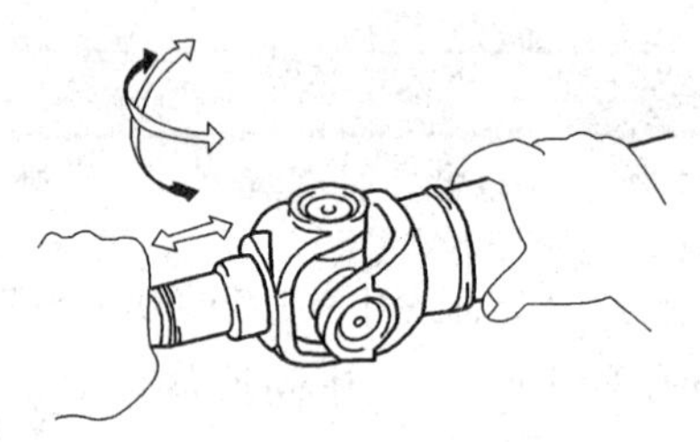
图3-17 检查十字轴轴承

5)检修中间支承轴承总成

如图3-18所示,用手按转动方向转动中间支承轴承以检查中间支承轴承是否转动平滑,如果中间支承轴承有损坏、磨损或不能自由转动,则进行更换。检查油封是否有裂纹或损坏,若有裂纹或损坏,则更换。

6)中间轴、传动轴总成的组装

(1)安装中间支承轴承总成。

①如图3-19所示,用SST 09316—60011(09316—00011)和压具安装新滑动轴防尘盖。注意不要损坏滑动轴防尘盖。

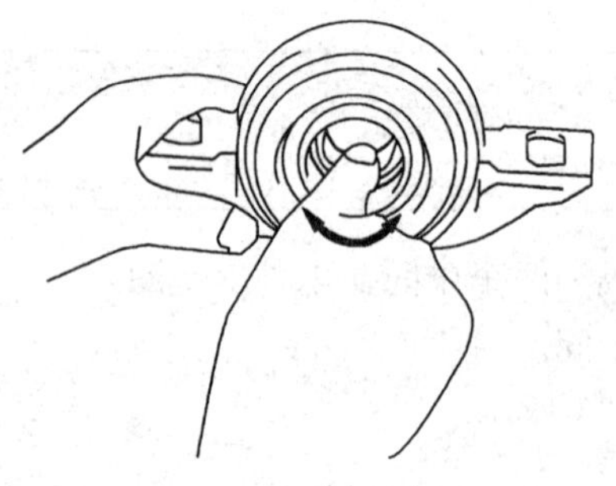
图3-18 检查中间支承轴承

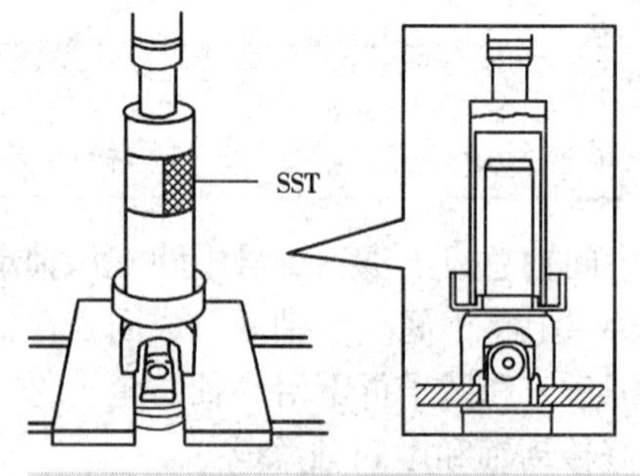

图3-19 安装新滑动轴防尘盖

②如图3-20所示,放置中间轴总成上的1号中间支架总成和两个中间支承垫圈。注意轴承的安装方向。

③将万向节凸缘对齐中间轴总成上的装配标记后装到中间轴总成上,并装上中间轴垫圈。

④将中间轴固定在台钳上(注意在台钳钳口装上铝板),用 SST 09330—00021 固定万向节凸缘并通过拧紧新螺母将 1 号中间轴总成压入指定位置,拧紧力矩 182N · m。拧松螺母,再次拧紧螺母,拧紧力矩 69N · m,用凿子和锤子敲紧螺母。

(2)安装传动轴总成。对齐中间轴凸缘和传动轴凸缘上的装配标记,并用 4 个螺栓、垫圈和螺母安装传动轴,拧紧力矩 74N · m。

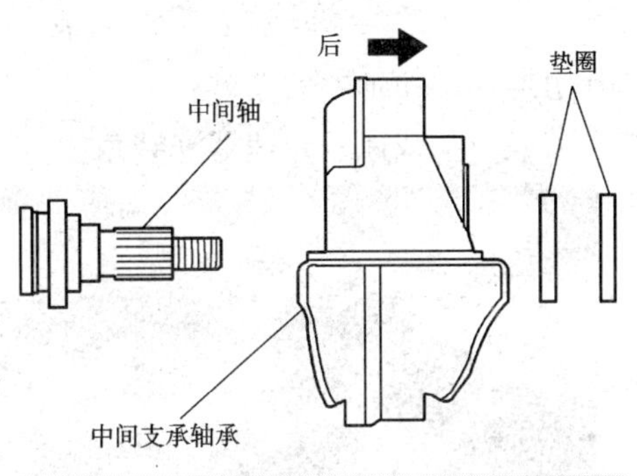

图 3-20　1 号中间支架总成和 2 个中间支承垫圈

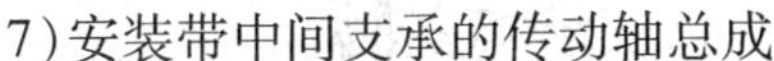
7)安装带中间支承的传动轴总成

(1)从变速器上拆下 SST 09325—40010,将中间轴的滑动叉插入变速器输出轴。安装 2 个中间支承轴承垫圈,2 个中间支承减振器和带中间轴的传动轴并临时拧紧 2 个螺栓。对齐传动轴凸缘和主减速器配对凸缘上的装配标记并用 4 个螺栓、垫圈和螺母连接此轴。拧紧力矩 74N · m。

(2)检查并调整 2 号和 3 号万向节夹角。

①如图 3-21 所示,分别将中间支承轴承边缘部分的表面和缓冲垫边缘部分的表面之间的尺寸调整到 12.5 ± 1.0mm。

②如图 3-22 所示,检查中间支承支架的中心线是否与传动轴的轴线方向成直角。

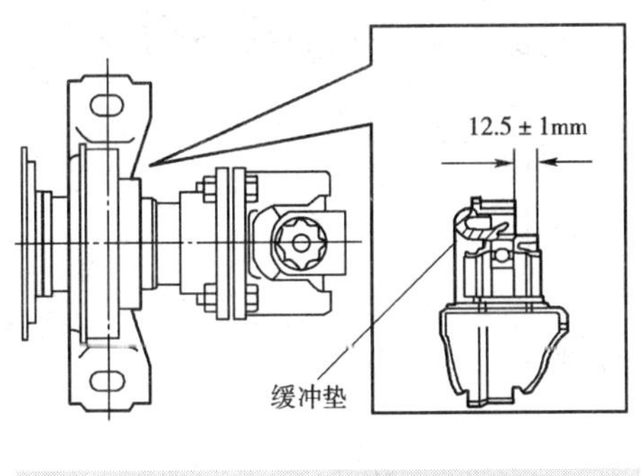

图 3-21　中间支承轴承与缓冲垫

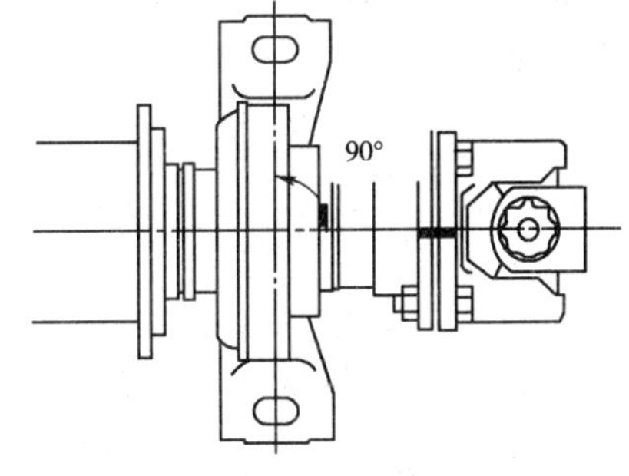

图 3-22　检查中间支承轴承支架中心线与传动轴轴线夹角

③如图 3-23 所示,拧紧 2 个支架螺栓,拧紧力矩 49N · m。用手转动传动轴数次,以稳定中间支承轴承。

④用 SST 09370—50010 测量中间轴和传动轴的安装角度。注意:SST 必须在轴的正下方。

⑤用 SST 09370—50010 测量主减速器差速器的安装角度,测量位置如图 3-24 所示。

⑥如图 3-25 所示,计算 2 号、3 号万向节夹角。

a. 2 号万向节夹角:

$$A - B = -1°06' \pm 30'$$

式中:A——中间轴安装角度;

B——传动轴安装角度。

b. 3 号万向节夹角:

$$B - C = 1°39' \pm 30''$$

式中：B——传动轴安装角度；

C——主减速器差速器安装角度。

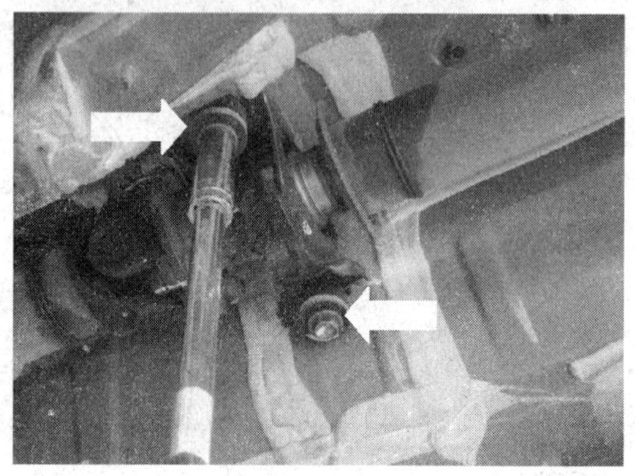

图 3-23　支架螺栓

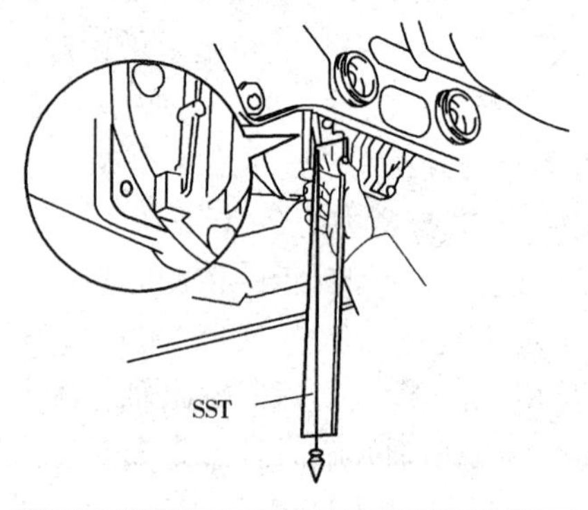

图 3-24　差速器安装角度

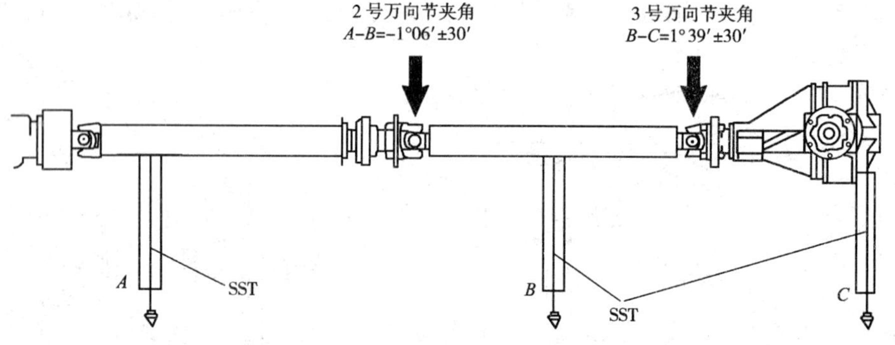

图 3-25　2 号与 3 号万向节

⑦如果测量角度不在规定范围内，则用中间支承轴承垫圈调整。中间支承轴承垫圈厚度表 3-4。调整时，2 个垫圈应该选用相同的厚度。

表 3-4

厚度(mm)	厚度(mm)
2.0	9.0
4.5	11.0(0.433)
6.5	—

(3)安装 1 号前部地板隔热垫，安装外侧右导风板，安装排气管总成，安装 2 号发动机下盖，安装前中间地板架。

(4)检查排气管是否有气体泄漏

6　记录与分析

故障作业记录单见表 3-5。

诊断与修复传动轴振动故障作业记录单　　表3-5

姓名		班级		学号		组别	
车型		传动轴编号		作业单号		作业日期	
步骤	作业项目		作业记录				
1	故障确认						
2	传动轴总成拆卸						
3	检修中间轴、传动轴总成						
4	检修十字轴轴承						
5	检修中间支承轴承总成						
6	组装中间轴、传动轴总成						
7	安装带中间支承的传动轴总成						
竣工检验意见							

三、学 习 评 价

1 理论考核

1)分析题

(1)试比较一汽丰田皇冠与上海大众帕萨特汽车万向传动装置的结构差异。

(2)万向传动装置在拆卸和安装时有哪些注意事项?

(3)传动轴有哪些耗损?如何检修?

2)选择题

(1)关于十字轴式万向节传动时所产生的不等角速旋转变化程度,甲认为“它与主动轴和从动轴之间的夹角有关,夹角越大,不等角速程度越严重”;乙认为“它与发动机转速有关,与夹角的大小无关,发动机转速越高,不等角速程度越严重”,他们的说法(　　)。

A.甲对　　B.乙对　　C.甲乙都对　　D.甲乙都不对

(2)传动轴管焊接组合件的平衡可在轴管的两端加焊平衡片,每端最多不得多于(　　)。

A.两片　　B.三片　　C.四片　　D.五片

(3)磨损使中间支承轴向游隙超过(　　)时,将引起中间支承发响和传动轴的严重振动,导致各传力部件早期损坏。

A.0.10mm　　B.0.30mm　　C.0.05mm　　D.以上都不对

(4)当更换一个带润滑脂加注嘴的十字轴万向节时,加注嘴应当朝向(　　)。

A.汽车的前方　　B.变速器　　C.传动轴　　D.差速器

(5)下列不是等速万向节的是(　　)。

A. 球笼式万向节　　　　　　　　B. 十字轴式万向节
C. 三叉式万向节　　　　　　　　D. 球叉式万向节

(6)大多数外侧万向节通过传动轴端的(　　)固定在轴上。

A. 内六角螺钉　　B. 卡环　　　　C. 弹性挡圈　　　　D. 以上任意一种

(7)前轮驱动汽车在部位出现润滑脂喷出的痕迹。可能的原因是:技师 A 认为是等速万向节防尘罩撕裂;技师 B 认为是车轮轴承失效。谁是正确的?(　　)

A. 技师 A　　　B. 技师 B　　　　C. 技师 A 和 B　　　D. 均不正确

2 技能考核

诊断与排除传动轴异响故障项目评分表见表 3-6。

诊断与排除传动轴异响故障项目评分表　　　　表 3-6

<table>
<tr><td rowspan="2">基本信息</td><td colspan="2">姓名</td><td></td><td>学号</td><td></td><td colspan="2">班级</td><td colspan="2"></td><td>组别</td><td></td></tr>
<tr><td colspan="2">规定时间</td><td></td><td>完成时间</td><td></td><td colspan="2">考核日期</td><td colspan="2"></td><td>总评成绩</td><td></td></tr>
<tr><td rowspan="9">任务工单</td><td rowspan="2">序号</td><td colspan="5" rowspan="2">步　骤</td><td colspan="3">完成情况</td><td rowspan="2">标准分</td><td rowspan="2">评分</td></tr>
<tr><td colspan="2">完成</td><td>未完成</td></tr>
<tr><td>1</td><td colspan="5">考核准备:
机件:
工具、量具:</td><td colspan="2"></td><td></td><td>5</td><td></td></tr>
<tr><td>2</td><td colspan="5">工量具的正确使用</td><td colspan="2"></td><td></td><td>5</td><td></td></tr>
<tr><td>3</td><td colspan="5">故障确认</td><td colspan="2"></td><td></td><td>5</td><td></td></tr>
<tr><td>4</td><td colspan="5">中间轴、传动轴总成拆卸</td><td colspan="2"></td><td></td><td>10</td><td></td></tr>
<tr><td>5</td><td colspan="5">中间轴、传动轴总成、十字轴轴承、中间支承轴承总成检修</td><td colspan="2"></td><td></td><td>10</td><td></td></tr>
<tr><td>6</td><td colspan="5">中间轴、传动轴总成组装</td><td colspan="2"></td><td></td><td>15</td><td></td></tr>
<tr><td>7</td><td colspan="5">中间轴、传动轴总成安装</td><td colspan="2"></td><td></td><td>10</td><td></td></tr>
<tr><td colspan="2">安全生产</td><td colspan="8"></td><td>10</td><td></td></tr>
<tr><td colspan="2">5S</td><td colspan="8"></td><td>10</td><td></td></tr>
<tr><td colspan="2">沟通表达</td><td colspan="8"></td><td>5</td><td></td></tr>
<tr><td colspan="2">工单填写</td><td colspan="8"></td><td>5</td><td></td></tr>
<tr><td colspan="2">工艺编制</td><td colspan="8"></td><td>10</td><td></td></tr>
</table>

四、拓展学习

1 等速万向节的维修

等速万向节都被封闭在橡胶(尼龙、天然橡胶或硅树脂)或热塑性塑料制成的防尘罩中。防尘罩的作用是保存润滑脂并防止灰尘和水进入。防尘罩非常重要,没有防尘罩的保护,等速万向节很快就会损坏。等速万向节润滑剂包裹安装后,就不再需要做进一步的维护。但是,如果防尘罩发生卡箍松动或遗失、防尘罩破裂、磨损、穿孔,万向节中的润滑剂就会漏出,水和污垢将会侵入,导致万向节损坏。尽管外侧万向节磨损得比内侧万向节快,但拆下半轴后,决定是否将两个万向节都更换则取决于实际情况。如果汽车行驶里程较少,但由于防尘罩损坏导致万向节损坏,就没有必要将两个万向节都更换。如果汽车行驶里程多,外侧万向节由于自身磨损已经损坏,这种情况下,应当同时更换两个等速万向节。

1)诊断与检查

(1)行驶中有"咔嗒"声响,汽车转向行驶或倒向圆周行驶时,如果声响变大则表明外侧万向节磨损或损坏。

(2)对于前轮驱动汽车,在加速、减速或正常行驶时如果产生沉闷的异响,可能是内侧万向节间隙过大产生的。在汽车起步或换挡时产生沉闷异响,表明内侧万向节和外侧万向节间隙过大。需要注意的是,差速器和变速器的齿侧间隙过大也会产生沉闷异响,因此,采用汽车倒向加减速行驶可以较好地发现万向节的问题。

(3)嗡嗡声和轰鸣声有时是由于内侧万向节或外侧万向节润滑不良产生的。但多数是由于车轮轴承、等长轴变速桥中间轴轴承或变速器轴承磨损或损坏产生的。

(4)汽车加速时发生颤抖或振动,通常是由于半轴内侧万向节或外侧万向节间隙过大导致的。对于发动机横置前轮驱动的汽车,发动机或变速器固定装置发生松动或劣化后也会导致这类振动,应该检查相应部位的橡胶衬套,排除此种可能。

(5)在70~100km/h车速范围内所产生的周期性振动可能使维修技师误以为是车轮不平衡导致的。一般来说,车轮不平衡所导致的是持续振动,而等速万向节发生损坏往往是周期性振动。

(6)如果在汽车向前直行时能够听到异响,但异响在转向行驶时停止,问题通常不是由外侧万向节损坏导致的,而是由于前轮轴承损坏导致的。因为汽车转向时改变了轴承的侧向载荷,使异响比直行时小。

(7)随车速提高而增强的振动很少是由于等速万向节问题或驱动半轴不平衡导致的,很可能是由于车轮不平衡、车轮失圆、轮辋翘曲引起,也可能是由于碰撞或牵引导半轴弯曲引起。

(8)检查等速万向节,首先要检查防尘罩的状态。防尘罩出现开裂、裂缝、撕裂、穿孔或变薄时都需要立即更换。如果防尘罩变黏、变软,说明润滑脂不合适或过热,应当更换防尘罩。挤压防尘罩,若里面有空气漏出,应更换防尘罩。或防尘罩塌陷,可通过通气将防尘罩恢复到正常形状。其次,确认所有的防尘罩卡箍都很紧。卡箍遗失或松动应更换。如果防尘罩松动,将其向后推,检查里面的润滑脂是否受到污染。如果润滑脂成乳状或泡沫状,表明受到了水污染,用手指搓揉润滑脂,如果感觉有砂粒,说明受到尘土污染,污染的润滑脂应当立即更换。

2)维修注意事项

拆卸并更换等速万向节防尘罩时一定要参照维修手册确定的具体的维修步骤。以下是在维修过程中应遵守的一些准则。

(1)从采用内侧三爪轮式等速万向节的汽车上拆卸万向节时,不能猛拉传动轴。拉动传动轴会使万向节分离,使滚针轴承从滚轮中掉出。应支撑好传动轴的外商,拉动内壳体,使传动轴完全分离。

(2)禁止使用冲击扳手拧松或拧紧轮毂螺母,这会损坏车轮轴承和等速万向节。

(3)对于装备防抱死制动系统的汽车,要保护好车轮转速传感器感应头和外侧等速万向节壳体上的齿轮。更换等速万向节时,如果传感器感应头与齿轮没有对正或损伤,将导致车轮转速传感器故障。

(4)更换等速万向节后,一定要检查调整车轮定位。

(5)更换等速万向节时,绝不能再用旧防尘罩。

(6)维修时应使用配件商提供的防尘罩、卡箍、油封和专用润滑脂。严禁用铁丝或颜料线等代替卡箍,严禁用普通润滑指代替专用润滑脂。

2 维修案例

维修站接收一辆前轮驱动微型汽车,客户反映前轮反复出现异响,在汽车转弯时异响最为明显。经询问,客户说几个月前也有过相似的症状,维修店更换了一个外侧等速万向节后,异响消失,可是最近又有了异响。客户怀疑是同一个万向节再次损坏,上次换的是伪劣配件,要求维修站免费更换。

维修服务顾问记录了客户所反映的情况,并告诉客户确认故障后就通知他。顾客离开后,服务顾问查找了客户档案,查明两个月前更换了一个等速万向节。服务顾问开出维修工单给维修技师,并将过去的维修单也交给了技师。技师对汽车进行路试,以查证顾客所反映的症状,根据路试和目检,技师断定是同一个万向节损坏。是什么原因使得万向节这么快就发生了损坏呢?无论答案是什么,客户似乎都不会为本次维修付费,而且技师也可能得不到维修工时。

拆解驱动桥时,技师发现万向节的润滑脂中存在金属屑和水分,仔细检查防尘罩,并未发现有破裂或穿孔,但技师注意到防尘罩内端能够在半轴上自由移动。技师顿时明白,应该是在前一次更换万向节时,维修人员未能将防尘罩的内侧卡箍拧紧,使润滑脂从中泄漏并使水进入防尘罩,从而导致润滑脂脏污,使万向节过早损坏。将新的万向节和防尘罩装好后,技师通过路试验证了此次维修,更换万向节后异响消失。在将汽车送还车主前,技师再次检查了防尘罩的位置和卡箍的紧固程度。维修服务顾问电话通知顾客来接车,并告知了维修经过,公司决定给他免除本次的维修费用。尽管客户对这种错误很不高兴,但赞赏公司的诚信,从此以后成为维修店的固定客户。

学习任务4　诊断与排除驱动桥故障

工作情境描述

某一汽丰田汽车维修站接收一辆皇冠汽车，根据车主反映，在汽车转弯行驶时，听到汽车底盘发出一种清脆的“嗒嗒”声，严重时导致汽车抖动。维修人员试车后初步判定为驱动桥内的差速器异响。

请通过检测驱动桥，判断驱动桥技术状况；若需要修复该故障，请制订驱动桥修复方案并编制工艺流程。

学习目标

通过本任务学习，应能：

1. 叙述丰田皇冠驱动桥结构特点；
2. 描述驱动桥常见故障现象，分析故障原因；
3. 描述驱动桥常见故障的检测、诊断与修复方法，判定故障部位；
4. 根据维修手册，制订对主减速器、差速器、半轴的修复方案和工艺流程，进行驱动桥装配与调整作业。

学习时间

10 学时。

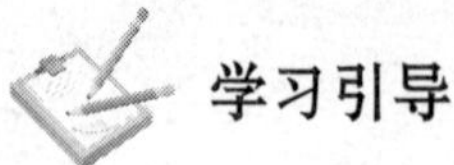

学习引导

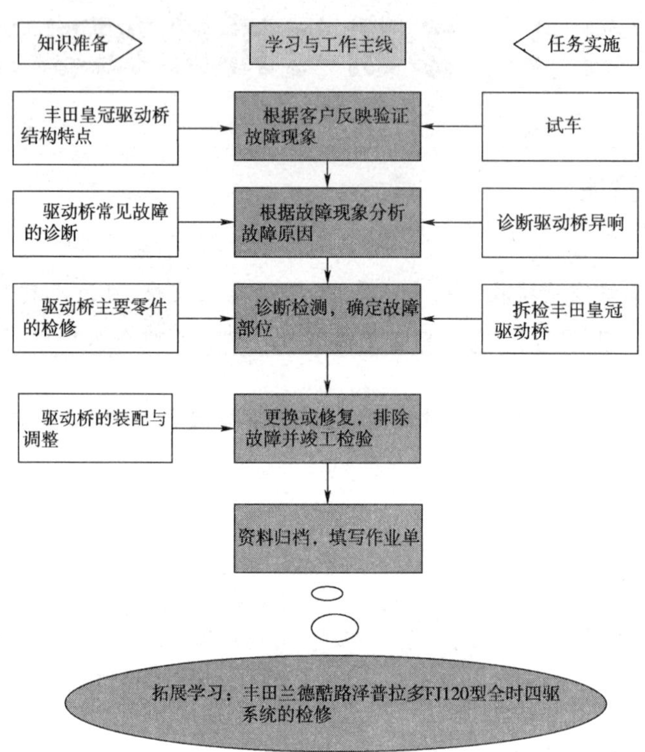

一、知 识 准 备

(一)丰田皇冠驱动桥结构特点

驱动桥的功用是将万向传动装置输入的动力经降速增矩、改变动力传递方向后，分配到左、右驱动轮，使汽车行驶，并允许左、右驱动轮以不同的转速旋转。丰田皇冠汽车装用断开式驱动桥，采用五连杆式独立悬架，如图 4-1 所示，其主减速器固定在后悬架横梁上，半轴为断开式，中间由等速万向节连接，驱动桥两端分别采用了五根连杆与后悬架横梁铰链连接，省去了桥壳。这样，两侧的驱动轮可以彼此独立地相对于后悬架横梁上下跳动，而车身不会随左右车轮跳动发生倾斜，提高了行驶平顺性和通过性。

丰田皇冠汽车的主减速器为单级锥齿轮传动，采用准双曲面齿轮，差速器由半轴齿轮和行星齿轮(差速器小齿轮)组成，如图 4-2 所示。

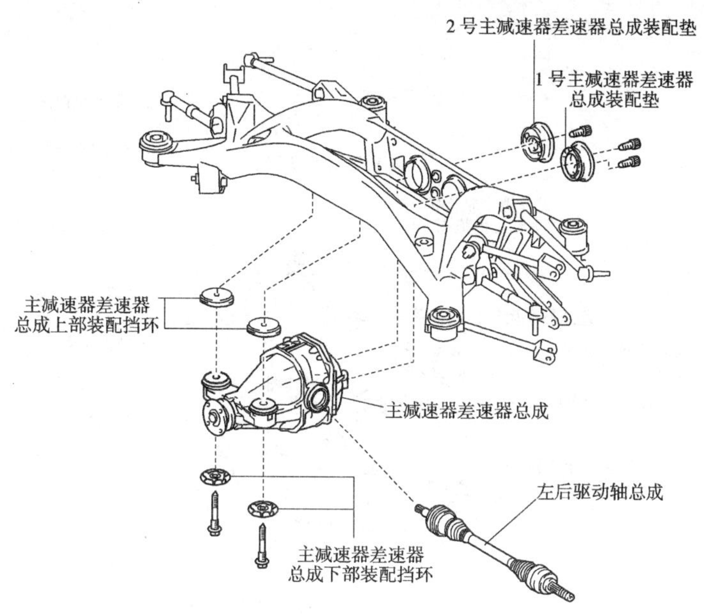

图4-1 丰田皇冠汽车驱动桥

(二)驱动桥常见故障的诊断

驱动桥作为传动系的最终传动总成,受力情况十分复杂,各部件长期承受冲击载荷,使其各配合副加剧磨损或损坏,导致驱动桥过热、异响和漏油等故障发生。

1 过热

1)现象

汽车行驶一段里程后,用手探试驱动桥壳中部或主减速器壳,有无法忍受的烫手感觉。

2)原因

(1)齿轮油变质、油量不足或牌号不符合要求。

(2)轴承预紧度调整过紧。

(3)齿轮啮合间隙调整过小。

(4)止推垫片与齿轮背隙过小。

(5)油封过紧或各运动副、轴承润滑不良而产生干(或半干)摩擦。

3)故障诊断与排除方法

检查驱动桥中各部分受热情况。

(1)局部过热。

①用手触摸油封处:若过热,则故障由油封过紧或损伤引起,应重新装配或更换油封。

②用手触摸轴承处:若过热,则故障由轴承损坏或调整不当引起,应更换损坏的轴承或调整轴承。

③油封和轴承处均不过热,则故障由止推垫片与主减速器从动齿轮背隙过小引起,应

重新调整。

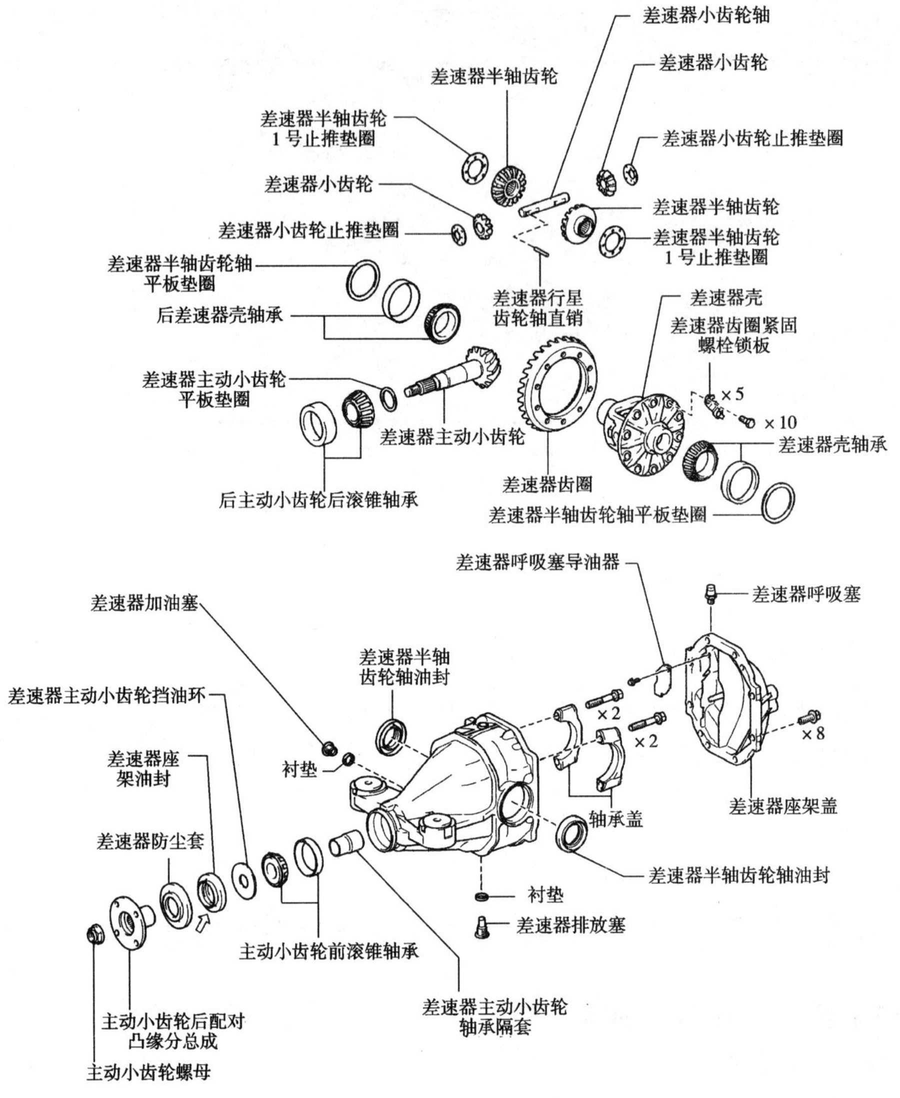

图 4-2　主减速器、差速器结构简图

(2)普遍过热。

①检查齿轮油油面高度:油面太低,则故障由齿轮油油量不足引起;否则检查齿轮油规格、黏度或润滑性能。若检查结果不符合要求,则应按规定添加或更换齿轮油。

②检查主减速器齿轮啮合间隙的大小。松开驻车制动器,变速器置于空挡,轻轻转动主减速器的凸缘盘;若转动角度太小,则故障由主减速器齿轮啮合间隙太小引起;若转动角度正常,则故障由行星齿轮与半轴齿轮啮合间隙太小或止推片与齿轮背隙过小引起,应重新调整。

2 异响

1）现象

驱动桥在运行时发出不正常的响声，可分为驱动时发出异响、滑行时发出异响及转弯行驶时发出异响。

2）原因

（1）齿轮油油量不足、油质变差，特别是油内有较大金属颗粒。

（2）驱动桥内轴承损伤、严重磨损松旷或齿轮齿面磨损、点蚀、轮齿变形或折断。

（3）主减速器齿轮副严重磨损松旷或齿轮齿面磨损、点蚀、轮齿变形或折断。

（4）差速器壳与行星齿轮轴配合松动、行星齿轮轴孔与其轴磨损松旷。

（5）半轴齿轮与行星齿轮啮合间隙不符合标准或半轴齿轮与半轴花键配合松旷。

3）故障诊断与排除方法

（1）将变速器挂入空挡，架起驱动桥，检查驱动桥总游动间隙，若驱动桥的总游动间隙太大，则表明驱动桥磨损，通常由齿轮啮合间隙或半轴花键配合间隙过大引起的异响，需对驱动桥进行拆检。

（2）检查驱动桥内油位、油质，若不符合要求，则故障由此引起（同时还会伴有驱动桥发热现象），按规定添加或更换齿轮油。

（3）驱动桥油量、油品检查正常，则可行车路试进一步检查。

①汽车挂挡行驶、脱挡滑行均有异响：故障多由主减速器齿轮啮合间隙不当、轮齿变形、齿面技术状况变差或轴承松旷引起。

②汽车挂挡行驶有异响，脱挡滑行后声响减弱或消失：故障由主减速器齿轮轮齿的正面磨损严重或损伤，而齿的反面技术状况良好或齿轮间隙调整不当引起。

③汽车起步或突然变速时发出“吭”的一声，或汽车缓速时发生“喀啦、喀啦”的撞击声：故障由齿轮啮合间隙过大或半轴齿轮与半轴花键配合间隙过大引起。

④汽车行驶时发出周期性的金属撞击声：故障由齿轮个别轮齿折断引起。

⑤汽车转弯行驶有异响，直线行驶时声响减弱或消失：故障一般由半轴齿轮或行星齿轮的齿面严重磨损、齿面点蚀、轮齿变形或折断、行星齿轮轴磨损等引起。

⑥汽车直线行驶和转弯行驶时，均有“吭哧、吭哧”的碰擦声，严重时产生金属撞击声：故障由半轴或套管弯曲变形引起。

⑦汽车行驶中异响时有时无，或有时呈周期性变化：故障一般由齿轮油中有杂物引起。

出现以上现象均应拆检驱动桥，视情对相应部件进行调整、更换或修复。

3 漏油

1）现象

从驱动桥加油口、放油口螺塞处或油封、各接合面处可见到明显漏油痕迹。

2）原因

（1）加油口、放油口螺塞松动或损坏。

（2）通气孔堵塞。

(3)油封磨损、硬化,油封装反,油封与轴颈不同轴,油封轴颈磨成沟槽。

(4)接合平面变形、加工粗糙,密封衬垫太薄、硬化或损坏,坚固螺钉松动或损坏。

(5)桥壳有铸造缺陷或裂纹。

3)故障诊断与排除方法

根据漏油痕迹部位判断漏油的具体原因。需要注意的是,排除漏油部位故障时一定要检查通气孔是否畅通,如果通气孔堵塞,则会造成内部压力过大而引起油液的渗漏。

(三)驱动桥主要零件的检修

1 半轴

(1)半轴应进行隐伤检查,不得有任何形式的裂纹存在,否则进行更换。

(2)半轴花键应无明显的扭转变形,否则进行更换。

(3)以半轴轴线为基准,半轴中段未加工圆柱体径向圆跳动误差不得大于1.3mm;花键外圆柱面的径向圆跳动误差不得大于0.25mm;半轴凸缘内侧端面圆跳动误差不得大于0.15mm。径向圆跳动超限,应进行冷压校正;端面圆跳动超限,可车削端面进行修正。

(4)半轴花键的侧隙增大量较原厂规定不得大于0.15mm。

2 轮毂

(1)轮毂应无裂纹,轮毂各部位螺纹的损伤不得多于2牙,否则应更换。

(2)轮毂与半轴凸缘及制动鼓的接合端面对轴承承孔公共轴线的端面圆跳动公差均为0.15mm,超值可车削修复。

(3)轮毂轴承承孔与轴承的配合应符合原厂规定。承孔磨损逾限应更换或用喷焊维修。

3 主减速器壳

(1)壳体应无裂损,各部位螺纹的损伤不得多于2牙,否则更换。

(2)差速器左、右轴承承孔同轴度公差为0.10mm。

(3)圆柱主动齿轮轴承(或侧盖)承孔轴线及差速器轴承承孔轴线对减速器壳前端面的平行度公差:当轴线长度在200mm以上时,其值为0.12mm;当轴线长度小于或等于200mm时,其值为0.10mm。

(4)主减速器壳纵轴线对横轴线的垂直度公差:当纵轴线长度在300mm以上时,其值为0.16mm;纵轴线长度小于或等于300mm时,其值为0.12mm;纵、横轴线应位于同一平面(准双曲面齿轮结构除外)时,其位置度公差为0.08mm。

(5)减速器壳与侧盖的配合及圆柱主动齿轮轴承与减速器壳(或侧盖)的配合应符合原厂规定。

4 主减速器锥齿轮副

(1)齿轮不能有裂纹,齿轮工作表面不得有明显斑点、剥落、缺损和阶梯形磨损。否则应更换。

(2)主、从动圆锥齿轮的啮合间隙为0.15~0.50mm。否则应进行调整。

(3)从动圆锥齿轮端面对其轴线的圆跳动公差为0.10mm。从动锥齿轮的铆钉连接应牢固可靠;用螺栓连接的,连接螺栓的坚固应符合原厂规定,紧固螺栓锁止可靠。逾限时,可酌情维修或更换。

(4)主动圆锥齿轮花键与凸缘键槽的侧隙不大于0.20mm,轮齿锥面的径向圆跳动公差为0.05mm;前后轴承与轴颈、承孔的配合应符合原厂规定,逾限时应更换。

(5)齿轮必须成对更换。

5 差速器

(1)差速器壳产生裂纹,应更换。

(2)差速器壳与行星齿轮、半轴齿轮垫片的接触面应光滑,无沟槽。如有小的沟槽,可用砂纸打磨,并更换新半轴齿轮垫片。

(3)行星齿轮、半轴齿轮不得有裂纹,工作表面不得有明显斑点、脱落、缺损。否则应更换。

(4)差速器壳体与轴承;差速器壳与行星齿轮轴的配合应符合原厂规定。否则应视情维修或更换。

6 滚动轴承

(1)轴承的钢球(或柱)和滚道上不得有伤痕、剥落、严重黑斑或烧损变色等缺陷,否则应更换。

(2)轴承架不得有缺口、裂纹、铆钉松动或钢球(或柱)脱出等现象,否则应更换。

7 轮毂

(1)轮毂应无裂损,轮毂各部位螺纹的损伤不得多于2牙,否则更换。

(2)轮毂与半轴凸缘及制动鼓的接合端面对轮毂内外轴承孔公共轴线的端面圆跳动公差均为0.15mm,超值可车削修复。

(3)轮毂轴承孔与轴承的配合应符合原厂规定。轴承孔磨损逾限应更换。

8 差速器的装配与调整

差速器装配时,应按下述顺序进行,并注意各步骤的注意事项。

1)装差速器轴承

安装差速器轴承内圈时,应用压力机平稳地压入,不得用手锤敲击,以免损伤轴承的工作表面或刮伤轴颈表面破坏配合性质。

2)装行星齿轮和半轴齿轮

在与行星齿轮和半轴齿轮配合的工作表面上涂以机油,先装入垫片和半轴齿轮,然后装入已装好行星齿轮及垫片的十字轴,并使行星齿轮与半轴齿轮啮合。

在行星齿轮上装入另一侧半轴齿轮及垫片,扣上另一侧的差速器壳,装入另一侧壳体时,应使两侧壳体上的位置标记对正,以免破坏齿轮副的正常啮合。装配后应检查调整啮合间隙和止推片间隙至正常范围。

3)从动齿轮和差速器的装合

将主减速器从动齿轮装在差速器壳体上,将固定螺栓按规定方向穿过壳体,套入垫片,用规定力矩交替拧紧螺母,锁死锁片。

9 主减速器的装配与调整

主减速器装配中的调整包括:主、从动圆锥齿轮轴承预紧度的调整(含差速器轴承预紧度的调整);主、从动圆锥齿轮啮合印痕和啮合间隙的调整。主减速器的调整质量是决定主减速器圆锥齿轮副使用寿命的关键。因此,在进行调整作业时,必须遵守主减速器的调整规则。

(1)先调整轴承的预紧度,再调整啮合印痕,最后调整啮合间隙。

(2)主、从动圆锥齿轮轴承的预紧度必须按原厂规定的数值和方法进行调整与检查,在主减速器调整过程中,轴承的预紧度不得变更,始终都应符合原厂规定值。

(3)在保证啮合印痕合格的前提下,调整啮合间隙。啮合印痕、啮合间隙和啮合间隙的变化量都必须符合技术条件,否则成对更换齿轮副。

(4)准双曲面圆锥齿轮、奥利康圆锥齿轮(摆线等高齿)和格利森圆锥齿轮(圆弧非等高齿)啮合印痕的技术标准不尽相同,调整方法亦有差异。前两种齿轮往往通过移动主动圆锥齿轮调整啮合印痕,通过移动从动圆锥齿轮调整啮合间隙;而对格利森齿轮的调整则无特殊的要求。

1)轴承预紧度的调整

(1)主动锥齿轮轴承预紧度的调整。主动锥齿轮轴承预紧度的调整方法有两种。

①通过增减调整垫片进行调整。两轴承外圈距离固定的情况,在两轴承之间隔套前装有调整垫片3(图4-3a)或在轴肩前装有调整垫片(图4-3b),通过改变调整垫片3的厚度即可改变两轴承内圈压紧后的距离,从而使轴承预紧度得到调整。预紧度是否符合要求,可通过测量转动凸缘盘6的力矩来判断,若所测得的力矩值大于标准值,说明轴承的预紧度过大,应适当增加调整垫片的厚度。另外也有的两轴承内圈之间的距离已定,在主减速器油封后面装有调整垫片3,如图4-3c)所示,增减此垫片即可改变两轴承外圈之间的距离,以调整轴承预紧度。

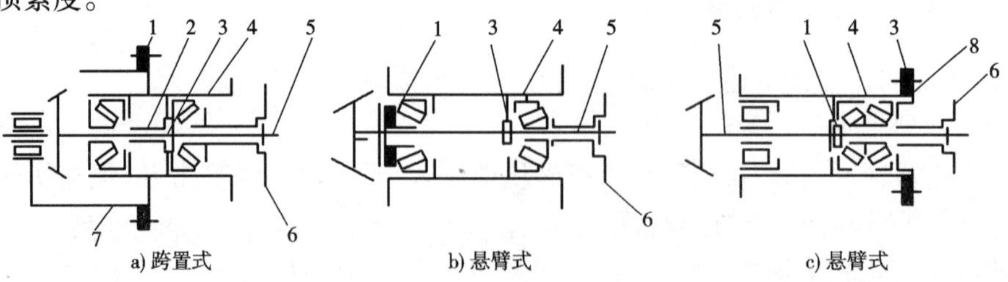

图4-3 主动锥齿轮的支撑形式及调整装置

1-主动锥齿轮啮合状况调整垫片;2-隔套;3-轴承预紧度调整垫片;4-主动锥齿轮轴承座;5-主动锥齿轮轴;6-凸缘盘;7-主减速器壳;8-油封盖

②用弹性隔套调整。如图4-4所示,装配时,在前后轴承内圈之间放置一个可压缩的弹性薄壁隔套,按规定力矩拧紧凸缘盘固定螺母时,隔套产生弹性变形,其张力自动适应对轴承预紧度的要求。但采用这种方法因隔套的弹性衰退,每次必须更换新的隔套。

(2)从动锥齿轮轴承预紧度的调整。从动锥齿轮轴承预紧度的调整因主减速器的结构分为两种。

①用调整螺母进行调整。在单级主减速器中,其从动锥齿轮固定在差速器壳上,调整从动锥齿轮轴承预紧度,也就是调整差速器轴承预紧度。如果差速器两侧都有调整螺母,装配时,将差速器轴承外圈套在轴承上,将差速器总成装入主减速器壳内,将两侧调整螺母装在座孔内的螺纹部分,然后将两侧轴承盖对好螺纹后装复(左右两轴承盖不能互换),装好锁片用螺栓紧固轴承盖。调整轴承预紧度时,慢慢转动两侧调整螺母,同时慢慢转动差速器总成,使滚柱处于正确位置。正确的预紧度可用转动差速器总成的力矩来衡量。预紧度调整好后,应将调整螺母用锁片锁住。此外,双级主减速器的差速器轴承预紧度调整与此相同。

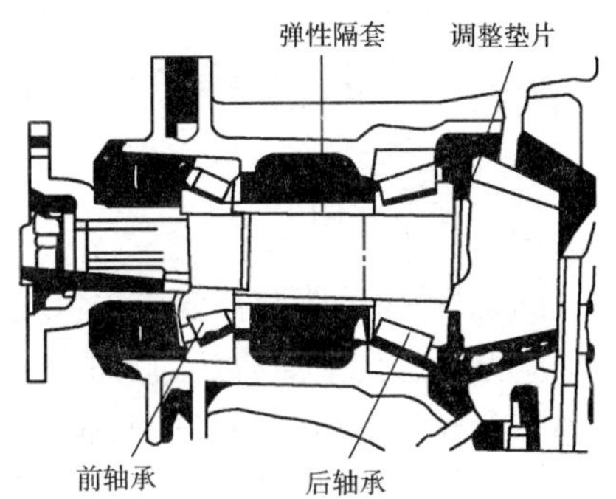

图4-4 主动锥齿轮的轴承预紧度的弹性隔套调整装置

②用调整垫片进行调整。在双级主减速器中,从动锥齿轮与二级减速的主动圆柱齿轮固定在同一根轴上,两端用轴承支撑在主减速器壳上。其轴承预紧度是通过改变安装在主减速器壳与轴承盖之间的垫片厚度进行调整的。

2)主、从动圆锥齿轮啮合印痕与啮合间隙的调整

主、从动圆锥齿轮应沿齿长方向接触,其位置控制在轮齿的中部偏向小端,离小端端部2~7mm,接触痕迹的长度不小于齿长的50%,齿高方向的接触印痕应不小于齿高的50%,一般应距齿顶0.80~1.60mm,啮合间隙为0.15~0.50mm,但每一对锥齿轮副啮合间隙的变动量不得大于0.15mm。

如果主、从动圆锥齿轮的啮合状况和齿侧间隙不符合要求时,应进行调整,这种方法可简化为如下的口诀:大进从、小出从;顶进主、退出主。使用这种方法调整时,要注意保证啮合间隙不得小于最小值。值得注意的是,各厂家对主减速器啮合间隙的调整方法规定不同,调整时一定要仔细阅读厂家维修手册再进行作业。

10 后轮毂的安装与轮毂轴承调整

不同类型的汽车后轮毂锁紧装置虽有差异,但后轮毂的安装与轮毂轴承的调整方法大同小异。调整前,先把经过清洗和润滑的轮毂和轮毂轴承装在半轴套管上,再装上制动鼓、调整螺母。调整方法是:装上调整螺母后,一边拧紧调整螺母,一边向两个方向反复转动轮毂,使轮毂轴承的滚子与内外圈的滚道正确接合,用规定力矩拧紧调整螺母,然后再把调整螺母按规定退回,并使调整螺母上的止动销插入锁紧垫片上相邻的孔或将锁紧垫片上的凸起插入止推垫圈的凹口中。调整好后,轮毂应能自由转动而无明显的轴向松动和摆动现象。最后,按规定力矩拧紧锁紧螺母。

二、任 务 实 施

项目　诊断与排除皇冠汽车驱动桥异响故障

1　项目说明

汽车行驶时,驱动桥的受力情况十分复杂,又因它是传动系的最终传动总成,其所受的各种应力远远大于传动系的其他部位,长期使用后将导致技术状况变化,出现异响、过热和漏油等现象。驱动桥出现异响通常是因为齿轮副早期磨损、轮齿断裂、主动齿轮轴承早期损坏等。驱动桥出现异响后,往往需要通过拆检来判定故障点。

2　技术标准与要求

1)检测数据

技术标准见表4-1。

检测项目与技术标准　　表4-1

检测项目	技术标准
支座油封敲入深度	1.55~2.45mm
半轴齿轮轴油封敲入深度	-0.5~0.5mm
配对凸缘垂直偏摆	≤0.09mm
齿圈外圆径跳	≤0.07mm
差速器行星齿轮与半轴齿轮啮合间隙	0.05~0.20mm
主、从动锥齿轮啮合间隙	0.13~0.18mm
主动锥齿轮轴承预紧度(起动时)	新轴承:0.98~1.57 N·m
	旧轴承:0.49~0.78N·m
总预紧度	比主动锥齿轮轴承预紧度略大0.39~0.59N·m
半轴止推垫圈厚度	1.48~1.52mm 每0.04mm为一个级别的垫圈 1.88~1.92mm
主动小齿轮平板垫圈厚度	1.69~1.71mm 每0.02mm为一个级别的调整垫圈 2.32~2.34mm
半轴齿轮轴平板垫圈厚度	2.57~2.59mm 每0.02mm为一个级别的调整垫圈 3.47~3.49mm

2)拧紧力矩

各紧固零件拧紧力矩见表4-2。

各紧固零件拧紧力矩 表4-2

紧固零件	拧紧力矩（N·m）	紧固零件	拧紧力矩（N·m）
排放塞×主减速器壳	49	后差速器装配垫×主减速器壳	142
加液孔塞×主减速器壳	49	后悬架横梁下挡环×车身	19
通气塞×主减速器壳后盖	21	后悬架横梁×车身	127
配对凸缘×传动轴	74	主减速器壳×主减速器壳后盖	47
差速器壳×齿圈	97	通气塞导油器×主减速器壳后盖	8.0
后悬架横梁×主减速器壳	100	主减速器壳×半轴轴承盖	85

3)齿轮油容量及规格型号

容量:1.15±0.05L。

规格型号:准双曲面齿轮油。

推荐的齿轮油黏度见表4-3。

推荐油黏度 表4-3

-18℃(0°F)以上	SAE90
-18℃(0°F)以下	SAE80W或80W—90

3 设备器材

(1)皇冠汽车,丰田驱动桥(发动机前置后轮驱动型)。

(2)举升机(器)。

(3)汽车常用维修工具、量具。

(4)专用工具(可相互借用)。

专用工具信息见表4-4。

专用工具信息 表4-4

图例	代码	名称
	09308—00010	半轴齿轮油封拉具
	09308—1001	主动锥齿轮轴凸缘油封拉具
	09330—00021	配对凸缘盘夹持工具
	09504—22011	差速器侧轴承更换工具
	09506—30012	差速器主动锥齿轮轴后轴承内座圈更换工具

续上表

图　例	代　码	名　称
	09554—22010	差速器油封更换工具
	09556—22010	主动锥齿轮轴前轴承拆卸工具
	09570—24010	差速器装配垫拆卸工具和更换工具
	09636—20010	上球头防尘盖更换工具
	09930—00010	驱动轴螺母凿子
	09950—00020	轴承拆卸工具
	09950—30012	A 组拉具

4 作业准备

(1)实车检查。
(2)举升机准备。
(3)清洁、调整量具。
(4)准备作业单。

5 操作步骤

1)主减速器及差速器齿轮油的检查与添加

(1)举升车辆。注意使车辆处于水平位置。

(2)用 10mm 六角扳手拆下差速器加油塞和衬垫。

(3)如图 4-5 所示,检查差速器内的油面是否在加油塞开口最低内表面下 5mm 以内。若不符合要求,添加准双曲面齿轮油 API GL—5 或同等品。

(4)检查油位低时油液是否泄漏。

(5)用 10mm 六角扳手安装差速器加油塞和新衬垫,并按规定力矩拧紧。

安全提示:

检查油位时小心烫伤。更换差速器油后,初始行驶后应重新检查齿轮油油位。

2)进行道路试验,确认故障

3)驱动轴(半轴)拆检

(1)拆下后轮、排气管总成和带中间支撑的传动轴总成。

(2)如图4-6所示,从后悬架臂总成上拆下感载阀传感器支架。

图4-5　差速器油位检查

图4-6　拆下感载阀传感器支架

(3)如图4-7所示,从左、右后悬架横梁支架上拆下主减速总成壳体保护器。

(4)如图4-8所示,拆下左、右后悬架横梁支架。

图4-7　拆下主减速器总成壳体保护器(左侧)

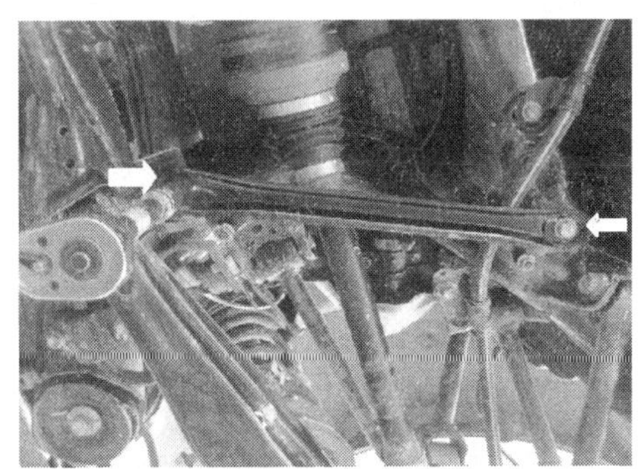

图4-8　拆下左后悬架横梁支架

(5)如图4-9所示,分离3号驻车制动拉索总成。

(6)拆下后桥半轴螺母。如图4-10所示,用SST 09930—00010和锤子敲松半轴螺母。踩下制动踏板,拆下半轴螺母。

安全提示:

将紧螺母锁止处完全敲松,否则驱动轴端部螺纹可能会损坏。

(7)从车桥支架分离速度传感器。注意避免损坏速度传感器,防止异物黏连到速度传感器上。

(8)如图4-11所示,从车桥支架上拆下2个螺栓并断开制动卡钳总成。用绳索或其他类似的东西将制动卡钳悬起,防止柔性软管和它一起自然下垂。

图 4-9　分离 3 号驻车制动拉索总成

图 4-10　拆卸左半轴螺母

(9)如图 4-12 所示,拆下制动盘。

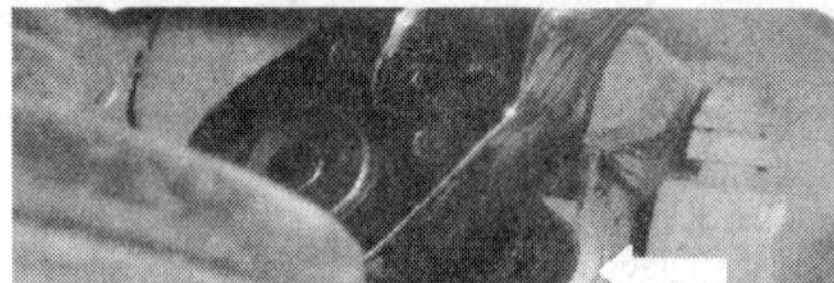

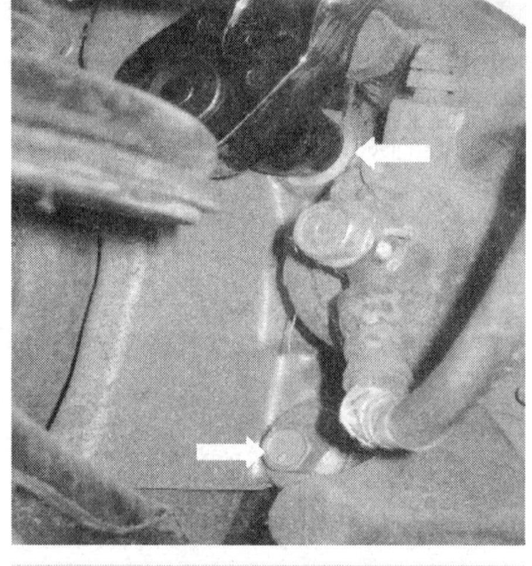

图 4-11　制动器左卡钳总成

图 4-12　拆下制动盘

(10)依次分离 2 号、1 号后上控制臂总成,1 号、2 号后悬架臂总成。

(11)分离后驱动轴总成与轮毂连接。将后车桥支架分总成向车辆的外部推出。用塑料手锤从后车桥支架分总成上分离后驱动轴总成,如图 4-13 所示。

提示:

1. 避免损坏万向节防尘套和速度传感器转子。
2. 不要过分地将左后车桥支架分总成推出。
3. 用绳索或其他相似的东西将后驱动轴总成悬起,防止其自然下垂。

(12)如图 4-14 所示,用 SST 09520—01010,SST 09520—24010(09520—32040)拆下后驱动轴总成。拆卸过程中,注意不要损坏油封、内万向节防尘套和驱动轴防尘盖,不要掉落驱动轴总成。

(13)检查后驱动轴总成。如图 4-15 所示,在检查过程中,使驱动轴总成保持在水平位置。检查外万向节,不得有过大的窜动量。检查内万向节在轴向是否滑动平滑。检查内万向节的径向,应没有过大的间隙。检查防尘套是否损坏。

图4-13　从后桥支架分总成上分离后驱动轴总成

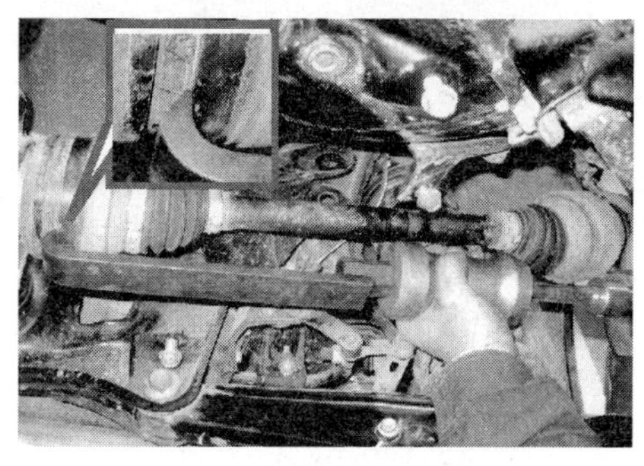

图4-14　拆卸后驱动轴总成

4)主减速器差速器总成拆卸

(1)排出主减速器差速器齿轮油。

(2)拆下后地板左侧、右侧横梁盖。

(3)断开左后高度控制传感器分总成连接器,拆下卡夹,如图4-16所示。

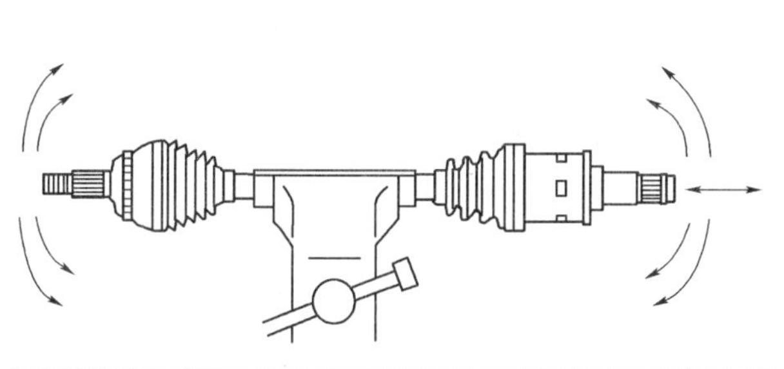

图4-15　后驱动轴总成

图4-16　高度控制传感器

(4)拆下后悬架横梁与主减速器差速器总成。用举升机支撑后悬架横梁;从后悬架横梁上拆下8个螺栓、2个后悬架横梁挡环、2个差速器支撑横梁下挡环和后悬架横梁下挡环,8个螺栓位置如图4-17所示;慢慢降下举升机,拆下带主减速器差速器总成的后悬架横梁。

(5)从后悬架横梁上拆下主减速器差速器总成,如图4-18所示。

图4-17　后悬架横梁

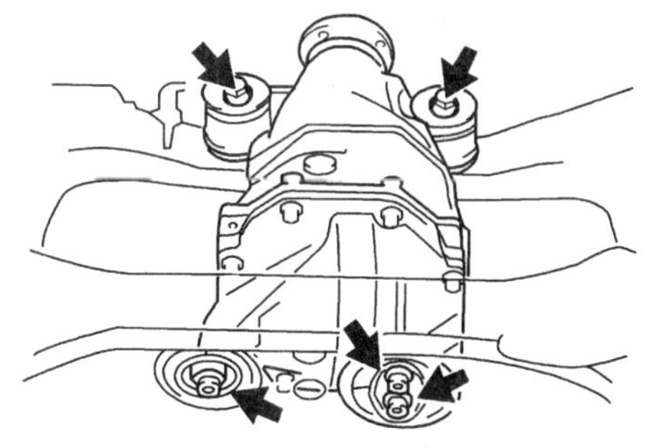

图4-18　拆下主减速器差速器总成

(6)检查1号、2号差速器装配垫是否损坏,若损坏,则拆下更换。拆卸时,需使用专用工具SST 09570—24010,SST 09316—12010。1号差速器装配垫的拆卸如图4-19所示,拆卸过程中应按正确的方位放置SST,使SST与副框架不要接触,不要倾斜SST的螺栓,把SST

的两个螺栓均匀拧进差速器两个装配孔。2 号差速器装配垫的拆卸如图 4-20 所示。

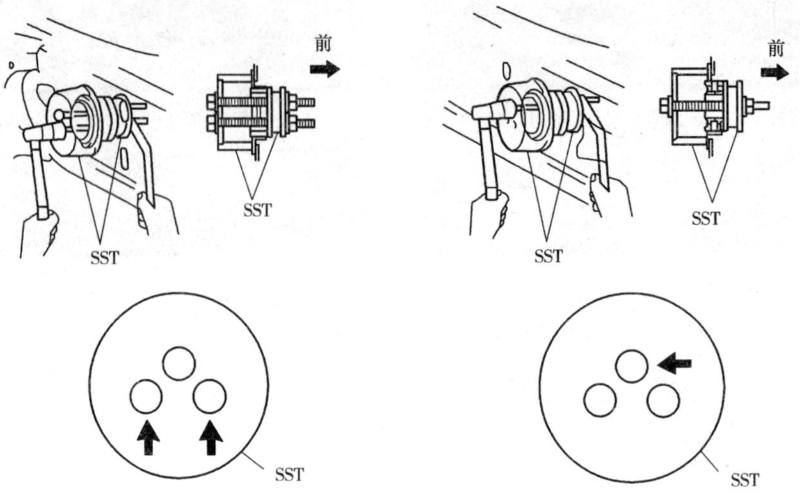

图 4-19　1 号差速器装配垫的拆卸

图 4-20　2 号差速器装配垫的拆卸

（7）拆下主减速器差速器座架盖通气塞，如图 4-21 所示。

（8）拆下主减速器差速器后盖，如图 4-22a）所示。若后盖结合较紧，可用黄铜棒、手锤敲击，如图 4-22b）所示。

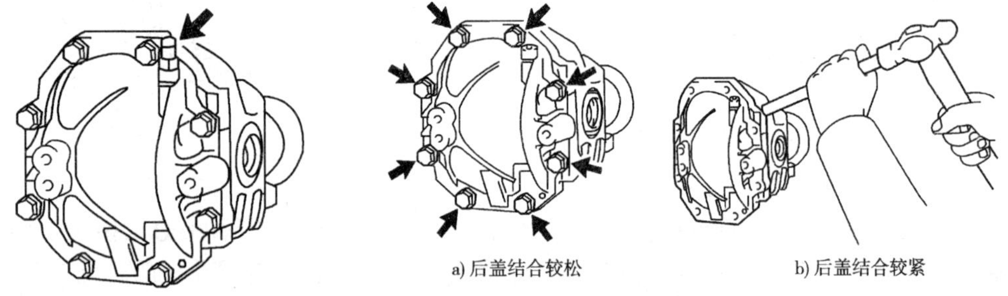

a) 后盖结合较松

b) 后盖结合较紧

图 4-21　拆卸差速器座架盖通气塞

图 4-22　拆下主减速器差速器后盖

5）主减速器差速器的不解体检测

（1）检查主减速器从动齿轮的端面圆跳动量。如图 4-23 所示，将百分表的触头顶靠在从动齿轮的背面（确保百分表测头轴线与从动齿轮轴承孔中心线平行），转动从动齿轮一周，最大端面圆跳动量应不超过 0.07mm。如果超过规定的最大值，则拆下从动齿轮并检查差速器壳体的端面圆跳动量，以确认是否是从动齿轮翘曲变形导致。

（2）检查主减速器主、从动齿轮的啮合间隙。如图 4-24 所示，把百分表触头垂直地顶靠在从动齿轮齿面的末端，固定后主动齿轮前端的配对凸缘，同时转动齿圈并测量间隙。间隙应为 0.13 ~ 0.18mm。

如果间隙值不在规定值内，则调整，必要时进行维修。

（3）检查半轴齿轮与行星齿轮的啮合间隙。如图 4-25 所示，将百分表触头顶靠在半轴齿轮的齿面上，固定一个行星齿轮，用手指来回转动半轴齿轮，即可从百分表上读出齿侧间隙，标准间隙为 0.05 ~ 0.20mm。如果间隙值不在规定范围内，选择不同厚度的止推垫片进行调整,两侧垫片厚度应相等。

图4-23 检查主减速器从动齿轮的端面圆跳动量

图4-24 检查主减速器主从动齿轮的啮合间隙

(4)检查主动锥齿轮轴配对凸缘盘的跳动。如图4-26所示,用百分表垂直地在距轴中心30mm的同心圆处测量配对凸缘的跳动量,最大值不超过0.09mm,否则更换配对凸缘。

图4-25 检查半轴齿轮与行星齿轮啮合间隙

图4-26 测量主动锥齿轮轴配对凸缘端面跳动

(5)检查主动锥齿轮轴轴承预紧度。如图4-27所示,用力矩扳手转动主动锥齿轮轴,刚转动时的力矩应为0.88~1.37N·m。如果刚转动时的力矩不在规定范围内,则应调整轴承预紧度,必要时进行维修。

6)主减速器的解体

(1)拆卸主减速器主动锥齿轮(主动小齿轮)轴配对凸缘盘。

①用SST 09930—00010和锤子敲开主动锥齿轮轴螺母的锁紧部分,如图4-28所示。注意:确保在使用SST工具时,锥面朝向轴。不要用磨刀等磨损SST工具的尖部。应完全松开敲紧部分才能拆下螺母,以避免损坏主动锥齿轮轴的螺纹。如图4-29所示,用SST 09330—00021固定凸缘盘,拧下螺母。

②如图4-30所示,用SST 09950—30012(09951—03010、09953—03010、09954—03010、09955—03030、09956—03020)拆下配对凸缘盘。

(2)检查防尘套是否损坏,若损坏则需拆下。如图4-31所示,用SST 09950—00020,09950—60010(09951—00510),09950—70010(09951—07150)和压具拆下防尘套。

(3)拆下主减速器差速器油封和挡油环。

①如图4-32所示,用SST 09308—10010从主减速器壳上拆下油封。注意:使用前,在

SST 中心螺栓的螺纹和尖部涂润滑脂。

图 4-27　检查主动锥齿轮轴轴承预紧度

图 4-28　拆下主动锥齿轮螺母

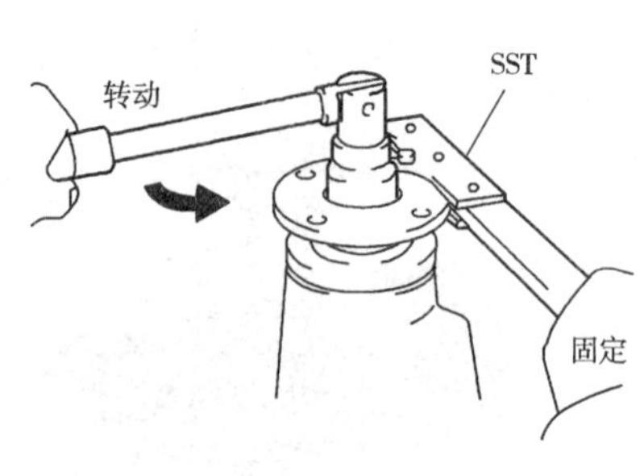

图 4-29　拆卸主动锥齿轮螺母

图 4-30　拆卸主动锥齿轮轴配对凸缘盘

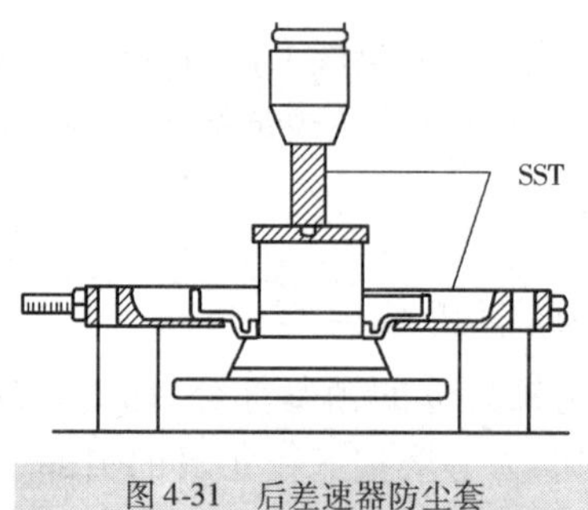

图 4-31　后差速器防尘套

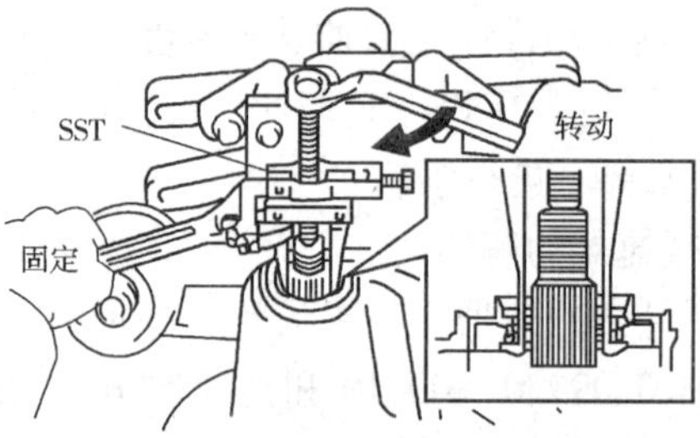

图 4-32　主减速器差速器油封

②如图 4-33 所示,拆下主动锥齿轮轴挡油环。

(4)拆下主动锥齿轮轴前滚锥轴承。如图 4-34 所示,用 SST 09556—22010 从主动锥齿轮轴上拆下前滚锥轴承内座圈。

(5)拆下主动锥齿轮轴轴承隔套,如图 4-35 所示。

(6)拆下差速器总成。

①拆下轴承盖。注意:左右轴承盖不能交换位置,因为它们是成套生产的。拆卸之前,应在轴承盖和主减速器壳体上做好装配标记,如图 4-36 所示。

图 4-33　拆下主动锥齿轮轴挡油环

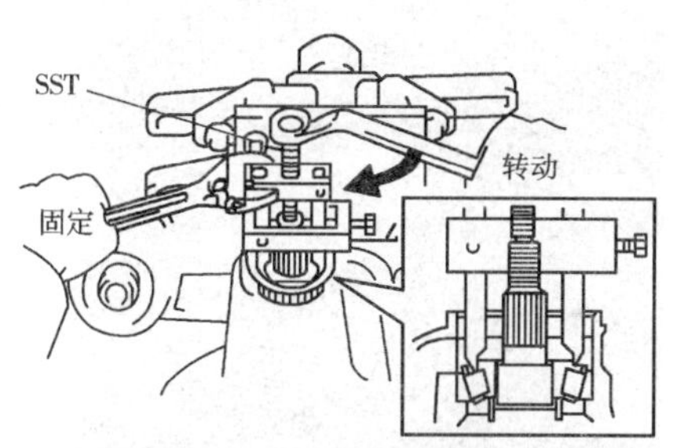

图 4-34　拆下主动锥齿轮轴前滚锥轴承

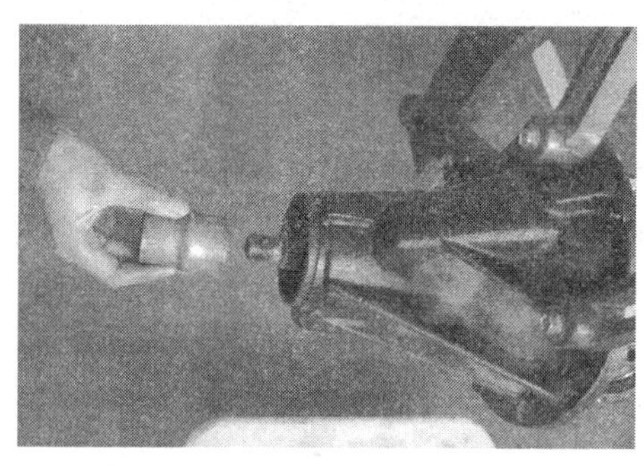
图 4-35　拆下主动锥齿轮轴轴承隔套

图 4-36　在差速器壳总成上做标记

②用 SST 09504—22011 和锤子拆下 2 个半轴齿轮平板垫圈，如图 4-37 所示。测量平板垫圈的厚度并做好记录。

③从主减速器壳体上拆下差速器总成和左右差速器壳轴承外座圈，如图 4-38 所示。注意：在差速器壳轴承外座圈上做好标记以显示出安装位置，或分开放置以便于区分。

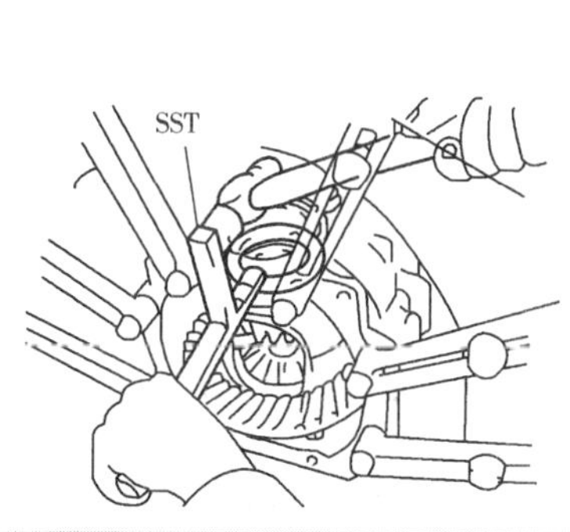

图 4-37　拆下半轴齿轮平板垫圈

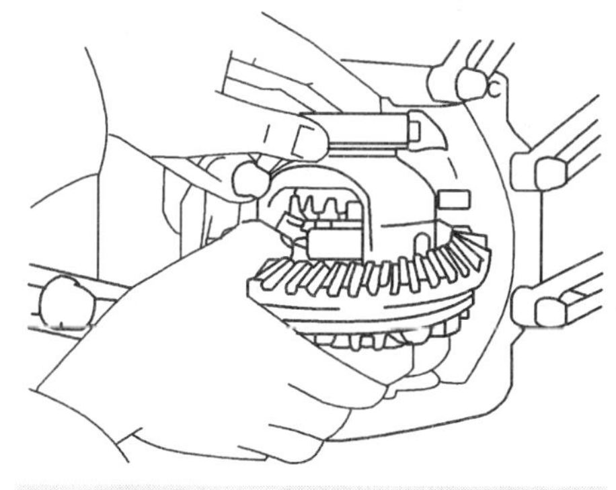
图 4-38　拆下差速器壳轴承外座圈

（7）拆下差速器主动锥齿轮轴。

（8）拆下主动锥齿轮轴后滚锥轴承。如图 4-39 所示，用 SST 09950—00020 和压具从主动锥齿轮上拆下主动锥齿轮轴后滚锥轴承内座圈和平板垫圈。

（9）拆下主动锥齿轮轴前、后滚锥轴承外座圈。用黄铜棒和手锤从主减速器壳体上拆下主动锥齿轮轴前、后滚锥轴承外座圈，如图 4-40、图 4-41 所示。

图 4-39　拆下主动锥齿轮轴后滚锥轴承内座圈

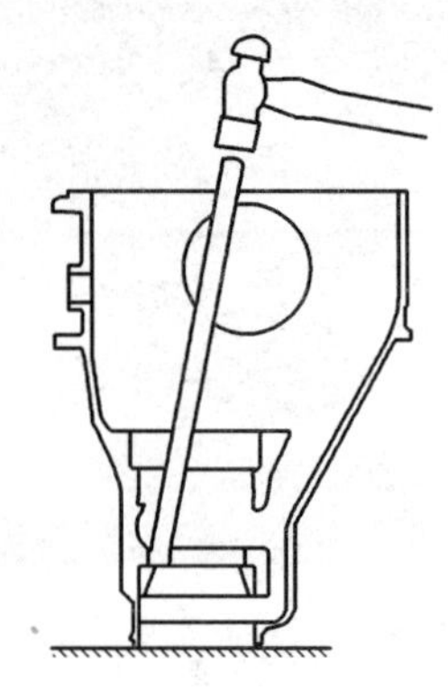

图 4-40　拆下主动锥齿轮轴前滚锥轴承外座圈

(10)拆下从动锥齿轮。

①用附有铝垫板的台钳固定差速器壳,注意:台钳不要拧得过紧。

②在从动锥齿轮齿圈和差速器壳上做装配标记。

③用螺丝刀和锤子敲开 5 个锁板,如图 4-42 所示。

④拆下 10 个齿圈紧固螺栓和 5 个锁板,用塑料锤敲打齿圈,使齿圈与差速器壳分离,如图 4-43 所示。

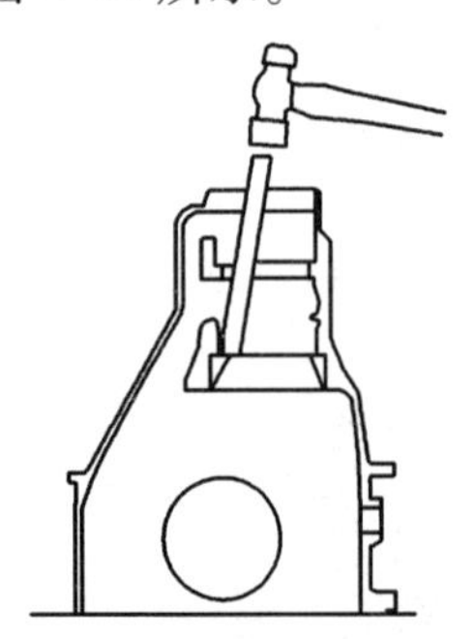

图 4-41　拆下主动锥齿轮轴后滚锥轴承外座圈

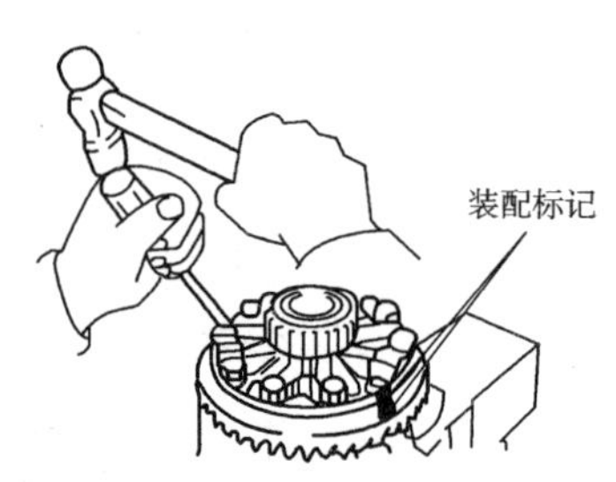

图 4-42　在齿圈和差速器壳上做标记

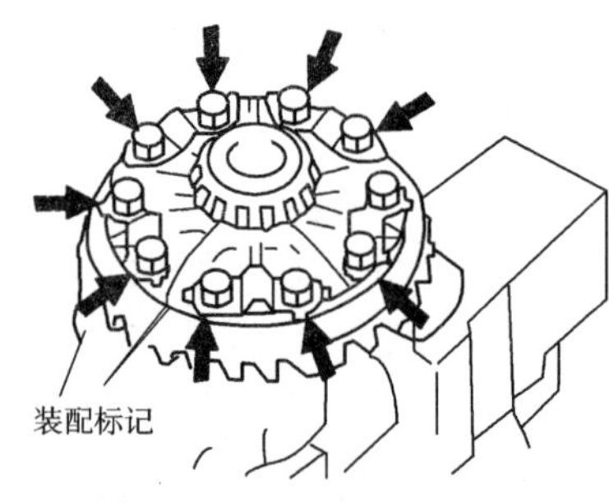

图 4-43　将齿圈与差速器壳分离

7)检查差速器壳总成的端面圆跳动

注意:

只有从动锥齿轮(齿圈)的端面圆跳动超过规定的最大值时,才进行该步骤。

(1)将左、右差速器壳轴承外座圈分别安装到左右差速器壳轴承内座圈上,确保把轴承外座圈安装在每个正确的位置上。

(2)将差速器壳安装到主减速器壳体上。

(3)安装右、左(后侧和齿侧)半轴齿轮轴平板垫圈,以使差速器壳轴承不松动。

(4)安装左、右轴承盖,并用规定力矩拧紧 4 个螺栓。

(5)如图 4-44 所示,用百分表测量差速器壳端面圆跳动,应不超过 0.07mm,如果测量值大于最大值，则更换差速器壳总成。

8）差速器的分解与零件检查

（1）分解差速器总成。如图4-45所示，先用3mm销冲头和手锤拆下行星齿轮轴直销，然后依次拆下差速器行星齿轮轴、2个行星齿轮、2个行星齿轮止推垫圈、2个半轴齿轮、2个半轴齿轮止推垫圈。

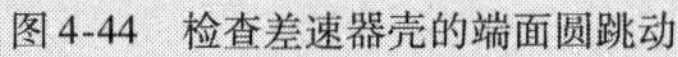

图4-44　检查差速器壳的端面圆跳动

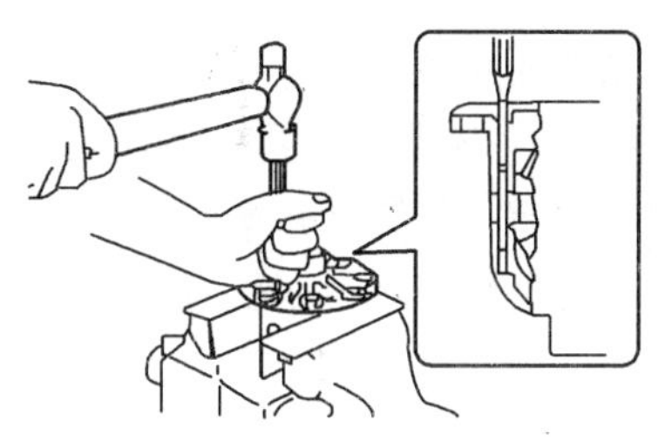

图4-45　拆卸差速器行星齿轮轴直销

（2）零件检查。检查差速器小齿轮和半轴齿轮是否损坏，如果有损坏，则更换。检查差速器壳是否损坏，若损坏应及时更换。

9）差速器的组装

按与分解顺序相反的步骤进行组装，需注意以下事项。

（1）安装前，确保止推垫圈、半轴齿轮上没有灰尘等异物。

（2）如果更换半轴齿轮或行星齿轮之一，则要成套更换。

（3）在所有滑动和旋转的零件上涂准双曲面齿轮油API GL-5。

（4）调整差速器行星齿轮间隙至标准范围。

（5）如图4-46所示，在装入行星齿轮轴直销后，应用凿子和手锤将差速器壳销孔外侧敲毛，防止直销脱出。

10）主减速器的装配与调整

（1）安装从动锥齿轮（齿圈）。安装前应清洁差速器壳和齿圈的接触表面，将齿圈在沸水中加热到大约100℃，等齿圈上的湿气完全蒸发以后，迅速地将齿圈安装到差速器壳上，对齐齿圈和差速器壳上的装配标记。临时安装5个新锁板和10个螺栓。等齿圈彻底冷却后，将10个螺栓均匀拧紧至规定力矩，用凿子和手锤敲紧5个锁板，如图4-47所示。

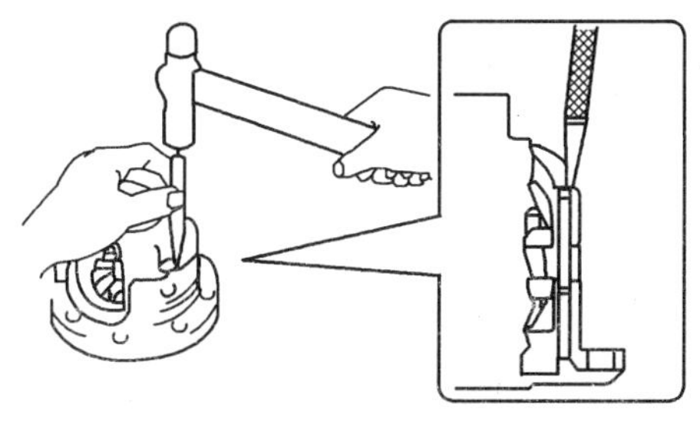

图4-46　敲毛差速器壳销孔

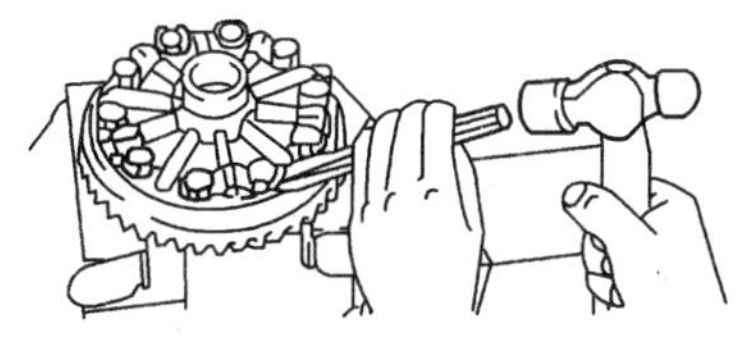

图4-47　敲紧锁板

安全提示：

安装从动锥齿轮(齿圈)时，应带厚手套以防手被烫伤。锁板必须换新，并可靠锁止。

(2)安装差速器壳轴承。安装轴承需用专用工具；如果更换轴承，需成套更换。

(3)安装主动锥齿轮轴。

①如图4-48所示，将主动锥齿轮和主动锥齿轮轴前滚锥轴承内座圈安装到主减速器壳体上。在啮合质量调整完成前，先不组装主动锥齿轮轴轴承隔套和油封。

②将挡油环安装到主动锥齿轮轴上，安装配对凸缘，用SST固定凸缘，拧紧螺母，如图4-49所示。注意：由于轴承隔套还没安装，所以在安装配对凸缘后要轻微松动主动锥齿轮。在主动锥齿轮轴螺母的螺纹上涂准双曲面齿轮油。用大约98N·m的力矩拧紧螺母，不要把主动锥齿轮轴螺母拧得过紧，以免损坏螺纹。拧紧螺母过程中，将轴承顺时针和逆时针转动几次，以使其稳定。

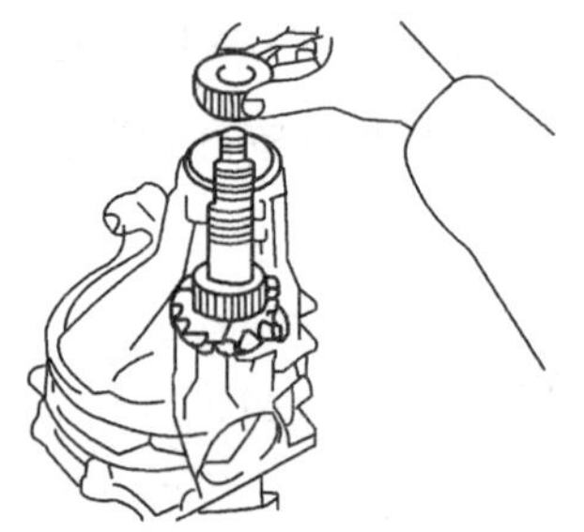

图4-48 安装前滚锥轴承内座圈

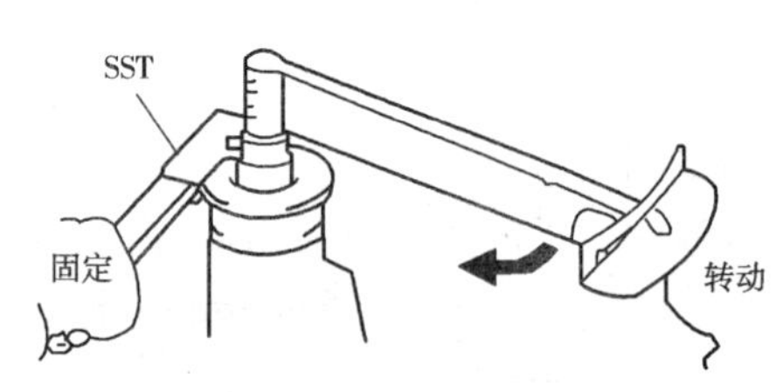

图4-49 拧紧主动锥齿轮轴螺母

③用力矩扳手测量主动锥齿轮轴预紧度，并做好记录，以供测量总的预紧度时使用。主动锥齿轮轴刚转动时，新轴承应为0.88～1.47N·m，重复使用的轴承应为0.39～0.69N·m。

(4)安装差速器壳总成。确保轴承外座圈安装在正确的位置，防止左右调换。

(5)调整差速器轴承预紧度及啮合间隙。如果差速器轴承是新的，则选择较薄的半轴齿轮平板垫圈安装，如果差速器壳轴承重新使用，则安装与已拆卸的同样厚度的半轴齿轮平板垫圈。平板垫圈安装后，应保证齿圈齿侧上的差速器壳轴承外圈与主减速器差速器壳间的间隙为0或接近0，如图4-50所示。拆下齿侧的半轴齿轮平板垫圈，用千分尺测量其厚度，选择比其厚0.06～0.09mm(能用手指压下2/3)的新半轴齿轮轴平板垫圈，用SST 09504—22011和塑料锤敲入半轴齿轮轴平板垫圈，如图4-51所示。将轴承盖和差速器桥壳的装配标记对齐，按规定力矩拧紧轴承盖螺栓，注意：左、右轴承盖不能互换。测量主减速器啮合间隙如图4-52所示，把百分表垂直地放到齿圈面的末端，固定主动锥齿轮轴后配对凸缘，同时转动齿圈并测量间隙，应在0.13～0.18mm。如果间隙值不在规定范围内，则等量地增加或减少左、右半轴齿轮轴平板垫圈的厚度，使它调整到规定范围内。

(6)检查调整总的轴承预紧度。如图4-53所示，用力矩扳手测量总的轴承预紧度。刚转动时，比主动锥齿轮轴预紧度略大0.39～0.59N·m，如果总的轴承预紧度不在规定范围

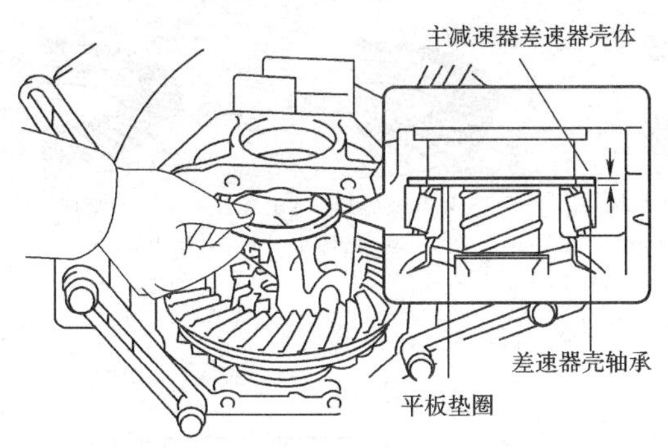

图4-50 半轴齿轮轴平板垫圈

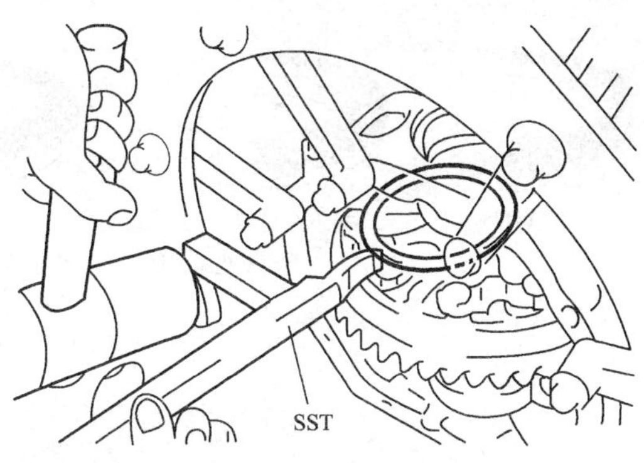

图4-51 安装半轴齿轮轴平板垫圈

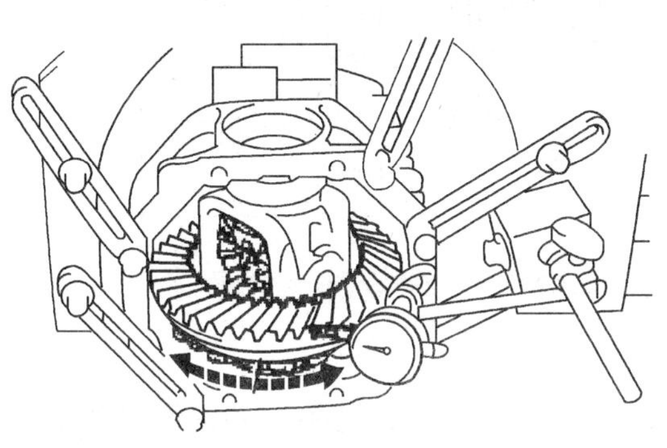

图4-52 测量差速器齿圈间隙

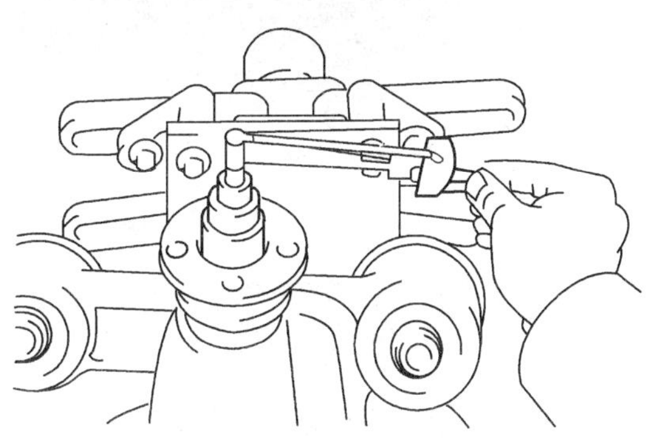

图4-53 测量总的预紧度

内,则通过齿圈齿侧上的半轴齿轮轴平板垫圈来调整。

(7)检查主减速器啮合印痕。

①在齿圈的3个不同位置用红丹漆涂3~4个轮齿,如图4-54所示。

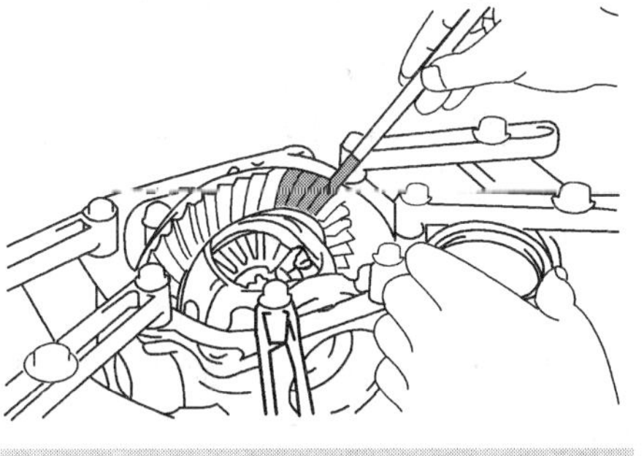

图4-54 在齿圈轮齿双面涂红丹

②在2个方向上旋转齿圈,检查轮齿接触方式,各种接触方式如图4-55所示。如果轮齿接触不正确,则应在主动锥齿轮轴上选用不同厚度的平板垫圈,从而使齿轮接触正确,如图4-56箭头处所示。

安全提示:

如果主动锥齿轮轴垫圈的厚度改变,则需重新检查调整啮合间隙并测量总的轴承预紧度。

(8)安装主动锥齿轮轴轴承隔套和油封。安装主动锥齿轮轴轴承隔套时,确保内径较大的一侧朝向后面。安装油封应使用SST 09554-22010,油封敲入深度为1.55~2.45mm,在油封唇口涂上MP润滑脂,如图4-57所示。

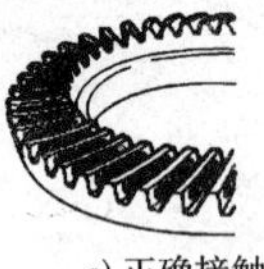
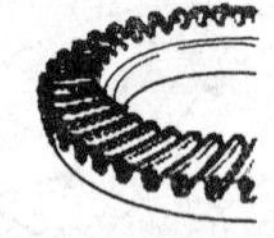
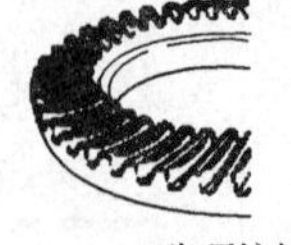
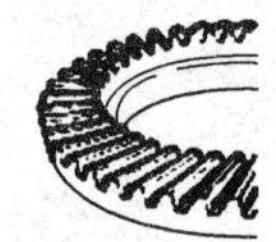

图 4-55　各种啮合印痕

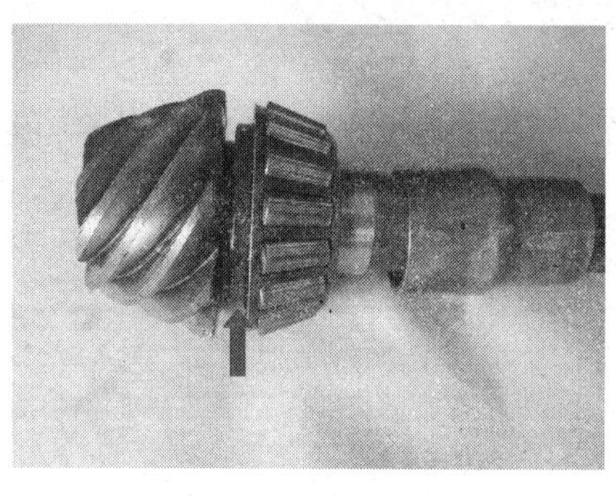

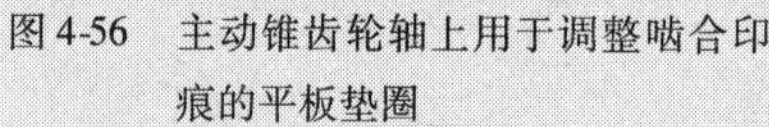
图 4-56　主动锥齿轮轴上用于调整啮合印痕的平板垫圈

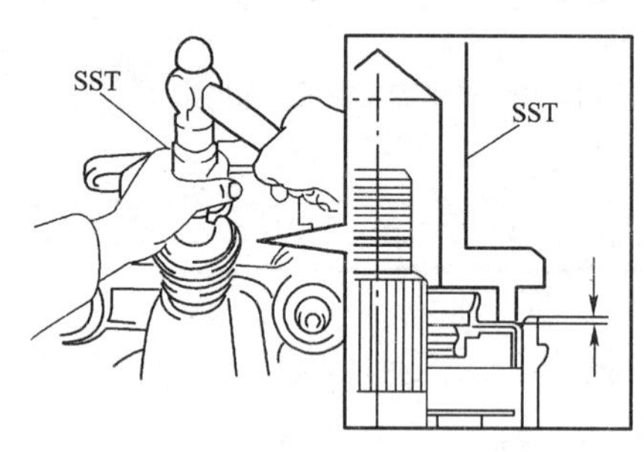

图 4-57　安装主减速器差速器油封

(9)按规定力矩拧紧主动锥齿轮轴配对凸缘固定螺母,检查差速器主动锥齿轮轴轴承预紧度和总的轴承预紧度。如果预紧度小于规定的最小值,则将主动锥齿轮轴螺母再拧紧5°~10°,使其调节到规定范围内再进行检查。主动锥齿轮轴螺母的紧固力矩大于规定的最大值时,如果预紧度仍小于规定的最小值,则拧松螺母并检查主动锥齿轮轴螺母和主动锥齿轮轴的螺纹是否有剥伤。如果螺纹没有剥伤,则更换轴承隔套。将准双曲面齿轮油 LSD 涂到主动锥齿轮轴的螺纹上,并重复以上步骤。如果总预紧度不在规定范围内,则需调整总预紧度,必要时进行维修。

(10)锁止主动锥齿轮轴螺母。如图 4-58 所示,用凿子和手锤敲入主动锥齿轮轴螺母。

(11)安装后差速器半轴齿轮轴油封。如图 4-59 所示,用 SST 09554—22010 和锤子安装 2 个新油封。油封敲入深度为 -0.5~0.5mm,并在油封唇上涂 MP 润滑脂。

图 4-58　锁止主动锥齿轮轴螺母

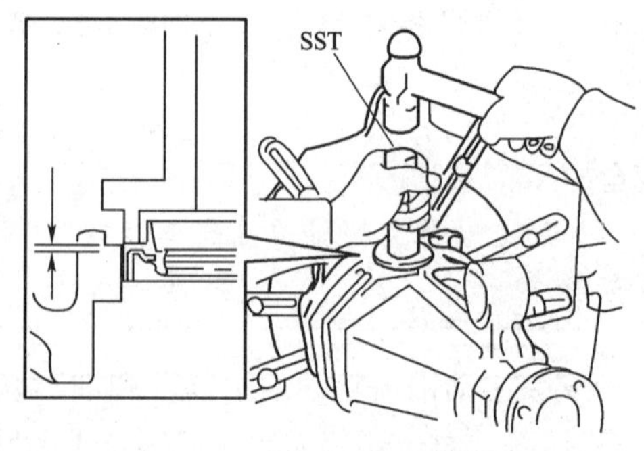

图 4-59　安装半轴齿轮轴油封

（12）安装主减速器差速器盖和通气塞。在安装主减速器差速器盖时，在主减速器差速器壳体一周滴直径2～3mm的FIPG（密封胶），如图4-60所示。每次滴FIPG首尾处重叠滴至少10mm。涂FIPG后，在3min内安装差速器座架盖。

> **提示：**
>
> 安装主减速器差速器盖后，不要立即加齿轮油或行驶车辆，要使车辆留在原地至少1h，同时在12h内，避免急加速或急减速。

11）吊装主减速器差速器总成

按与拆卸相反的顺序，将主减速器差速器总成与后悬架横梁组装后进行吊装。按与拆卸相反的顺序安装后驱动轴总成（图4-61）。在安装过程中应注意以下事项。

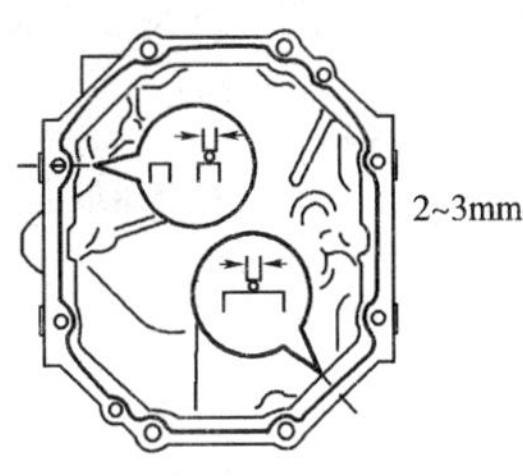

图4-60　涂FIPG

（1）安装前用齿轮油涂抹内万向节的花键。应确保内万向节轴安装到位，安装时防止损坏防尘套和油封，并注意使孔卡环的开口方向向下放置。

（2）在安装制动器卡钳时，不要扭曲后制动器软管。确保螺纹上没有异物且螺纹未被损坏。因为轮毂支架是铝制的，所以不要过分拧紧螺栓，否则会损坏支架。

（3）安装速度传感器时，注意保持速度传感器清洁，防止损坏传感器。不要扭曲传感器配线。安装完毕后，应检查ABS速度传感器信号是否正常。

（4）后桥半轴螺母必须换新，用凿子和锤子固定半轴螺母，如图4-62所示。

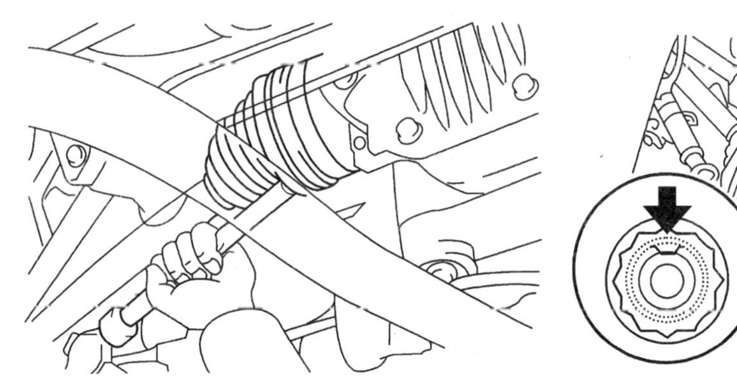

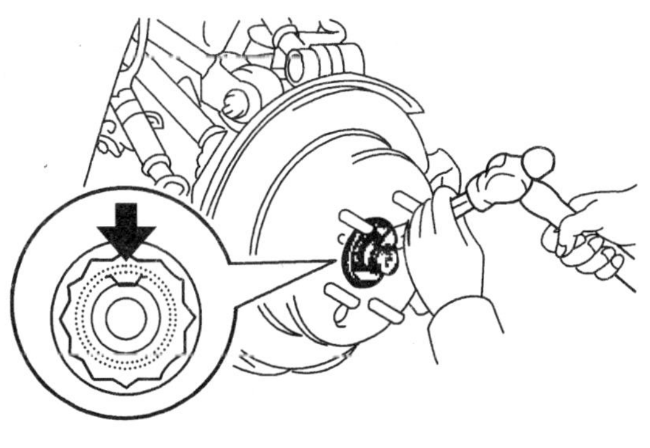

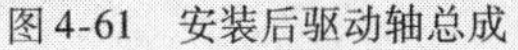

图4-61　安装后驱动轴总成

图4-62　安装后桥半轴螺母

（5）安装完毕后，应检查并调整后轮定位。

6　记录与分析

故障作业记录单见表4-5。

诊断与排除驱动桥异响故障作业记录单　表4-5

姓名		班级		学号		组别	
车型		编号		作业单号		作业日期	
步骤	作业项目	作业记录					
1	主减速器及差速器齿轮油的检查与添加						
2	驱动轴(半轴)拆检						
3	主减速器差速器总成拆卸						
4	主减速器差速器的不解体检测						
5	主减速器的解体						
6	检查差速器壳总成的端面圆跳动						
7	差速器的分解与零件检查						
8	差速器的组装						
9	主减速器的装配与调整						
10	吊装主减速器差速器总成						
竣工检验意见							

三、学 习 评 价

1 理论考核

1)分析题

(1)试比较丰田皇冠汽车与东风EQ1041汽车驱动桥的结构差异。

(2)分析说明驱动桥缺油会导致哪些故障。

(3)驱动桥在拆卸过程中需要做记号的位置有哪些?

(4)主减速器装配中,如何调整轴承预紧度、啮合印痕、啮合间隙?为什么?

(5)说明驱动桥过热的现象、原因及排除方法。

(6)列表分析汽车底盘行驶异响的特点并指出判断方法。

2)判断题

(1)主减速器的功能是升速降矩。　(　　)

(2)行星锥齿轮差速器具有转矩等量分配的特性。（　　）

(3)有时主减速器啮合间隙与啮合印痕可能发生矛盾,此时应以啮合间隙为主,啮合印痕的要求可略微放松。（　　）

(4)防滑差速器就是一种自动控制汽车驱动轮打滑的差速器,属于主动安全装置。（　　）

3)选择题

(1)一辆行驶中的丰田卡罗拉汽车行,一侧车轮陷入泥泞中打滑,在好路面上的另一侧车轮将(　　)。

A. 以比原来转速大一倍的速度转动　　B. 反向转动

C. 停止转动　　D. 正常转动

(2)驱动桥壳的类型有(　　)。

A. 半浮式　　B. 整体式　　C. 分段式　　D. 全浮式

(3)汽车直线行驶时无异响,当汽车转弯时驱动桥处有异响,说明(　　)。

A. 主从动锥齿轮啮合不良　　B. 差速器行星齿轮半轴齿轮不匹配,啮合不良

C. 制动鼓内有异物　　D. 齿轮油加注过多

(4)汽车转弯行驶时,差速器中的行星齿轮(　　)。

A. 只有自转,没有公转　　B. 只有公转,没有自转

C. 既有公转,又有自转　　D. 无公转,无自转

(5)托森差速器采用(　　)。

A. 轴线垂直相交的锥齿轮传动副

B. 轴线平行的圆柱斜齿轮传动副

C. 轴线平行的螺旋圆柱齿轮传动副

2 技能考核

主减速器的拆卸、装配与调整项目评分表见表 4-6。

主减速器的拆卸、装配与调整项目评分表　　表 4-6

<table>
<tr><td rowspan="2">基本信息</td><td>姓名</td><td></td><td>学号</td><td></td><td>班级</td><td></td><td>组别</td><td></td></tr>
<tr><td>规定时间</td><td></td><td>完成时间</td><td></td><td>考核日期</td><td></td><td>总评成绩</td><td></td></tr>
<tr><td rowspan="5">任务工单</td><td rowspan="2">序号</td><td colspan="3" rowspan="2">步　骤</td><td colspan="2">完成情况</td><td rowspan="2">标准分</td><td rowspan="2">评分</td></tr>
<tr><td>完成</td><td>未完成</td></tr>
<tr><td>1</td><td colspan="3">考核准备:
机件:
工具、量具:</td><td></td><td></td><td>5</td><td></td></tr>
<tr><td>2</td><td colspan="3">工量具的正确使用</td><td></td><td></td><td>5</td><td></td></tr>
<tr><td>3</td><td colspan="3">主减速器差速器的不解体检测</td><td></td><td></td><td>10</td><td></td></tr>
</table>

续上表

	序号	步　骤	完成情况		标准分	评分
			完成	未完成		
任务工单	4	主减速器的解体			10	
	5	差速器的分解与零件检查			10	
	6	差速器的组装			5	
	7	主减速器的装配与调整			15	
安全生产					10	
5S					10	
沟通表达					5	
工单填写					5	
工艺编制					10	

四、拓 展 学 习

1 丰田兰德酷路泽普拉多 FJ120 型全时四驱系统结构简介

四轮驱动汽车在车辆前后部都安装了驱动桥,前驱动桥同时还要实现转向功能。目前,四轮驱动方式可分为分时四驱和全时四驱两类。分时四驱是四轮驱动系统中最基本的驱动方式,通过分动器将变速器输出的动力分配到前后驱动桥,行车时靠手动操纵分动器来实现两驱和四驱的转换。全时四驱是使汽车四个车轮一直保持有驱动力的四驱系统,该系统加装了轴间差速器(中央差速器),这就避免了分时四驱系统在良好路面上不能用四驱的固有问题,中央差速器可以吸收前、后轮的转速差,允许前、后轮的转速不同,使汽车转向更平稳。

全时四驱系统按照前、后轮转矩分配方式不同,分为固定转矩分配方式和变动转矩分配方式两大类。变动转矩分配方式能根据汽车行驶状况和路面情况,把驱动转矩合理地分配给前、后轮,能充分发挥各个轮胎的驱动力,并提高了汽车操作的稳定性。变动转矩的分配控制方式有两种,一种是根据前后轮的转速差分配转矩,称为被动转矩分配方式;一种是利用电子控制分配转矩,称为主动转矩分配方式。主动转矩分配方式的特点是利用电脑和各种传感器不断地判断轮胎对地面的动态附着力和驾驶人的驾驶意图,积极地控制汽车差速器的差动状态。根据传感器输入的电信号,电控单元确定如何控制分动器的工作。

丰田兰德酷路泽普拉多 FJ120 型 SUV,采用了型号为 VF4BM 的电控中央差速器,其四驱系统的结构如图 4-63 所示。

该四驱系统以发动机前置后轮驱动传动系为基础,前传动轴从变速器后端的中央差速器上延伸到前驱动桥。为把动力传递到前部,使用了多盘式离合器与行星齿轮组合的形式。VF4BM 电控中央差速器内部元件如图 4-64 所示。

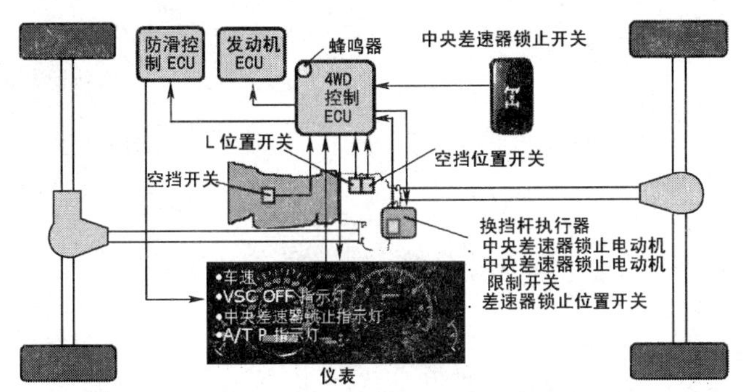

图4-63 丰田兰德酷路泽普拉多FJ120型SUV电控全时四驱系统

该系统通过传感器监视前后驱动桥的速度、发动机转速以及发动机和动力系统上的负荷。当前、后驱动桥之间产生转速差的时候,电子控制装置接受来自传感器的信号,并根据此转速差,控制多盘离合器的接合力,从而控制前后轮的转矩分配。由于其具备防滑控制功能,为了确保其行驶稳定性,安装在中央差速器上的转矩传感器根据车轮转速自动以3种模式调节转矩分配,分配模式见表4-7。

不同车轮转速模式下的转矩分配 表4-7

在加速时前、后车轮转速对比	转矩分配比例	
	前	后
前轮=后轮	40%	60%
前轮>后轮	29%	71%
前轮<后轮	53%	47%

2 丰田兰德酷路泽普拉多FJ120型全时四驱系统使用与维护

1)四驱控制杆位置介绍

(1)“H”(高速位置):控制杆处在“H”位置,用于在干燥而结实的路面上正常驾驶,该位置可以节省燃油,驾驶噪声最小,磨损最少。

(2)“HL”(高速位置,中央差速器锁定):控制杆在“HL”位置,用于车辆在潮湿、结冰或积雪的路面上正常驾驶。

(3)“N”(空挡位置):控制杆在“N”位置,此时没有动力输送至车轮,车辆停止运行。

(4)“LL”(低速位置,中央差速器锁定):控制杆在“LL”位置,此时具有最大的动力和牵引力,在进行爬坡或下坡行驶、越野行驶、在沙土里或者泥泞地面和深雪地面牵引重物时,必须使用“LL”挡位。

在选用“LL”或者“HL”状态时,中央差速器锁定指示灯点亮。

2)换挡操作

(1)“H”和“HL”之间的换挡。需要从“H”换挡至“HL”或者从“HL”换挡至“H”时,可以在任何车速的状态下移动四驱控制杆。如果车轮在打滑,则不能移动四驱控制杆。换挡之前,必须使车轮停止打滑或自转。将挡位转换至“HL”,如果指示灯不亮,则进行直线加速或者减速行驶。

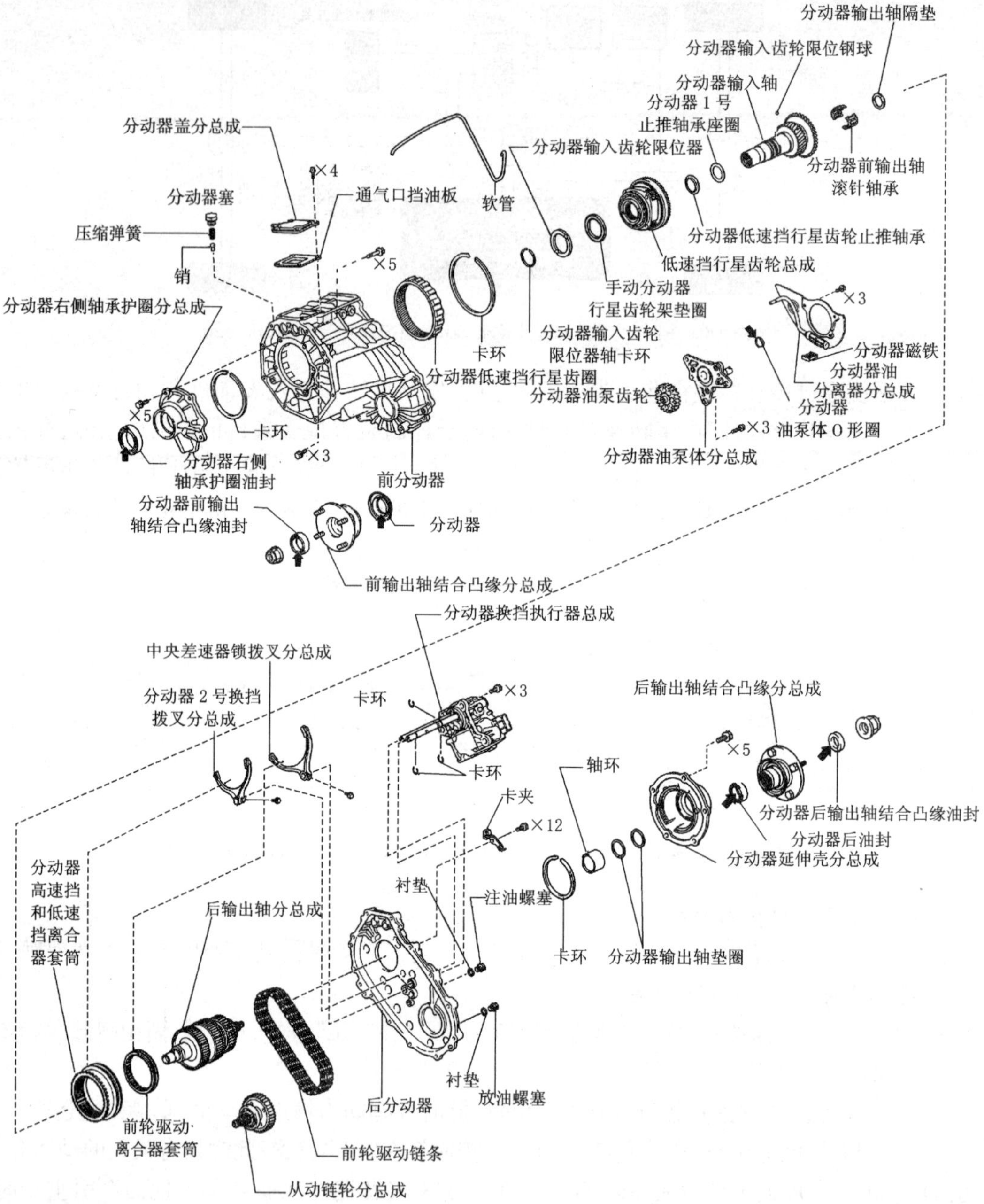

图 4-64 VF4BM 电控中央差速器内部元件

(2)“HL”和“LL”之间换挡。需要进行“HL”和“LL”之间换挡操作时,必须停止车辆,将变速器设定在“N”位置,在确保将制动踏板踩下的状态下,移动四驱控制杆。

3)中央差速器齿轮油的检查与更换

中央差速器的齿轮油检查的主要包括液面高度检查和齿轮油的油质检查。先举升车辆,拆下齿轮油加注塞及其垫片,加注塞的位置如图 4-65 所示。用食指从加注口伸入,检查液面的高度应符合要求，如图4-66所示。检查油质时，用食指蘸上齿轮油，然后把齿轮油滴在干净无味的滤纸上面，先闻一下油液的气味，辨别是否有焦臭味。如果有焦臭味，则需要更换；如果没有焦臭味，那么再仔细观察滤纸上面油液的颜色以及是否含有金属碎屑，如果颜色发黑或有金属碎屑，则需要进行更换。

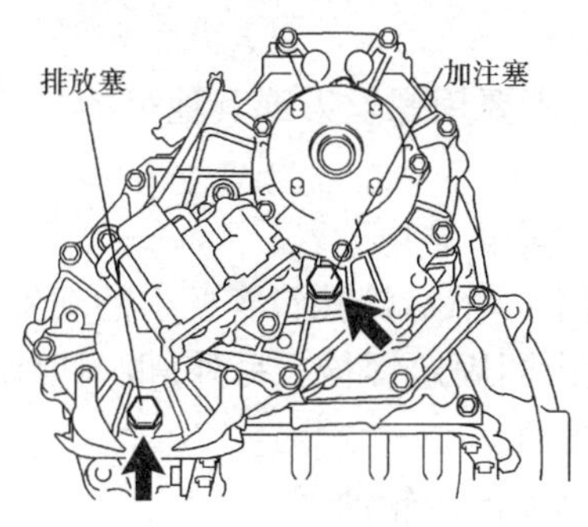

图4-65　中央差速器加注塞和排放塞的位置

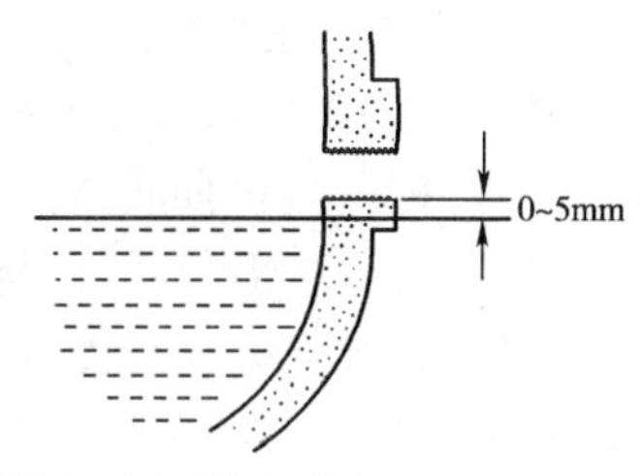

图4-66　中央差速器内液面高度的检查

在检查的过程中，如果发现液面偏低，则需要检查是否存在漏油。若漏油，应解决漏油问题后重新加注齿轮油至规定的液面高度。

安全提示：

1. 在加注油液时，当初次加注到符合液面高度时，需要等待约5min，然后再次检查液面高度，并确认液面没有变化。

2. 中央差速器的排放塞和加注塞的密封垫片都是一次性的，在安装的时候，需要更换新的密封垫，以防止漏油的情况出现。

3　丰田兰德酷路泽普拉多FJ120型全时四驱系统常见故障诊断

四轮驱动系统常见的故障与其他传动系统类似，主要表现为出现噪声、振动和传递动力失效等故障。在确认故障点时，要特别注意区分故障源——故障点可能是在变速器，也可能是在中央差速器上。在区分故障点的时候，可以让中央差速器以不同挡位的模式运作，同时也使变速器以不同的挡位运行。通过这种不同挡位的运行，便可以对故障是在变速器还是中央差速器进行确认。

造成驱动系统振动和噪声的主要原因是万向节所产生的振动和噪声，由于四轮驱动中使用的万向节数量比较多，比两驱汽车约多一倍，当这些万向节因磨损而松旷时，更容易使汽车在行驶中出现振动和噪声。

此外，驱动系统内部零部件之间的磨损变大，也会导致汽车产生噪声。这种噪声的特点是当驾驶人急加速或者急减速的时候，驱动系统内部会产生很大的响声，而在松开加速踏板怠速滑行时，有时也会产生连续的异响，这是由于发动机输出转矩变动而引起的敲击声，一般称为浮动噪声。噪声主要是由内部的行星齿轮、多片离合器以及传动链条和链轮产生的。诊断时，需要根据噪声的特点、出现的部位、中央差速器的挡位等来判断故障点。

4 拆装与调整

1)拆装注意事项

(1)拆解中央差速器总成前,将其彻底清洁以清除所有异物,以免在拆解和重新装配期间污染。

(2)拆下中央差速器罩或其他轻合金零件时,不要用螺丝刀或其他可能导致零件损坏的工具将其撬出,应该使用橡胶锤轻轻敲击零件。

(3)务必将拆下的零件按拆下时的顺序摆放并防止异物进入。

(4)安装各零件前,应该彻底清洁和干燥各零件。然后涂抹符合要求的新鲜的齿轮油。不要用碱性化学物品清洁铝制零件、橡胶零件或齿圈固定螺栓。另外,也不要使用非残留性溶剂或其他清洗油来清洁 O 形圈、油封或橡胶零件。

(5)在滑动面或旋转零件上涂抹符合要求的新鲜的齿轮油。

(6)不要直接用台钳固定零件,也不要将铝板放在零件和台钳之间。

(7)当发现损坏或变形的卡环时,一定要用新的零件进行更换。

(8)在拆装的过程中,不要划伤壳配合表面,划痕可能会引起漏油。

(9)用刀片和衬垫刮刀从密封表面上剔除旧 FIPG,并且清洁所有零件以完全清除残留 FIPG。

(10)用溶剂清洁密封表面,使密封表面上没有残留 FIPG。

(11)在装配的时候,沿密封表面涂抹一条连续的直径约为 1.2mm 的 FIPG,务必在涂抹 FIPG 后 10min 内装配零件。否则,必须清除 FIPG 并重新涂抹。

(12)在涂抹 FIPG 并装配完成之后,至少等待 1h 才能加注中央差速器齿轮油。

(13)在装配的时候,应该仔细检查油封和衬片接触面是否有划痕,这些划痕可能引起漏油。如果有划痕应该立即更换。

(14)装配压力油封的时候,小心不要损坏油封的唇口和表面,否则可能会导致漏油。

2)中央差速器总成的拆卸

(1)把车辆升至高位,先拆掉排放塞,排放中央差速器油,然后拆下加注塞,接着拆卸中央差速器连接到前、后驱动桥的传动轴、拆卸中央差速器挡位控制杆。

(2)拆下中央差速器与变速器相连接的 8 个螺栓,螺栓位置如图 4-67 所示。

(3)分离卡夹并拆下软管,拆下轴承护圈和轴承护圈油封。

(4)敲开输出轴结合凸缘锁紧螺母的锁紧部件,并且用 SST 09330—00021 固定结合凸缘,然后拆下锁紧螺母,如图 4-68 所示;用 SST 09950—40011 拉出前、后输出轴结合凸缘盘,如图 4-69 所示。

(5)用螺丝刀和锤子从差速器前、后输出轴结合凸缘上敲出油封。注意:不要损坏油封与结合凸缘的接触面,以免造成漏油。

(6)拆卸中央差速器延伸壳和后差速器盖。如果不能轻易取下后盖,可以用塑料锤轻敲击延伸壳以便将其拆下。

(7)拆下差速器内部螺栓、2 号换挡拨叉和高速挡与低速挡离合器套筒,如图 4-70 所示。

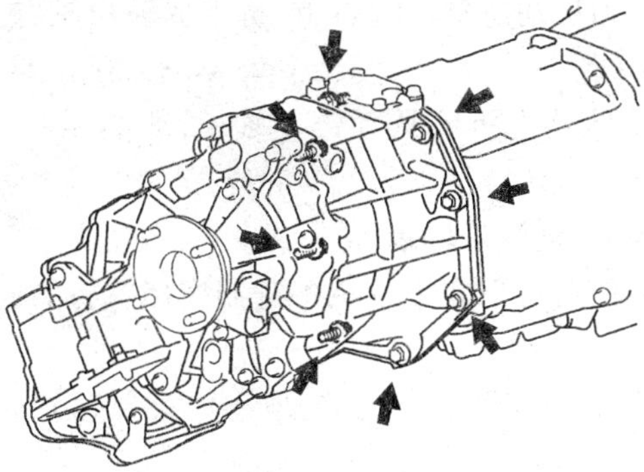

图 4-67　中央差速器与变速器的连接螺栓

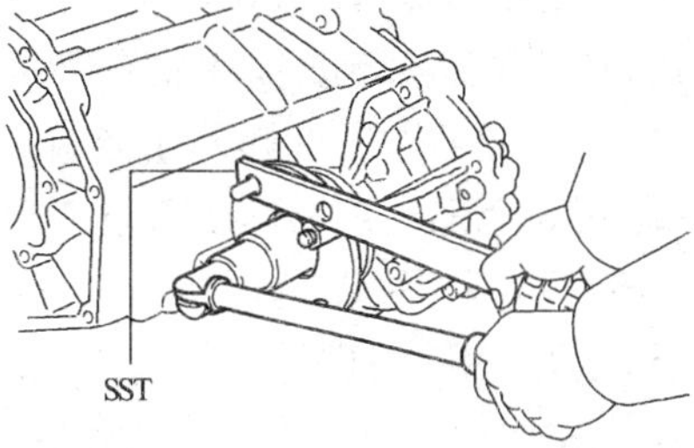

图 4-68　拆卸输出凸缘盘锁紧螺母

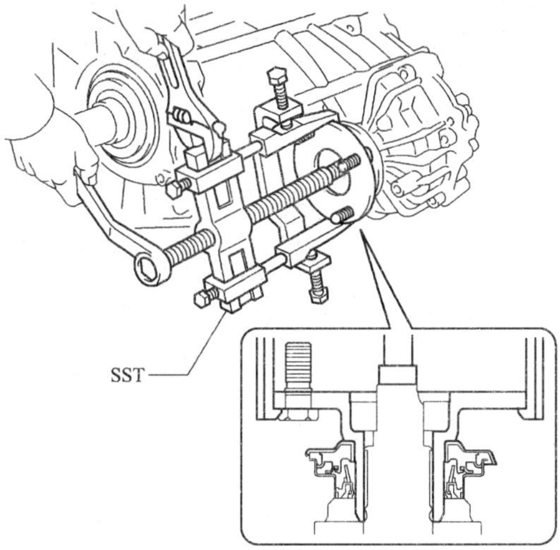

图 4-69　拉出输出轴结合凸缘盘

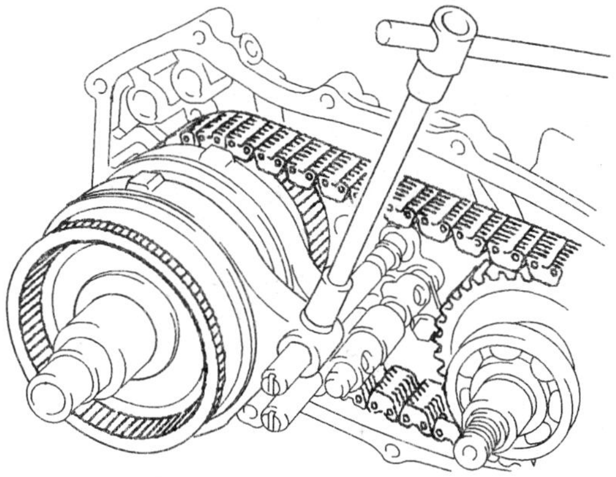

图 4-70　拆卸 2 号换挡拨叉的离合器套筒

(8)用 2 个螺丝刀和锤子取下卡环，如图 4-71 所示；然后拆下中央差速器锁拨叉和前轮驱动离合器套筒，如图 4-72 所示。

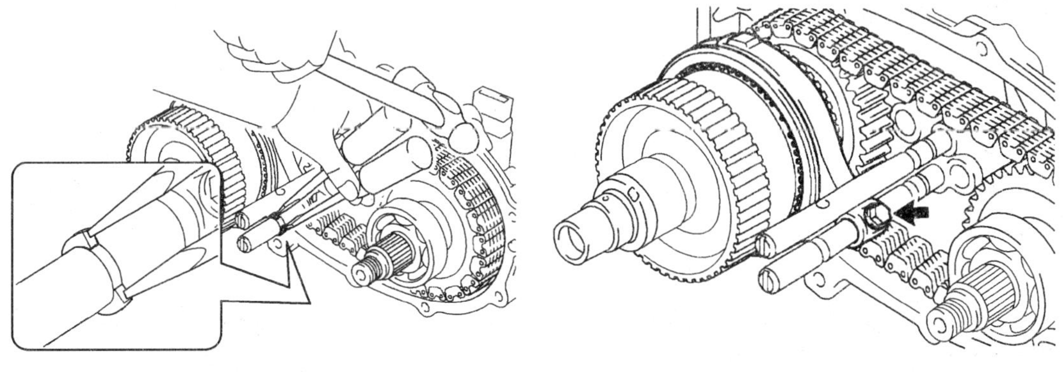

图 4-71　拆卸拨叉卡环

图 4-72　拆下前轮驱动离合器拨叉套筒螺栓

(9)拆卸后输出轴分总成、前轮驱动链条和从动链条分总成。将后差速器固定在台钳上，注意：不要接触壳体配合表面，以免造成漏油；用卡环扩张器拆下卡环；用塑料锤小心轻敲后差速器,并将后输出轴连同前轮驱动链条和从动链条一起拆下;拆下后输出轴、前轮驱动链条和从动链轮。

(10)用SST 09555—55010和压力机从差速器上拆下从动链轮轴承,如图4-73所示。在拆卸的时候要注意不要损坏从动链轮并防止掉落链轮。

(11)用同样的方法拆卸差速器输入齿轮的径向滚珠轴承。

(12)用2个螺丝刀和锤子敲下2个卡环,然后拆下3个中央差速器换挡执行器固定螺栓,最后方可拆下中央差速器换挡执行器。

(13)松开固定差速器油分离器的螺栓,拆下差速器油分离器,取出中央差速器底部的磁铁。

(14)拆卸差速器油泵固定的3个螺栓,取下油泵体,用螺丝刀拆下油泵体O形圈,注意:不要损坏油泵体。

(15)用卡环扩张器拆下输入轴前端卡环,如图4-74所示,将低速挡行星齿轮连同输入轴一起拆下来。然后拆下中央差速器输出轴隔垫,并拆下滚针轴承。

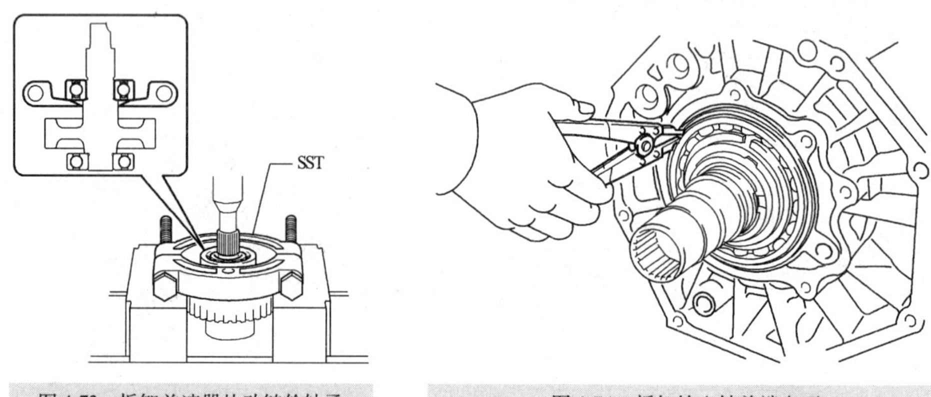

图4-73　拆卸差速器从动链轮轴承

图4-74　拆卸输入轴前端卡环

(16)用卡环扩张器拆下中央差速器输入齿轮限位器轴卡环,接着拆下输入齿轮限位器、钢球和垫圈,拆下中央差速器输入轴。

(17)拆下中央差速器1号止推轴承座圈,接着拆下轴承,然后拆下中央差速器输入轴的2个1号密封环,如图4-75所示。

(18)用卡环扩张器拆下输入轴轴承卡环,然后用专用工具SST 09555—55010、SST 09950—70010、SST 09950—60020和压力机拆下输入轴轴承,如图4-76所示。注意:不要掉落或损坏低速挡行星齿轮。

(19)拆下中央差速器输出轴1号隔垫,然后拆下中央差速器驱动链轮和驱动链轮轴承,接着拆下输出轴平垫圈。

(20)拆下中央差速器螺塞和压缩弹簧,然后拆下销子。

(21)用螺丝刀拆下中央差速器低速挡行星齿圈卡环,然后从中央差速器前端拆下低速挡行星齿圈。

3)相关部件的检查

(1)中央差速器输入轴的检查。用千分尺测量中央差速器输入轴轴颈表面的外径,如图4-77所示。如果外径小于最小值47.59mm,则更换输入轴。

(2)检查行星小齿轮轴向间隙。用塞尺测量行星小齿轮的轴向间隙,如图4-78所示。如果间隙大于最大值,则更换行星齿轮。标准间隙是0.11～0.84mm;最大间隙是0.84mm。

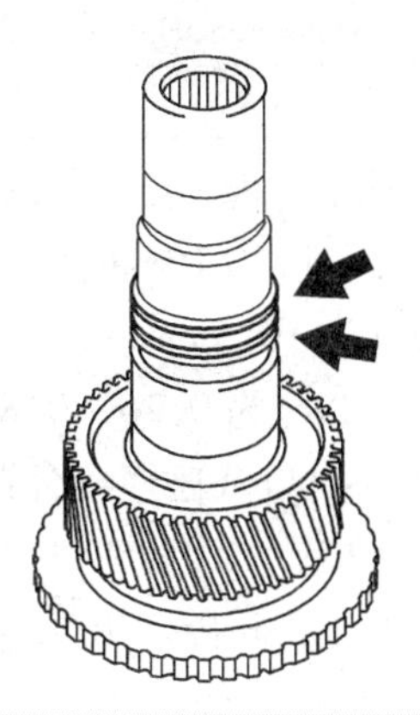

图4-75　拆卸输入轴的2个1号密封环

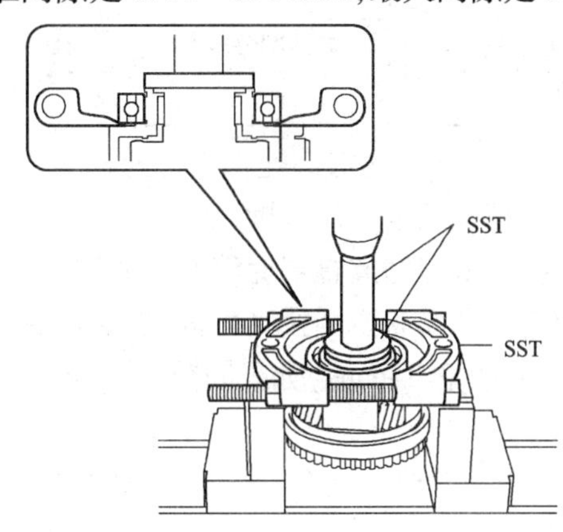

图4-76　拆下输入轴轴承

(3)检查行星小齿轮径向间隙。用百分表测量行星小齿轮的径向间隙,如图4-79所示。如果间隙大于最大值,则更换行星齿轮。标准间隙是0.009～0.038mm;最大间隙是0.038mm。

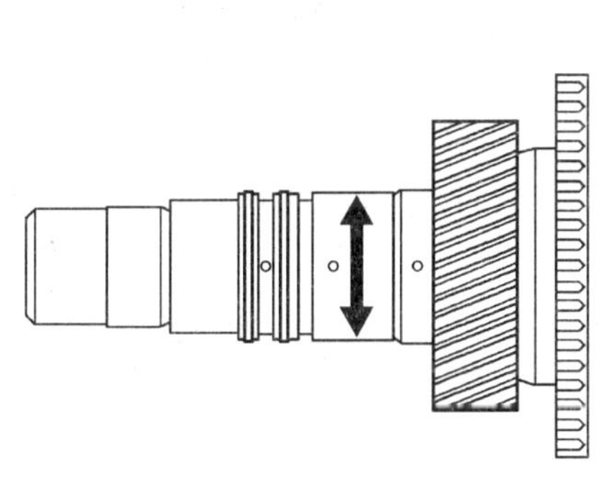
图4-77　测量输入轴轴颈外径

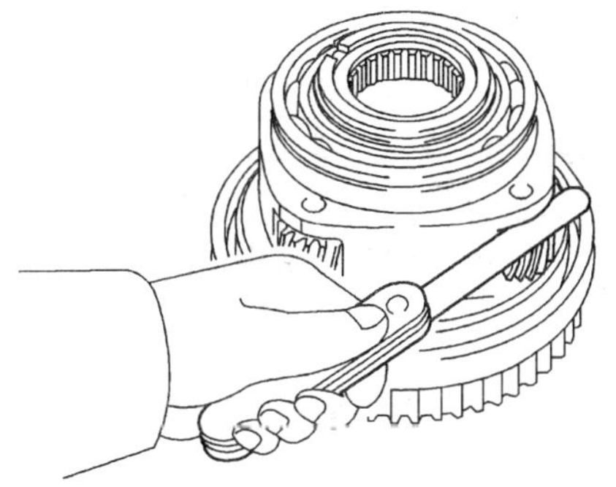
图4-78　检查行星小齿轮的轴向间隙

(4)检查中央差速器后输出轴。用千分尺测量后输出轴轴颈表面的外径,具体的测量位置如图4-80所示。如果外径小于最小值,则更换后输出轴。输出轴上各位置的标准值与极限值见表4-8。

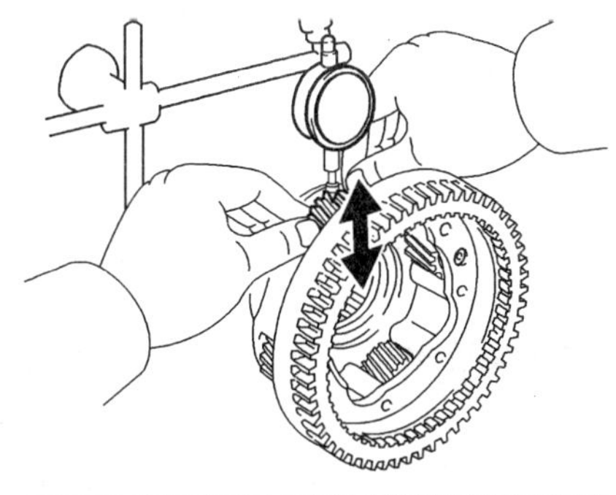
图4-79　检查行星小齿轮的径向间隙

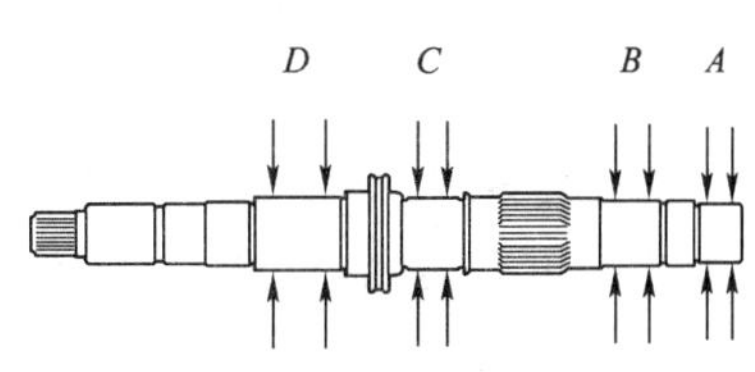

图4-80　测量输出轴轴颈外径

输出轴上各位置的标准值与极限值　　表 4-8

类　别	轴颈 A	轴颈 B	轴颈 C	轴颈 D
标准直径(mm)	27.98 ~ 27.99	31.98 ~ 32.00	34.98 ~ 35.00	36.98 ~ 37.00
最小直径(mm)	27.98	31.98	34.98	36.98

(5)检查中央差速器高速挡与低速挡离合器套筒和分动器 2 号换挡拨叉间隙。用游标卡尺测量换挡拨叉卡爪的厚度,如图 4-81 所示,其标准厚度(A)为 10mm;然后用游标卡尺测量高速挡与低速挡离合器套筒凹槽的宽度,标准厚度(B)为 10.5mm;最后计算高速挡与低速挡离合器套筒和换挡拨叉之间的间隙,标准间隙(B) - (A)为 0.26 ~ 0.84mm、最大间隙(B) - (A)为 0.84mm。如果间隙大于最大值,则更换高速挡与低速挡离合器套筒或换挡拨叉。

(6)检查前轮驱动离合器套筒和中央差速器锁拨叉分总成间隙。方法及标准同步骤(5)。

(7)检查中央差速器壳和分动器高速挡和低速挡离合器套筒。先仔细检查离合器套筒的花键是否磨损,然后将离合器套筒安装到中央差速器壳上,检查并确认离合器套筒平稳移动,检查方法如图 4-82 所示。

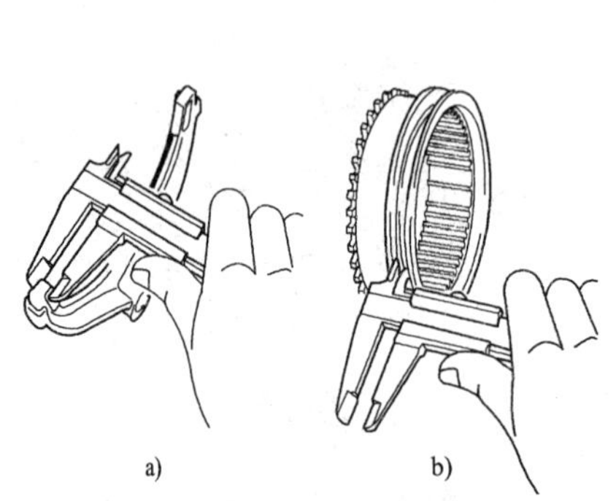

图 4-81　测量离合器套筒与 2 号换挡拨叉间隙

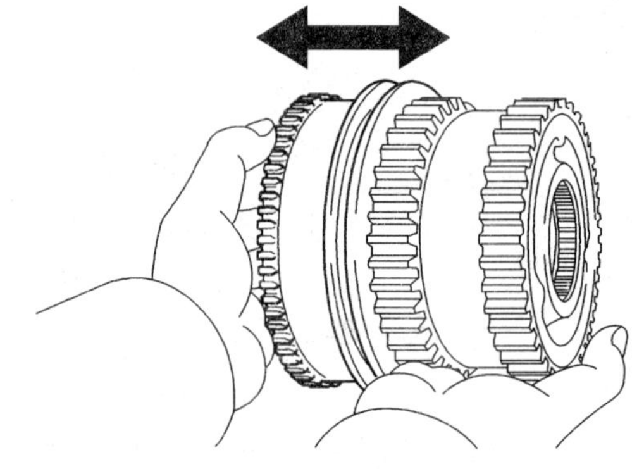

图 4-82　检查分动器高速挡和低速挡离合器套筒

(8)检查中央差速器壳和前轮驱动离合器套筒,方法及标准同步骤(7)。

4)中央差速器总成的重新装配

(1)将低速挡行星齿圈安装到中央差速器前端,安装到位以后,用螺丝刀安装卡环,如图 4-83 所示。

(2)安装中央差速器输出轴平垫,安装到位之后,接着安装中央差速器驱动链轮轴承、驱动链轮分总成和输出轴 1 号隔垫,如图 4-84 所示。

(3)用专用工具 SST 09316—60011 安装中央差速器后输出轴径向滚珠轴承,如图 4-85 所示。注意:安装轴承时,使轴承卡槽朝后。

(4)先安装中央差速器输出轴平垫圈,然后安装前输出轴滚针轴承,接着安装分动器离合器毂,如图 4-86 所示。

(5)先安装中央差速器壳,然后安装输出轴隔垫钢球、输出轴 2 号隔垫,接着用卡环扩张器安装好卡环,如图 4-87 所示。

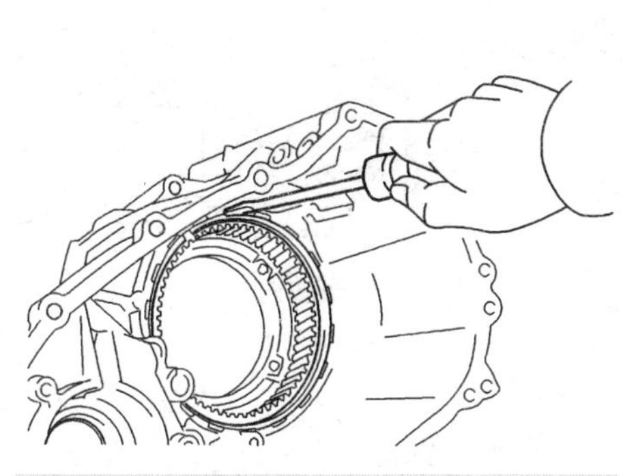
图 4-83　安装行星齿圈

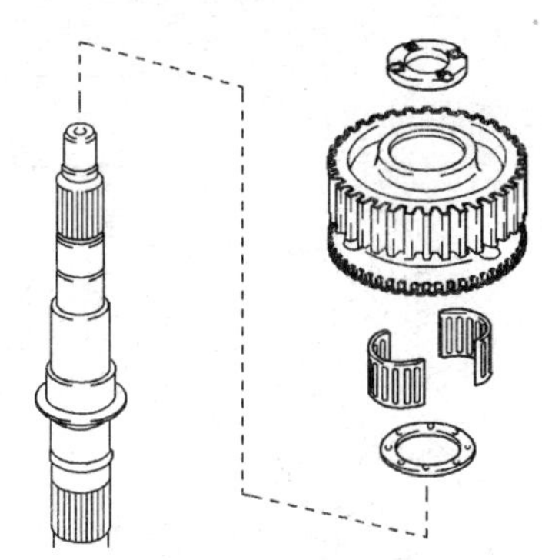
图 4-84　安装中央差速器驱动链轮分总成

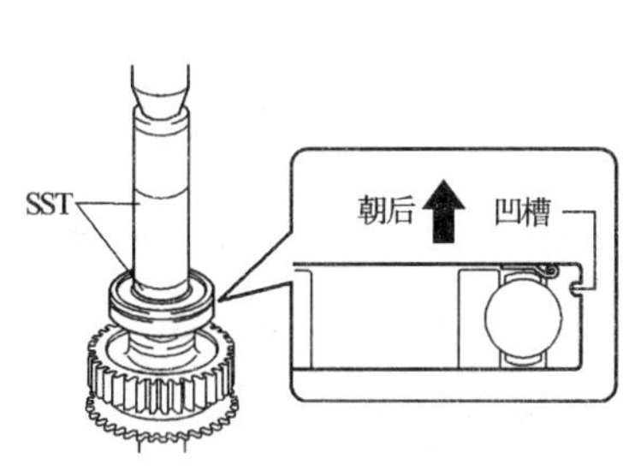

图 4-85　安装后输出轴径向滚珠轴承

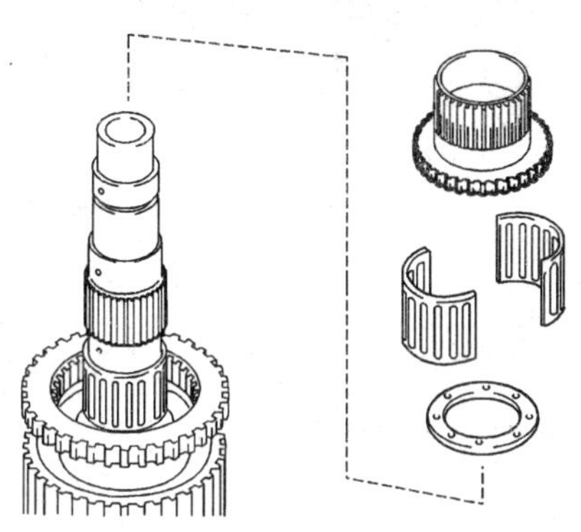
图 4-86　安装输出轴垫圈、滚针轴承及离合器毂

(6)把后输出轴固定在台钳上,注意不要伤到轴。用百分表测量驱动链轮的径向间隙,如图 4-88 所示。如果间隙大于最大值,则更换驱动链轮、后输出轴或轴承。标准间隙,0.01 ~0.06mm;最大间隙,0.06mm。

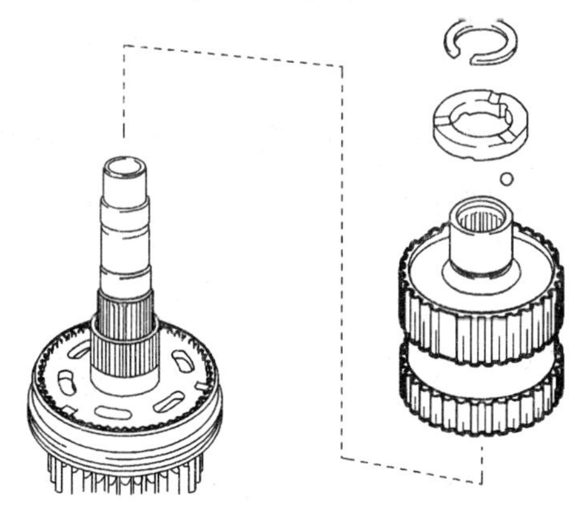
图 4-87　安装输出轴隔垫钢球、隔垫和卡环

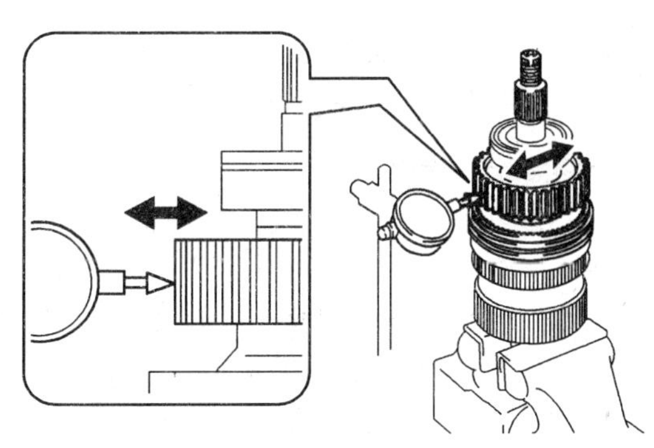
图 4-88　测量驱动链轮的径向间隙

(7)用塞尺测量驱动链轮的轴向间隙,如图 4-89 所示。如果间隙大于最大值,则更换驱动链轮。标准间隙是 0.15 ~0.24mm;最大间隙是 0.24mm。

(8)用专用工具 SST 09223—15020、SST 09515—30010、SST 09950—70010 和压力机给输入轴安装一个新轴承,使凹槽朝前,如图 4-90 所示。

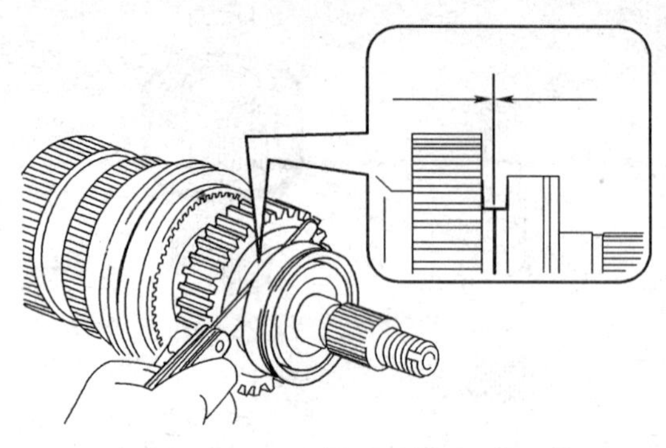
图 4-89　检查驱动链轮轴向间隙

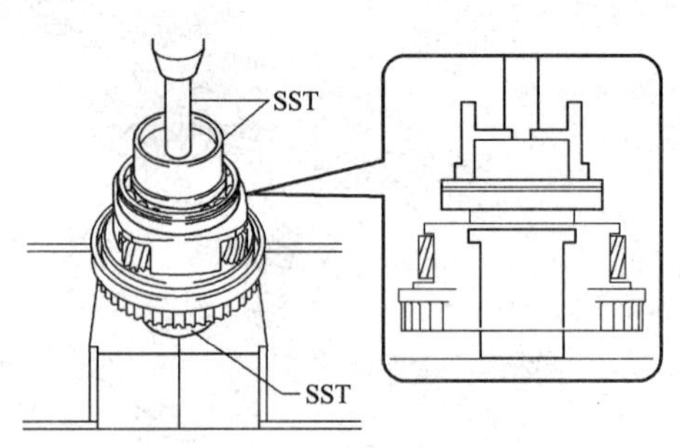

图 4-90　安装输入轴轴承

(9)如图 4-91 所示,选择一个可以使轴向间隙最小的新卡环,安装到分动器输入轴轴承上。标准卡环厚度规格见表 4-9。

标准卡环厚度规格　　表 4-9

标记	1	2	3	4	5
规定状态(mm)	1.45 ~ 1.50	1.50 ~ 1.55	1.55 ~ 1.60	1.60 ~ 1.65	1.65 ~ 1.70

(10)用螺丝刀安装低速挡行星齿轮花键件和卡环,如图 4-92 所示。注意:螺丝刀不要伤到零件配合表面。

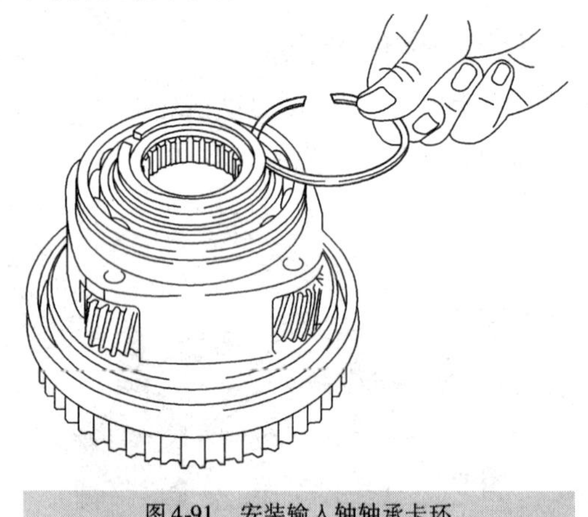
图 4-91　安装输入轴轴承卡环

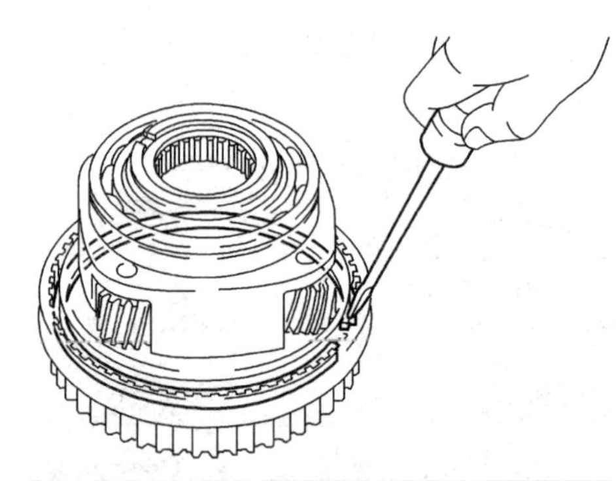
图 4-92　安装低速挡行星齿轮花键件

(11)用专用工具 SST 09950—60010、SST 09950—70010 和压力机压入新的低速挡行星齿轮轴承,如图 4-93 所示。压入的深度应为 7.7 ~ 8.3mm。

(12)在 2 个新的密封环上涂抹干净的齿轮油,并且将 2 个新的密封环安装到输入轴上,如图 4-94 所示。

提示:

安装密封环的时候,要确保不要将其内径扩张至超过 65mm。

(13)安装中央差速器低速挡行星齿轮的止推轴承,如图 4-95 所示,应特别注意止推轴承的安装方向。

(14)安装1号止推轴承座圈,接着安装中央差速器输入轴和行星齿轮架垫圈,安装完毕后,安装分动器输入齿轮限位钢球和输入齿轮限位器,如图4-96所示。

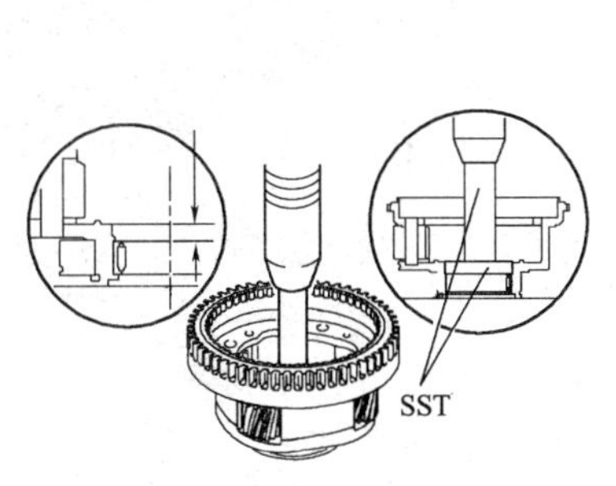

图4-93　安装低速挡行星齿轮轴承

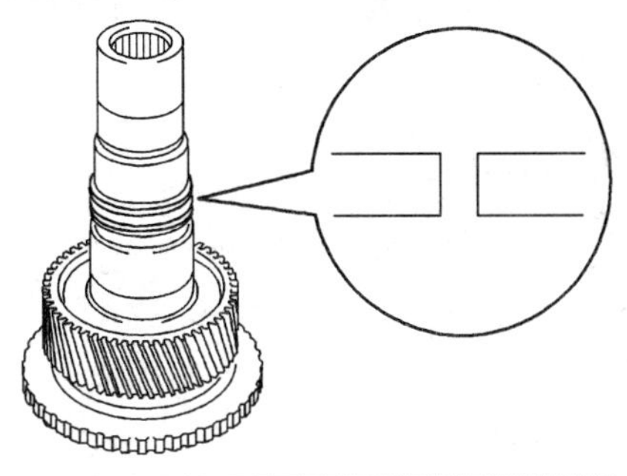

图4-94　安装输入轴1号密封环

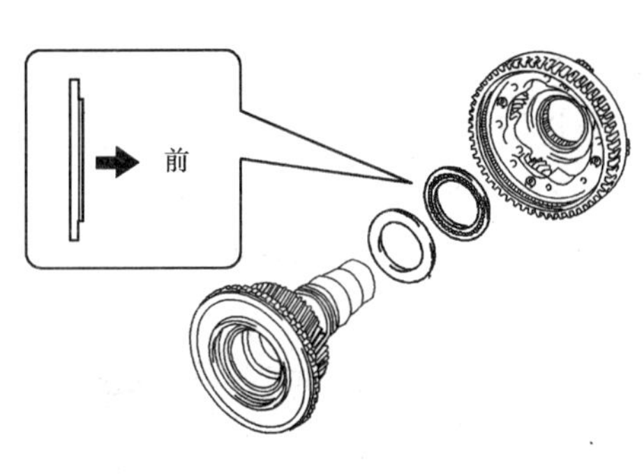

图4-95　安装低速挡行星齿轮止推轴承

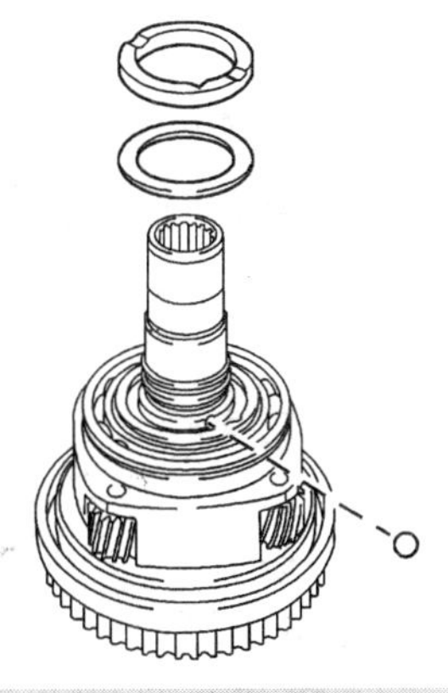

图4-96　安装行星齿轮架垫圈

(15)选择一个可以使分动器输入齿轮轴向间隙在0.05~0.15mm之间的新的输入齿轮限位器卡环,如图4-97所示,然后用卡环扩张器安装卡环。限位器卡环标准厚度规格见表4-10。

限位器卡环标准厚度规格　　表4-10

标记	规定状态(mm)	标记	规定状态(mm)	标记	规定状态(mm)
A	2.10~2.15	H	2.45~2.50	Q	2.80~2.85
B	2.15~2.20	J	2.50~2.55	R	2.85~2.90
C	2.20~2.25	K	2.55~2.60	S	2.90~2.95
D	2.25~2.30	L	2.60~2.65	T	2.95~3.00
E	2.30~2.35	M	2.65~2.70	U	3.00~3.05
F	2.35~2.40	N	2.70~2.75		
G	2.40~2.45	P	2.75~2.80		

(16)将低速挡行星齿轮总成连同输入轴分总成一起安装,如图4-98所示,然后用卡环扩张器安装轴卡环。

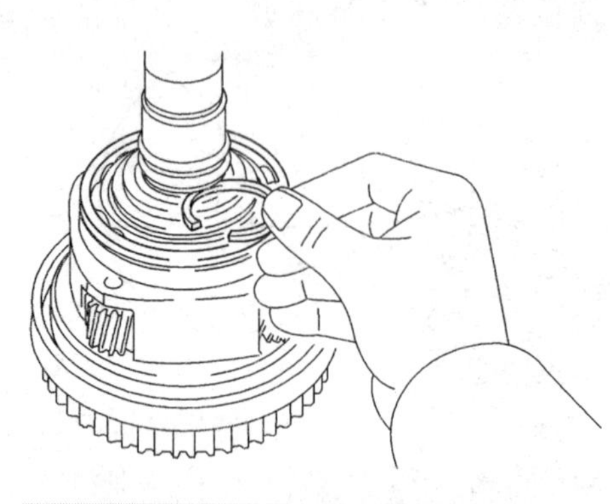
图4-97　安装分动器输入齿轮限位器轴卡环

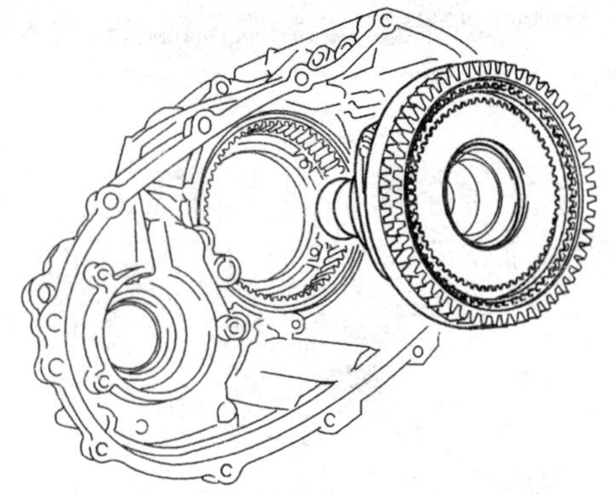
图4-98　安装低速挡行星齿轮总成和中央差速器输入轴分总成

(17)安装中央差速器油泵齿轮,如图4-99所示。

(18)在新的O形圈上涂抹齿轮油,并将其安装到中央差速器油泵体上,如图4-100所示。

图4-99　安装中央差速器油泵齿轮

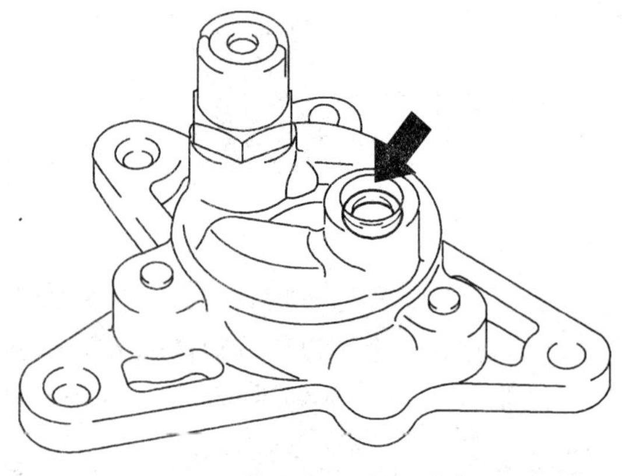
图4-100　安装中央差速器油泵体O形圈

(19)用3个螺栓将油泵体固定上,如图4-101所示,并将螺栓拧紧至规定力矩,然后安装中央差速器壳磁铁,拧紧力矩为7.5N·m。

(20)安装中央差速器油分离器,并将其3个固定螺栓拧至规定力矩7.5N·m,如图4-102所示。

(21)安装中央差速器换挡执行器,如图4-103所示,并将其3个固定螺栓拧紧至规定力矩20N·m。

(22)用SST 09316—60011和压力机安装新的输入齿轮径向滚珠轴承,如图4-104所示。

(23)用上一步同样的方法安装中央差速器从动链轮轴承。

(24)将后输出轴主动链轮安装到前轮驱动链条上,如图4-105所示。

(25)将后输出轴、前轮驱动链条和从动链轮安装到中央差速器壳体上,如图4-106所示。安装好之后转动一下后输出轴或者从动链轮,应该很轻松。确认没有问题之后,用卡环扩张器安装卡环,安装时必须确保卡环牢固地安装到凹槽内部。

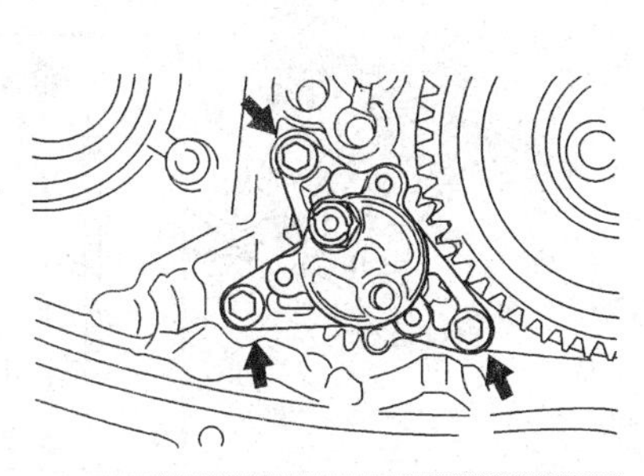

图4-101　安装中央差速器油泵体总成

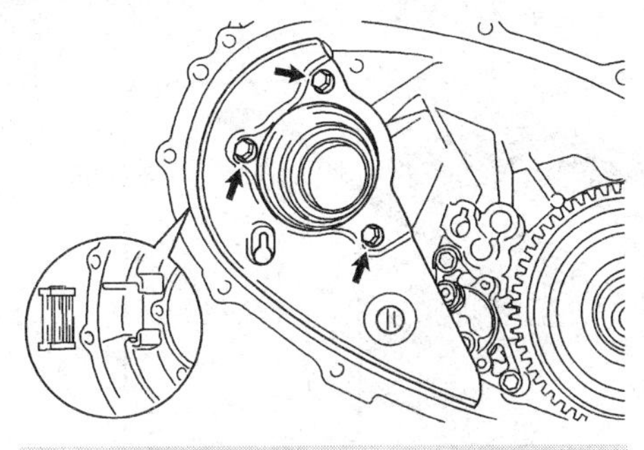

图4-102　安装中央差速器油分离器分总成

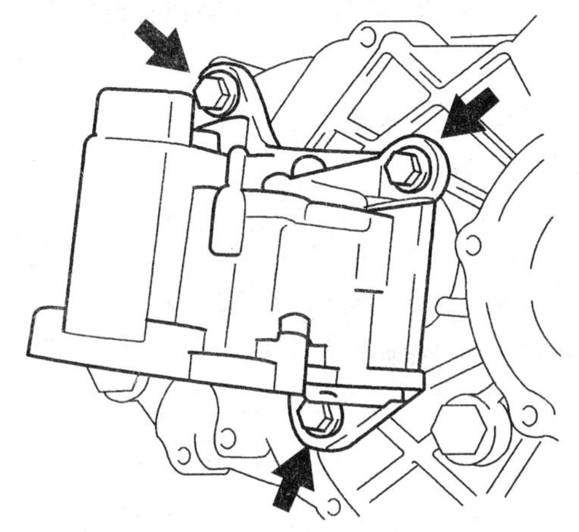

图4-103　安装中央差速器换挡执行器总成

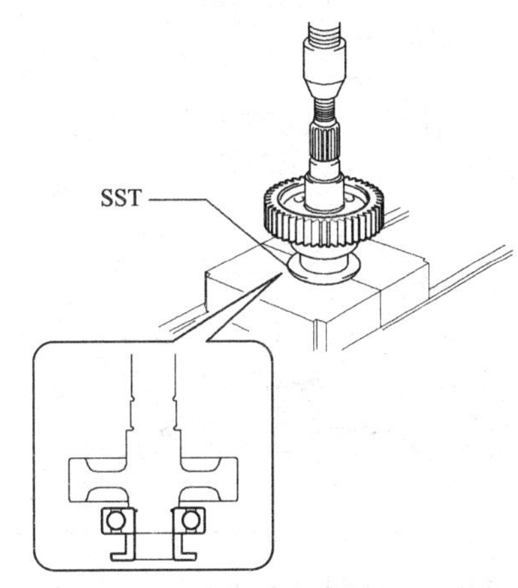

图4-104　安装中央差速器输入齿轮径向滚珠轴承

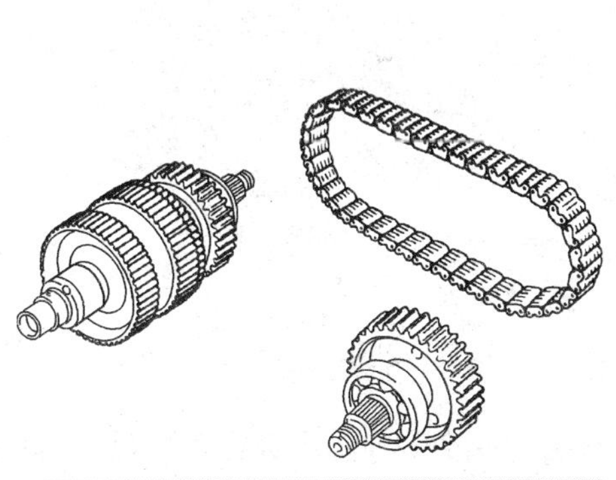

图4-105　安装驱动链条

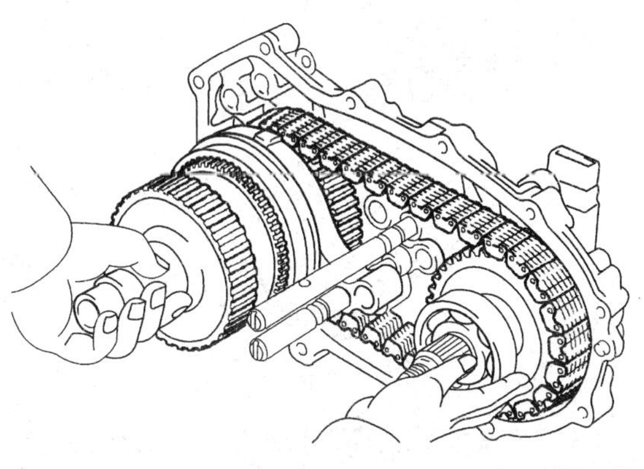

图4-106　安装后输出轴、前轮驱动链条和从动链轮

(26)安装中央差速器锁拨叉和前轮驱动离合器套筒,如图4-107所示,安装的时候应注

意离合器套筒的方向。安装好之后,按规定力矩 24N·m 拧紧螺栓,然后装入卡环。

(27)安装 2 号换挡拨叉、高速挡和低速挡离合器套筒,应按照正确的方向安装离合器套筒,如图 4-108 所示,安装完毕之后,用规定力矩 24N·m 拧紧螺栓。

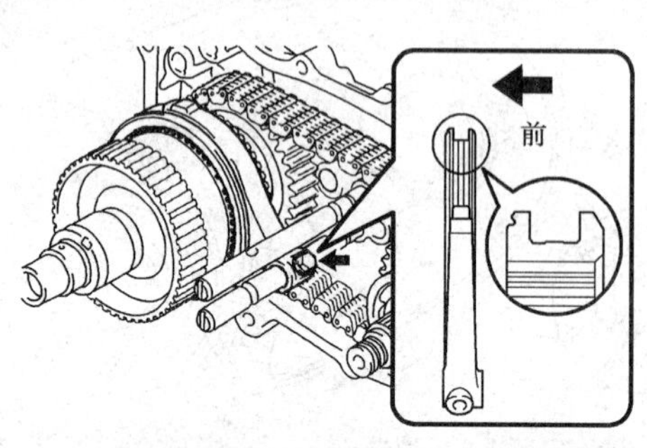

图 4-107 安装中央差速器锁拨叉和前轮驱动离合器套筒

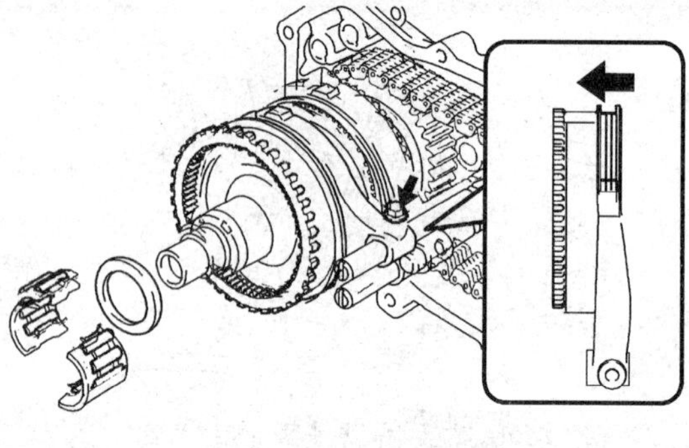

图 4-108 安装 2 号换挡拨叉、高速挡和低速挡离合器套筒

(28)将滚针轴承安装到输入轴,然后将分动器输出轴隔垫安装到输入轴。

(29)将密封胶涂抹到后分动器盖,如图 4-109 所示。

提示:

如果重新使用拆下的后分动器盖,则务必在重新安装前完成以下的操作。

1. 用刮刀去除分动器盖后接触面上的所有旧密封胶。
2. 从分动器盖后接触面上清除所有残留的旧密封胶。
3. 在后分动器盖重新涂抹密封胶。

(30)在涂抹密封胶 10min 内紧固后分动器的 12 个螺栓以及卡夹,如图 4-110 所示,并将螺栓拧紧至规定力矩 28N·m。

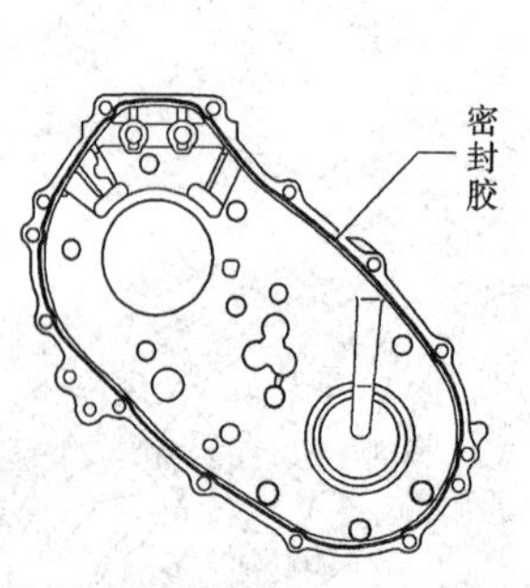

图 4-109 后分动器盖涂抹密封胶

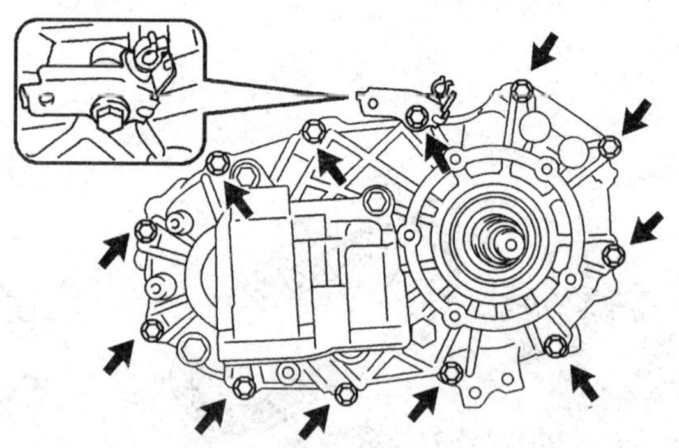

图 4-110 安装后分动器盖螺栓

(31)依次安装轴环、分动器输出轴垫圈、分动器延伸壳分总成、分动器后油封、后输出轴结合凸缘油封、后输出轴结合凸缘分总成、前输出轴结合凸缘油封、前输出轴结合凸缘分总成、分动器盖、右侧轴承护圈油封、右侧轴承护圈分总成,最后安装软管并将其固定在卡夹内。

提示：

1. 在安装分动器延伸壳、轴承护圈时，应该先涂抹密封胶，然后在其固定螺栓上涂抹螺纹密封胶，并分别在10min内固定好5个螺栓。

2. 在安装前、后输出轴结合凸缘分总成时，应在结合凸缘和输出轴的连接区域涂抹齿轮油，必须更换新的锁紧螺母，按规定力矩(118N·m)拧紧，并用冲子和锤子锁止锁紧螺母。

(32)用8个螺栓将中央差速器总成安装到车辆上，注意：不要损坏接合器后油封和分动器输入齿轮花键。

(33)安装放油塞，并拧至规定力矩，安装完毕之后，加注中央差速器油，并确认液面高度符合要求，然后拧紧加注螺栓，规定力矩为37N·m。

学习任务5　诊断与排除自动变速器故障

工作情境描述

情境1：某一汽大众服务站接收了一辆捷达轿车，该车装有大众01M型自动变速器，据车主描述，该车最近出现起步无力，上坡时加速不好的现象，特别是急加速时，现象尤为明显。

情境2：某维修企业接收一辆捷达都市先锋轿车，据车主反映，该车已行驶8万千米，最近一段时间倒挡起步缓慢，而且起步后行驶无力，现在倒挡已经无法行驶，而前进挡正常。

请通过检测诊断，分别判断自动变速器在上述两种情况下的故障点，制订修复方案并编制工艺流程，完成故障排除工作。

学习目标

通过本任务学习，应能：

1. 能叙述大众01M型自动变速器的结构特点；
2. 能描述自动变速器的故障诊断与检修的一般程序；
3. 能分析自动变速器常见故障的原因，能使用油压测试仪、故障诊断仪等对自动变速器的常见故障进行检测、诊断，确定故障部位；
4. 能查阅维修手册制订自动变速器的修复方案；
5. 能完成自动变速器拆解、检修与装配。

学习时间

34学时。

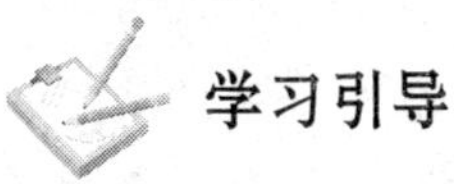

学习引导

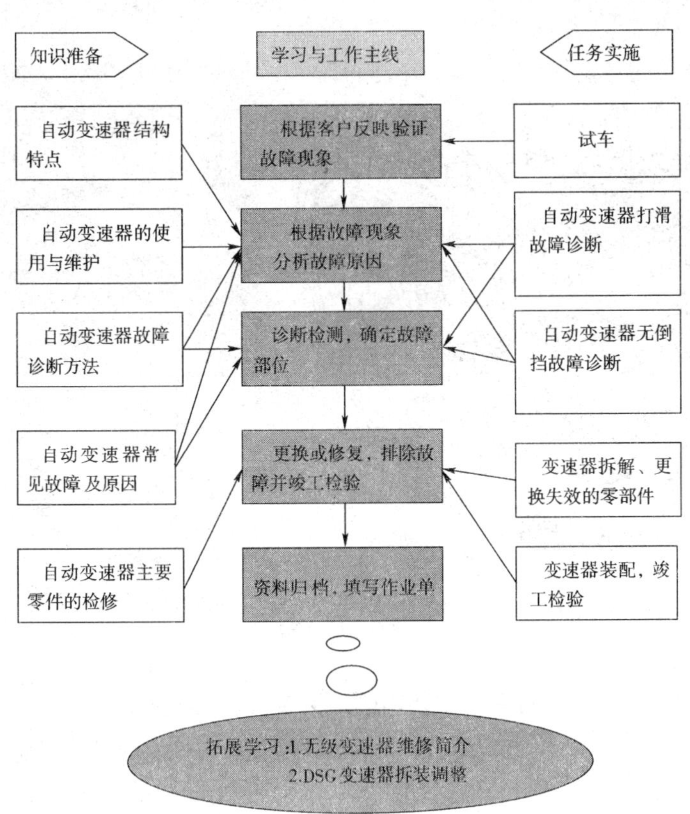

一、知 识 准 备

(一)大众01M型自动变速器的结构特点

大众公司生产的01M型自动变速器主要用于捷达和宝来轿车,其结构简图如图5-1所示。01M型自动变速器结构先进,性能优良,采用计算机“模糊逻辑”控制技术,在换挡时以车速和发动机负荷信号为主要参数,同时又参照行驶阻力、驾驶员的驾驶习惯等因素,对换挡过程进行自动控制,从而使车辆具有良好的动力性、经济性和驾驶操纵性。

1　01M型自动变速器的挡位

01M型自动变速器有4个前进挡和1个倒车挡,如图5-2所示。01M型自动变速器可供换挡手柄选择的位置有7个,分别是:P(停车挡)、R(倒车挡)、N(空挡)、D(行驶挡)、3(坡路挡)、2(长坡挡)和1(陡坡挡)。

2 01M 型自动变速器总成的主要部件及结构特点

大众 01M 型自动变速器总成由液力变矩器、齿轮变速系统、液压控制系统、电子控制系统组成。

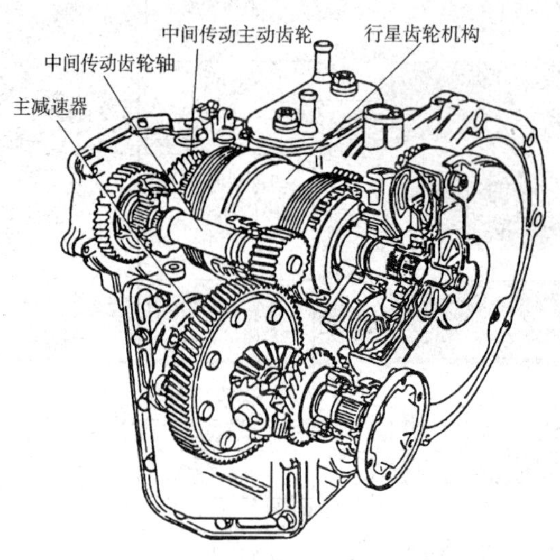

图 5-1 01M 型自动变速器结构简图

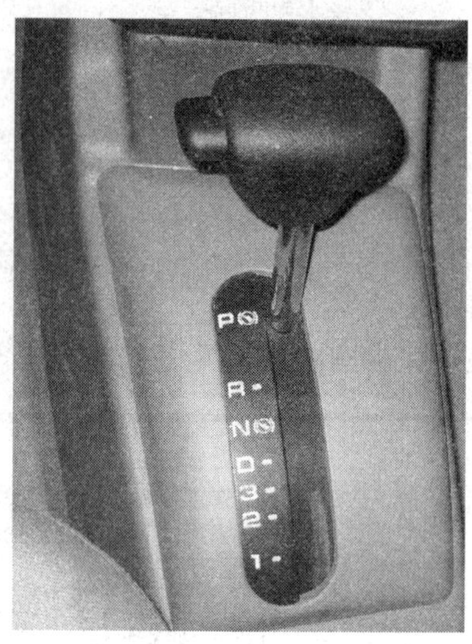

图 5-2 01M 型自动变速器挡位图

1）液力变矩器

如图 5-3 所示，01M 型自动变速器装用的液力变矩器形式与多数汽车一样，是带锁止离合器的三元件式（一个泵轮、一个涡轮、一个导轮）液力变矩器。锁止离合器的结构如图 5-4 所示。锁止离合器由锁止活塞、减振盘和涡轮传动板等零件组成。锁止活塞和减振盘用花键连接，可前后移动。减振盘和涡轮传动板通过减振弹簧连接，能衰减锁止离合器接合时的扭转振动。涡轮传动板用铆钉铆在涡轮前端，变矩器壳体内的前端面（或锁止活塞的前端面）黏有摩擦片。

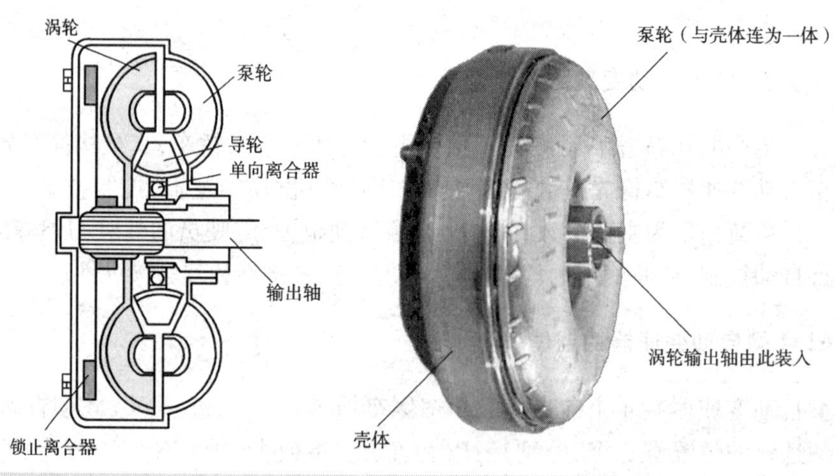

图 5-3 液力变矩器结构简图

锁止离合器的接合与分离是由电控单元通过锁止电磁阀进行控制的。

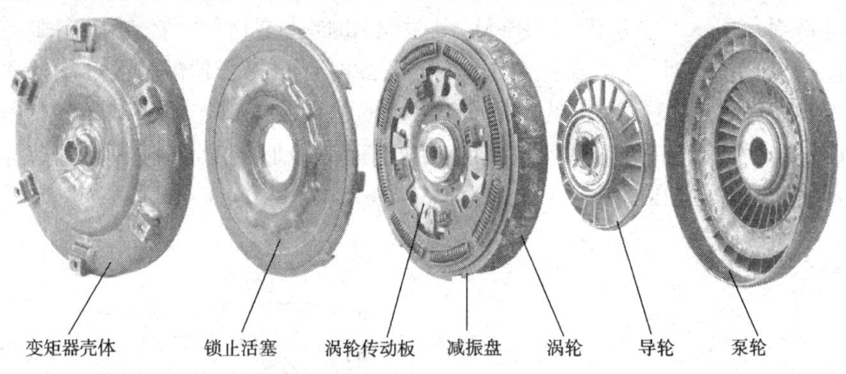

图 5-4　锁止离合器结构图

当车辆低速行驶时，速比 i（涡轮转速与泵轮转速之比，其值≤1）较小，液力变矩器处于变矩工况。电控单元控制锁止电磁阀断电，如图 5-5 所示，锁止离合器控制阀在弹簧作用下处于最下端，自动变速器油（ATF）经变速器输入轴中心油道进入锁止离合器活塞前部，在油压的作用下，锁止活塞向后移动，锁止离合器分离，动力传递路线为：发动机→变矩器壳体→泵轮→涡轮→变速器输入轴。

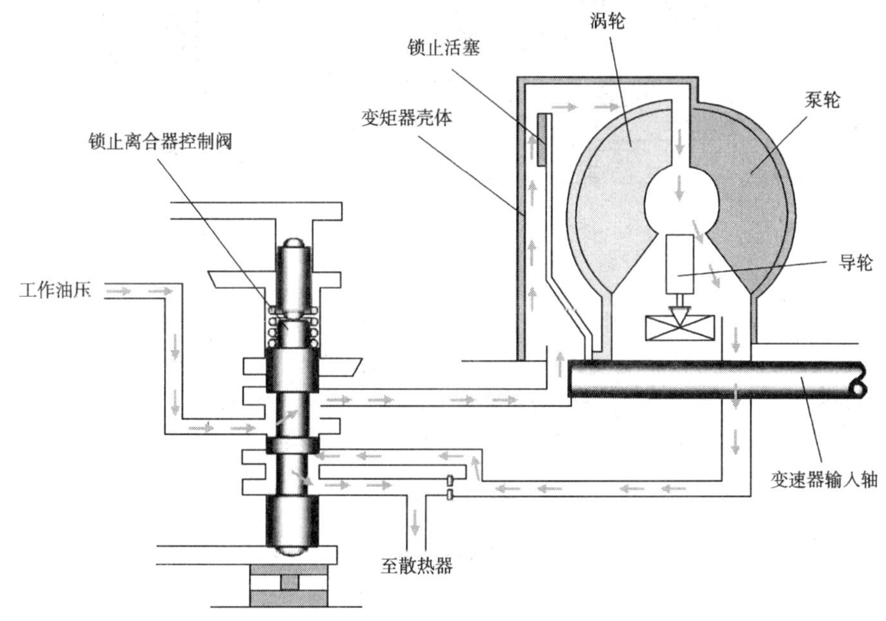

图 5-5　锁止离合器工作原理示意图（分离状态）

当车辆高速行驶时，速比 i 增大至一定值，液力变矩器转换为耦合工况。电控单元控制锁止电磁阀通电，如图 5-6 所示，锁止离合器控制阀向上移动，液压控制系统流向变矩器的 ATF 改变方向，即 ATF 由导轮轴套上油道流入变矩器内部，锁止活塞前侧的 ATF 经控制阀油道排出，故锁止活塞前后侧油压不等，前侧油压低，后侧油压高，锁止活塞在油压差的作用下向前移动，压靠在前盖上，锁止离合器接合，动力传递路线为：发动机→变矩器壳体→锁止离合器→涡轮→变速器输入轴。变矩器中的 ATF 不再作为传力介质，因此减小了变矩器的能量损失，提高了液力变矩器的传动效率。

锁止电磁阀采用脉冲宽度调节（PWM）电磁阀，也叫占空比信号控制电磁阀。当电控单元控制锁止电磁阀接通时，其占空比大约为25%，此时锁止离合器的接合压力较低，锁止离合器和变矩器壳体之间存在一定的打滑现象，目的是使锁止离合器接合更为平顺、柔和。然后电控单元会根据车速和负载信号，控制占空比逐渐增加，直到锁止离合器完全锁止，此时占空比可达到95%～100%。

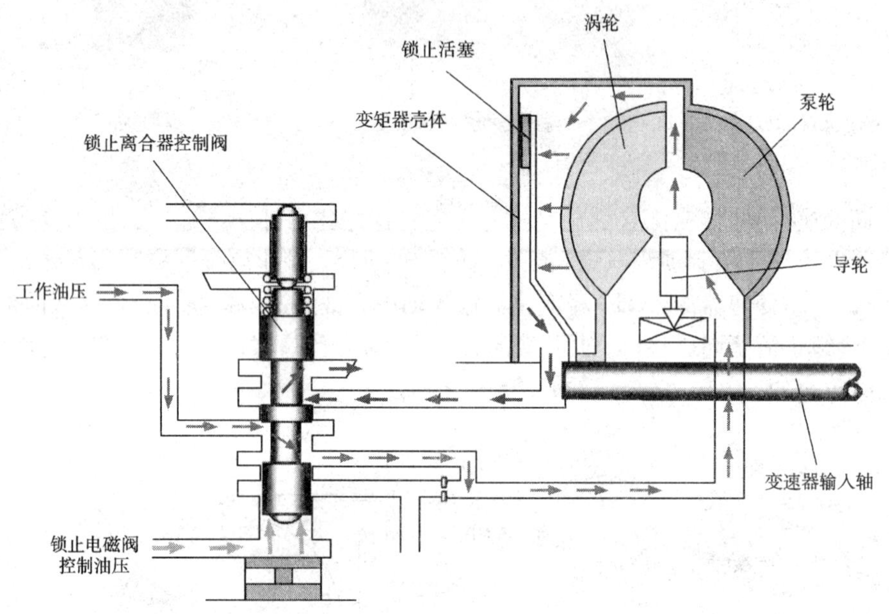

图5-6　锁止离合器工作原理示意图（接合状态）

2）齿轮变速系统

大众01M型自动变速器采用的是拉威那式行星齿轮变速系统，其显著结构特点是前后两排行星齿轮机构共用一个行星架，具有结构紧凑，传动效率高等优点。如图5-7所示，拉威那式行星齿轮变速系统主要由行星齿轮机构和换挡执行机构组成。

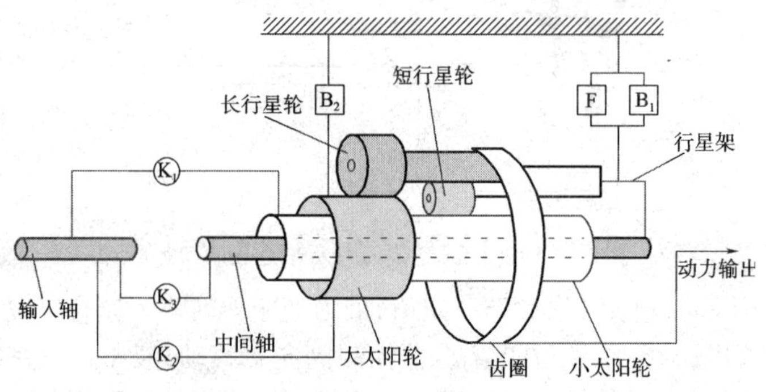

图5-7　拉威那式行星齿轮机构简图

行星齿轮机构包括大、小太阳轮各1个，长、短行星齿轮各3个，一个行星架和一个齿圈。长行星齿轮采用分段式结构，这样设计是为了使3挡到4挡的换挡更加平顺、柔和。各元件之间的啮合关系是:短行星轮与长行星轮及小太阳轮啮合;长行星轮同时与大太阳轮、短行星轮及齿圈啮合,动力通过齿圈向后输出。

换挡执行机构主要由离合器、制动器和单向离合器三种执行元件组成。离合器 K_1 连接输入轴和小太阳轮,作用是把输入轴的动力传递给小太阳轮;离合器 K_2 连接输入轴和大太阳轮,作用是把输入轴的动力传递给大太阳轮;离合器 K_3 连接输入轴和行星架,作用是把输入轴的动力传递给行星架。制动器 B_1 连接变速器壳体和行星架,其工作时可以制动行星架;制动器 B_2 连接壳体和大太阳轮,其工作时可以制动大太阳轮。

捷达 01M 型自动变速器各换挡执行元件工作情况见表 5-1。

捷达 01M 型自动变速器各换挡执行元件工作情况 表 5-1

挡位	B_1	B_2	K_1	K_2	K_3	F	K_0
R	◎			◎			
1H			◎			◎	
1M			◎			◎	◎
2H		◎	◎				
2M		◎	◎				◎
3H			◎		◎		
3M			◎		◎		◎
4H		◎			◎		
4M		◎			◎		◎

注:◎——参与工作,H——液力传动,M——机械传动,K_0——锁止离合器。

各挡动力传递路线分析:

(1)1 挡动力传递路线。如图 5-8 所示,液力传动 1 挡时,K_1、F 工作。由液力变矩器传来的动力经输入轴、离合器 K_1 传到小太阳轮,带动小太阳轮顺时针旋转,小太阳轮又驱动短行星轮逆时针旋转,短行星轮带动长行星轮顺时针旋转,长行星轮和齿圈内啮合,长行星轮在顺时针自转的同时有带动行星架沿齿圈内壁逆时针转动的趋势。此时,单向离合器 F 工作,防止行星架逆时针旋转,所以行星架固定不动,这时,长行星轮按顺时针方向旋转,就驱动齿圈按顺时针方向旋转,又通过齿圈把动力向后输出。

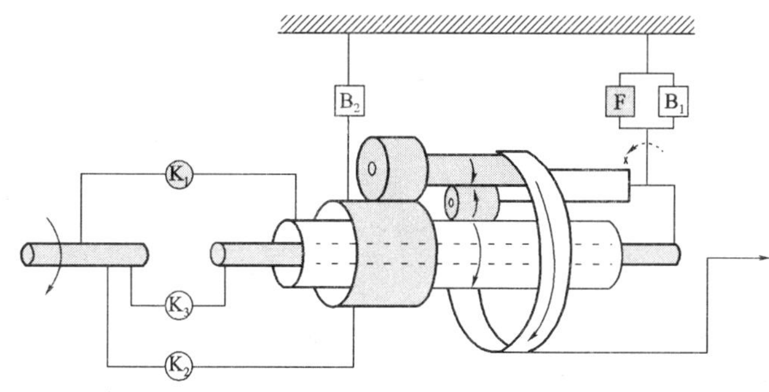

图 5-8 01M 型自动变速器 1 挡工作原理简图

在 1 挡动力传递过程中要注意的是:齿圈是向后输出动力的元件,所以在克服地面行驶阻力之前,齿圈是固定不动的。

1 挡动力传递路线为:液力变矩器→输入轴→离合器 K_1→小太阳轮→短行星齿轮→长行星齿轮→齿圈→动力输出。

(2)2 挡动力传递路线。如图 5-9 所示,液力传动 2 挡时,K_1、B_2 工作。由液力变矩器传来的动力经输入轴、离合器 K_1 传到小太阳轮,带动小太阳轮顺时针旋转,小太阳轮又驱动短行星轮逆时针旋转,短行星轮带动长行星轮顺时针旋转,长行星轮和大太阳轮外啮合,制动器 B_2 工作,把大太阳轮固定,此时长行星轮在顺时针自转的同时绕大太阳轮顺时针公转,所以行星架也随着长行星轮一起顺时针公转,长行星轮又和齿圈内啮合,就带动齿圈顺时针旋转,最后通过齿圈向后输出动力。

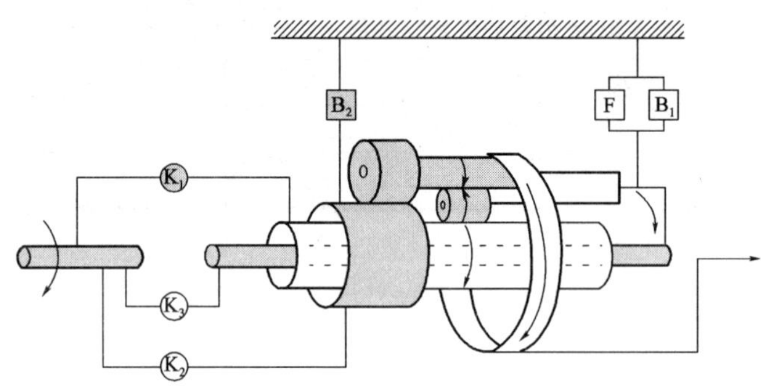

图 5-9 01M 型自动变速器 2 挡工作原理简图

2 挡动力传递路线为:液力变矩器→输入轴→离合器 K_1→小太阳轮→短行星齿轮→长行星齿轮→长行星齿轮围绕大太阳轮转动并驱动齿圈→动力输出。

(3)3 挡动力传递路线。如图 5-10 所示,液力传动 3 挡时, K_1、K_3 工作。由液力变矩器传来的动力经输入轴、离合器 K_1 传到小太阳轮,带动小太阳轮顺时针旋转,由液力变矩器传来的动力又经输入轴、离合器 K_3 传到行星架,带动行星架顺时针旋转,此时,小太阳轮和行星架转速相同,旋转方向也相同,行星齿轮机构相当于一个整体而同步旋转,并由齿圈向后输出动力,此时为直接挡,传动比为 1:1。

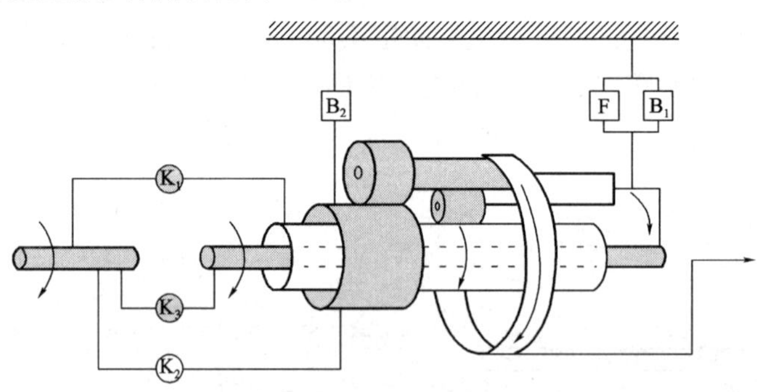

图 5-10 01M 型自动变速器 3 挡工作原理简图

3 挡动力传递路线为:液力变矩器→输入轴→$\left\{\begin{array}{l}\text{离合器 } K_1\text{→小太阳轮} \\ \text{离合器 } K_3\text{→行星架}\end{array}\right\}$→整个行星齿轮机构同步转动→动力输出。

(4)4 挡动力传递路线。如图 5-11 所示,液力传动 4 挡时, K_3、B_2 工作。由液力变矩器传来的动力经输入轴、离合器 K_3 传到行星架,带动行星架顺时针旋转,制动器 B_2 工作,制动大太阳轮。因长行星轮和大太阳轮外啮合,行星架又顺时针旋转,所以长行星轮围绕大太阳轮顺时针自转和公转。长行星轮和齿圈内啮合,就带动齿圈顺时针旋转,最后通过齿圈向后输出动力。

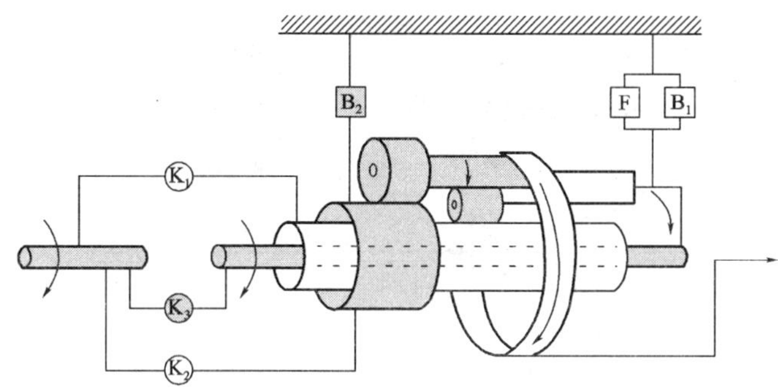

图 5-11　01M 型自动变速器 4 挡工作原理简图

4 挡动力传递路线为:液力变矩器→输入轴→离合器 K_3→行星架→长行星齿轮围绕大太阳轮顺时针旋转→齿圈顺时针旋转→动力输出。

(5)倒挡动力传递路线。如图 5-12 所示,换挡手柄位于"R"位置时, K_2、B_1 工作。由液力变矩器传来的动力经输入轴、离合器 K_2 传到大太阳轮,带动大太阳轮顺时针旋转,制动器 B_1 工作,制动行星架。大太阳轮和长行星轮外啮合,带动长行星轮逆时针旋转,长行星轮又和齿圈内啮合,带动齿圈逆时针旋转,最后通过齿圈向后输出动力。

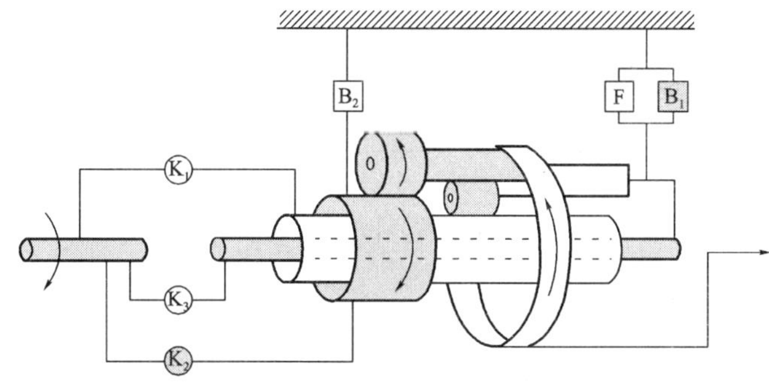

图 5-12　01M 型自动变速器 R 挡工作原理简图

倒挡动力传递路线为:液力变矩器→输入轴→离合器 K_2→大太阳轮→长行星齿轮逆时针旋转→齿圈逆时针旋转→动力输出。

3)液压控制系统

大众 01M 型自动变速器的液压控制系统由油泵、带油道的阀体、滤清器、各种滑阀等零部件组成,采用手控阀和电磁阀联合控制进行换挡。手控阀控制接通不同挡位的油路,电磁阀有 7 个,从 N88 ~ N94,安装到液压阀体上,由电控单元 J217 进行控制。其中,N88 ~ N90 为换挡电磁阀,用于打开或关闭某一油路。N92、N94 的作用是使换挡平顺。N91、N93 是油压调节电磁阀,用来调节油压的大小。各电磁阀的作用、类型、作用条件见表 5-2。

各电磁阀的作用、类型、作用条件　　表 5-2

电磁阀	作　用	类　型	作用条件
N88	控制离合器 K_1	开关阀	断电起作用
N89	控制制动器 B_2	开关阀	通电起作用
N90	控制离合器 K_3	开关阀	断电起作用
N91	控制锁止离合器	渐进阀	通电起作用
N92	控制使换挡平顺	开关阀	通电起作用
N93	控制系统油压大小	渐进阀	通电起作用
N94	控制使换挡平顺	开关阀	通电起作用

需要注意的是,倒挡离合器 K_2 和倒挡制动器 B_1 是由手控阀控制的,这两个元件恰恰都是倒挡执行元件。

当变速器位于不同挡位工作时,各电磁阀的工作情况见表 5-3。

各挡位时电磁阀工作情况表　　表 5-3

电磁阀 / 挡位	N88	N89	N90	N91	N92	N93	N94
P	ON	OFF	ON	OFF	ON	MOD	OFF
R	OFF	OFF	ON	OFF	OFF	MOD	OFF
N	ON	OFF	ON	OFF	ON	MOD	OFF
1H	OFF	OFF	ON	OFF	ON	MOD	OFF
2H	OFF	ON	ON	OFF	OFF	MOD	OFF
3H	OFF	OFF	OFF	OFF	OFF	MOD	ON
4H	ON	ON	OFF	OFF	OFF	MOD	OFF

注:H——液力传动,MOD——调节。

下面我们结合油路图来具体分析 01M 型自动变速器位于不同挡位时液压控制系统的工作情况。

(1)P 位油路分析。换挡手柄位于 P 位时,变速器电控单元 J217 根据挡位信号判断自动变速器位于驻车挡。此时,电磁阀 N88、N90、N92 工作。K_1 换挡阀、K_3 换挡阀、换挡平顺阀在油压的作用下克服弹簧的弹力处于阀孔的上端,如图 5-13 所示。由油泵来的液压油经调压阀调压后分别流向液力变矩器、电磁阀压力调节阀和手控阀,又经手控阀流到制动器 B_2,B_2 工作,固定大太阳轮。此时无动力输出,变速器输入轴空转。大众 01M 型自动变速器 P 位流程图如图 5-14 所示。

(2)R 位油路分析。换挡手柄位于 R 位时,变速器电控单元 J217 根据挡位信号判断自动变速器位于 R 挡。此时,电磁阀 N90 工作。K_3 换挡阀在油压的作用下克服弹簧的弹力处于阀孔的上端,如图 5-15 所示。由油泵来的液压油经调压阀调压后分别流向液力变矩器、电磁阀压力调节阀和手控阀,又经手控阀流到离合器 K_2,制动器 B_1。大众 01M 型自动变速器 R 位流程图如图 5-16 所示。

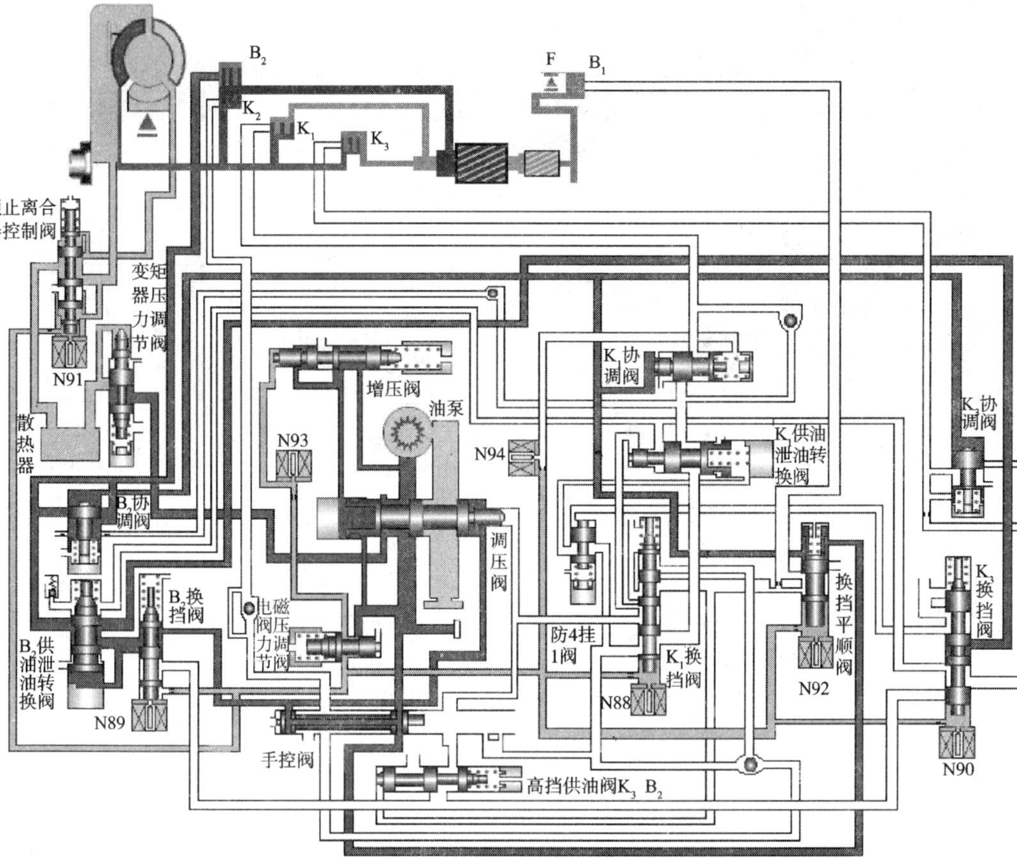

图5-13　大众01M型自动变速器P位油路图

- 油泵 → 主油道
  - → 增压阀
    - → 增压阀左端（白身调压）
    - → 调压阀左端
  - → 调压阀
    - → 手控阀
      - → 换挡平顺阀
        - → K_1 协调阀
        - → K_3 协调阀
        - → B_2 协调阀
      - → 调压阀右端
      - → B_2 换挡阀 → B_2 供油泄油转换阀
        - → K_3 换挡阀中部
        - → 制动器 B_2
    - → 电磁阀压力调节阀
      - → N88 电磁阀
      - → N89 电磁阀
      - → N90 电磁阀
      - → N91 电磁阀
      - → N92 电磁阀
      - → N93 电磁阀 → 增压阀左端
      - → N94 电磁阀
    - → 变矩器压力调节阀
      - → 锁止离合器控制阀 → 变矩器
      - → 自身调压

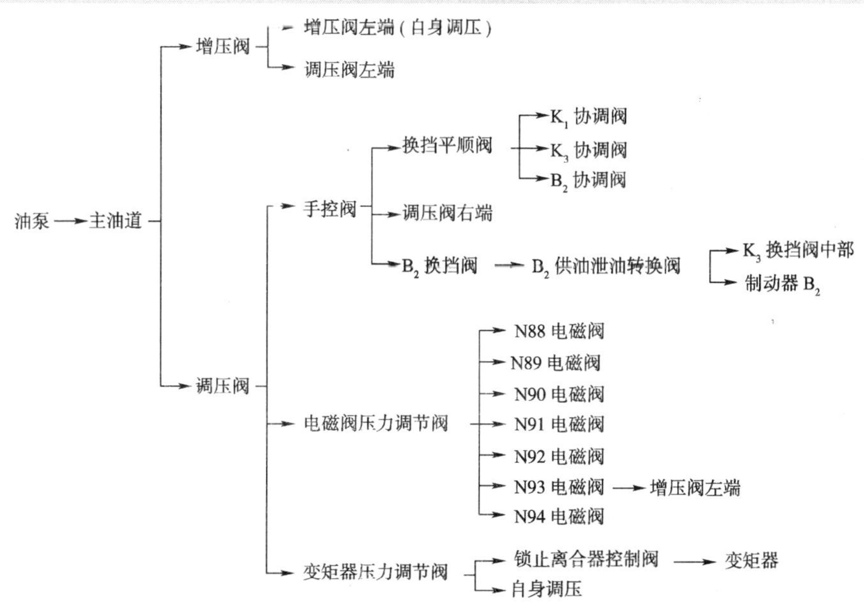

图5-14　大众01M型自动变速器P位流程图

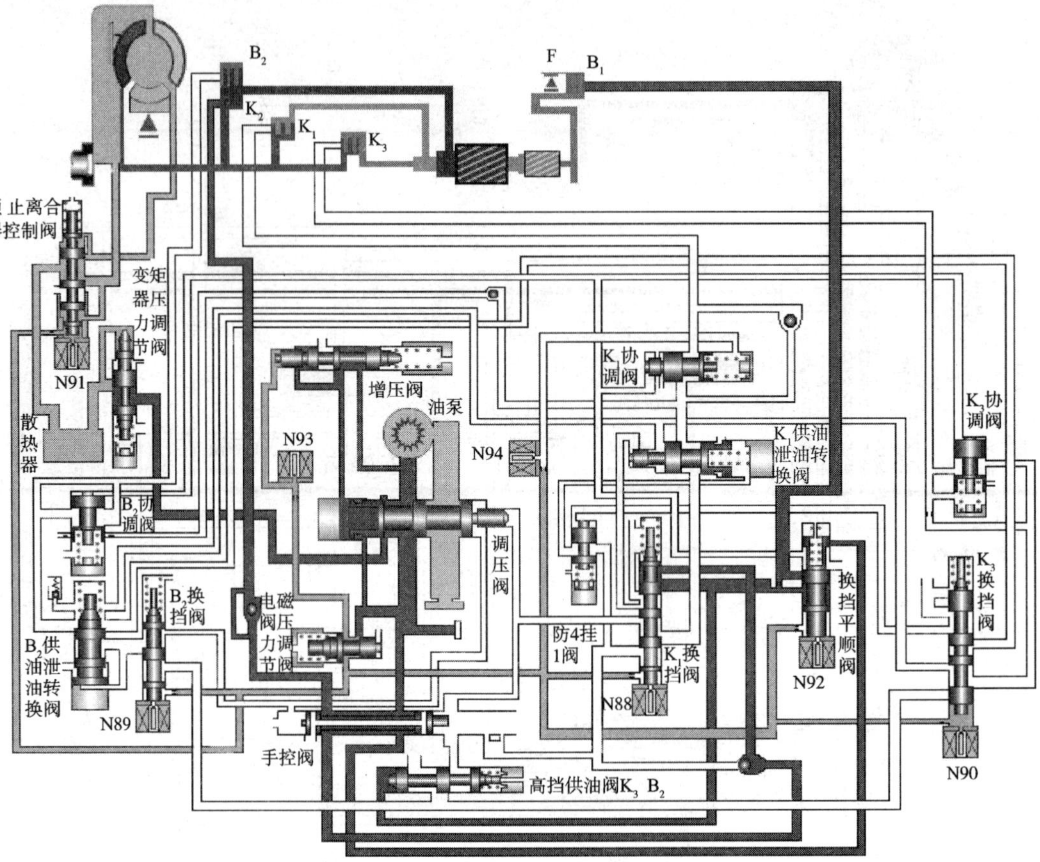

图 5-15　大众 01M 型自动变速器 R 位油路图

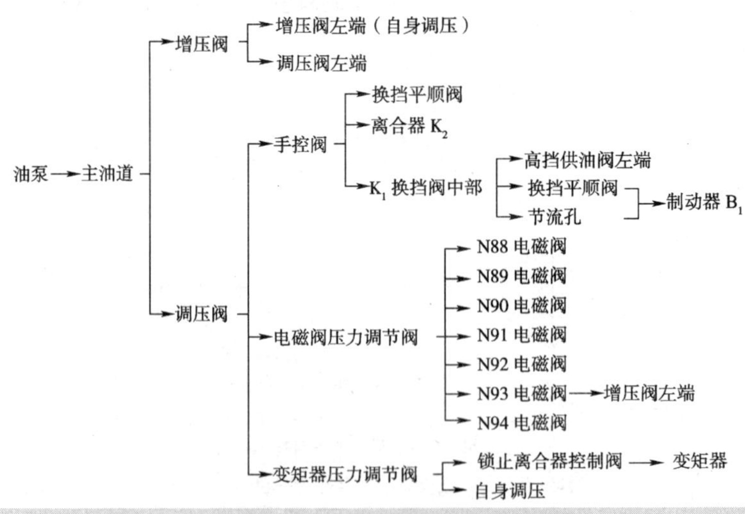

图 5-16　大众 01M 型自动变速器 R 位流程图

（3）N 位油路分析。换挡手柄位于 N 位时，变速器电控单元 J217 根据挡位信号判断自动变速器位于 N 挡。此时，电磁阀 N88、N90、N92 工作。K_1 换挡阀、K_3 换挡阀、换挡平顺阀在油压的作用下克服弹簧的弹力处于阀孔的上端，如图 5-17 所示。由油泵来的液压油经调压阀调压后分别流向液力变矩器、电磁阀压力调节阀和手控阀，又经手控阀流到 K_1 协调阀，B_2 协调阀，K_3 协调阀。大众 01M 型自动变速器 N 位流程图如图 5-18 所示。

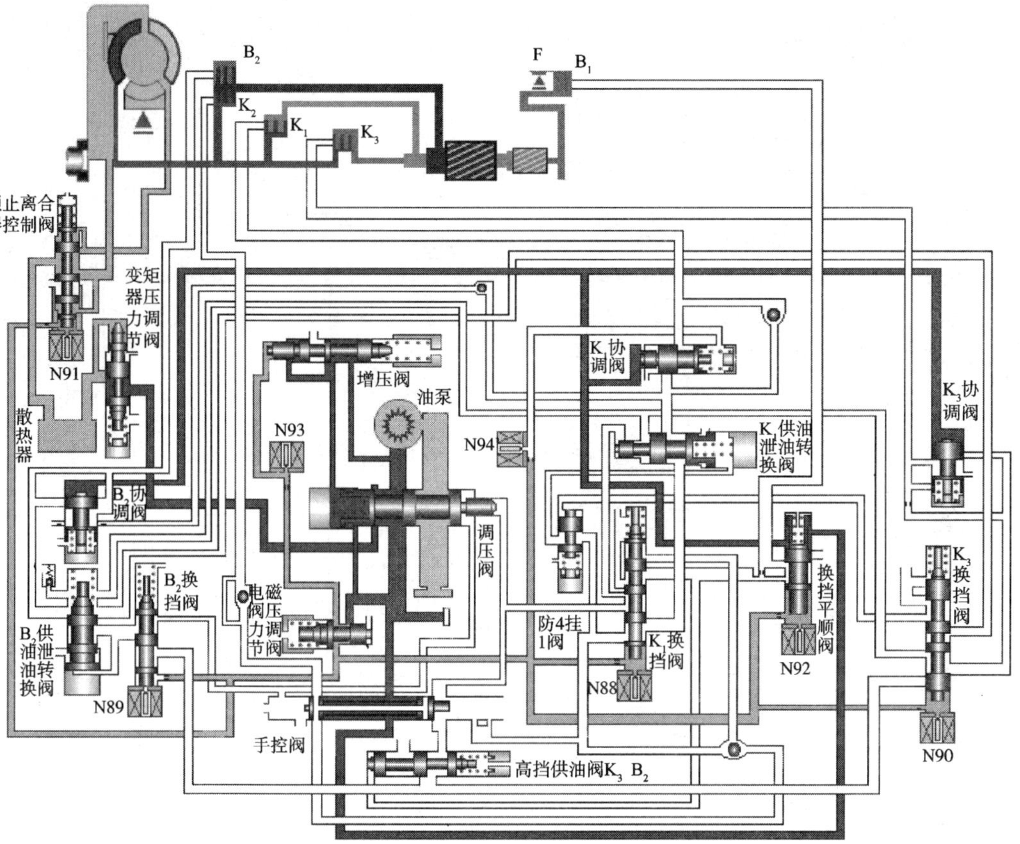

图 5-17　大众 01M 型自动变速器 N 位油路图

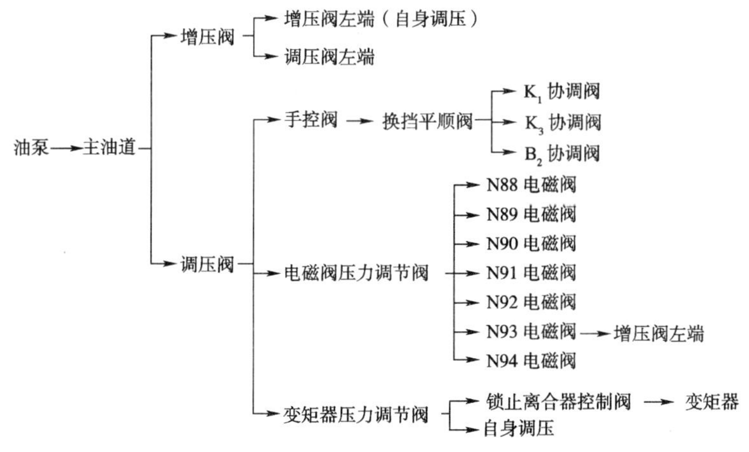

图 5-18　大众 01M 型自动变速器 N 位流程图

（4）D-1 位油路分析（前进挡只做 D-1 位油路分析）。变速器位于 D-1 挡时，电磁阀 N90、N92 工作。K_3 换挡阀、换挡平顺阀在油压的作用下克服弹簧的弹力处于阀孔的上端，

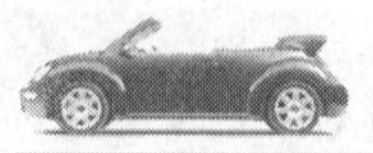

如图 5-19 所示。由油泵来的液压油经调压阀调压后分别流向液力变矩器、电磁阀压力调节阀和手控阀,又经手控阀流到离合器 K_1,具体流程图如图 5-20 所示。

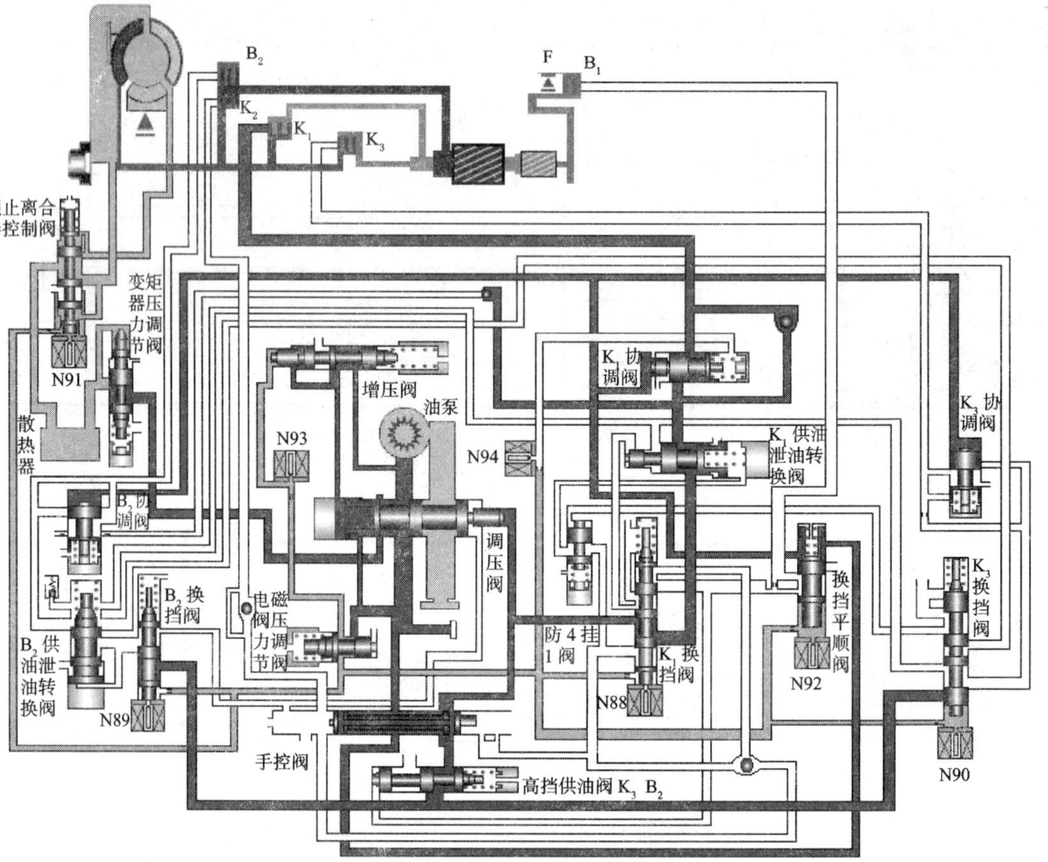

图 5-19　大众 01M 型自动变速器 D-1 位油路图

- 油泵→主油道
  - →增压阀
    - →增压阀左端(自身调压)
    - →调压阀左端
  - →调压阀
    - →手控阀
      - →换挡平顺阀
        - →K_1 协调阀
        - →K_3 协调阀
        - →B_2 协调阀
      - →高挡供油阀
        - →B_2 换挡阀
        - →K_3 换挡阀下部
      - →调节阀右端
      - →K_1 换挡阀→K_1 供油泄油转换阀
        - →K_1 协调阀
        - →离合器 K_1
    - →电磁阀压力调节阀
      - →N88 电磁阀
      - →N89 电磁阀
      - →N90 电磁阀
      - →N91 电磁阀
      - →N92 电磁阀
      - →N93 电磁阀→增压阀左端
      - →N94 电磁阀
    - →变矩器压力调节阀
      - →锁止离合器控制阀→变矩器
      - →自身调压

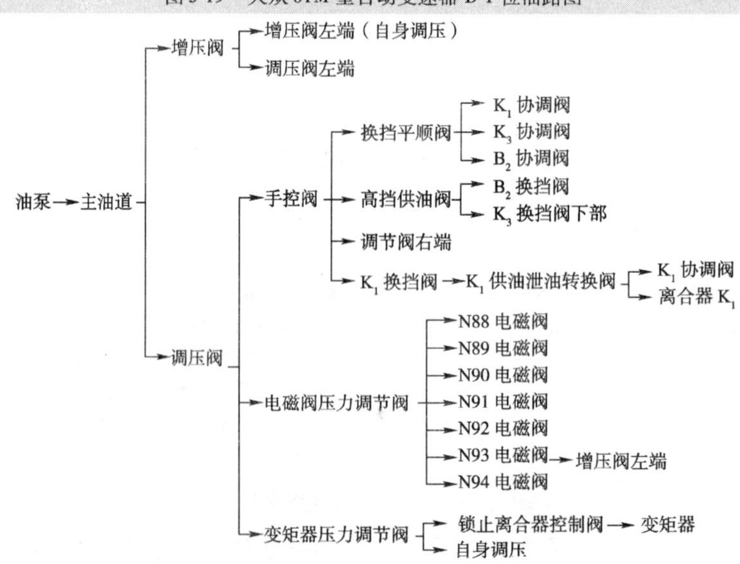

图 5-20　大众 01M 型自动变速器 D-1 位流程图

4)电子控制系统

01M 型自动变速器的电子控制系统由传感器和自动变速器控制单元等部件组成,如图5-21 所示。

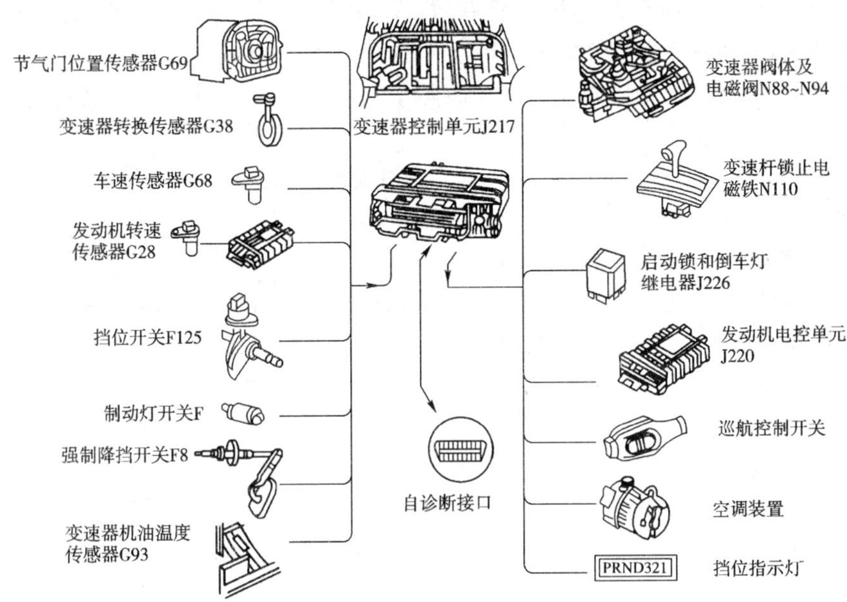

图 5-21　01M 型自动变速器电控系统的组成

(1)“模糊逻辑”控制技术。有的自动变速器有一个“Eco/Sport”开关,其含义是“经济/运动”换挡模式,也有的变速器标为“Eco/Power”,含义都相同。在 Eco 模式,电控单元将提前一些挂入高挡和稍后一些挂入低挡,这样发动机工作于低转速,虽有损动力性,但降低了油耗。在 Sport 模式,在相同的节气门开度下,在车速较高时才挂入高挡或换下低挡,发动机工作于高转速,功率增大,动力增强。这个开关实际上是选择了电控单元内的两条不同的换挡曲线。01M 型自动变速器采用计算机“模糊逻辑”控制技术,它取消了“Eco/Sport”开关。“模糊逻辑”的英文含义是“目标确定得不精确”,电控单元根据以下因素确定最佳换挡时刻。

①行驶阻力:路面状况,如上坡、下坡及风向造成的不同空气阻力等。

②行车状况:车速、节气门位置、发动机转速,变速器油温等。

③驾驶习惯:驾驶员踩下加速踏板,就产生了一个运动系数(如踩加速踏板的速度及加速度),模糊逻辑识别出该系数,即能识别驾驶类型,适配出最佳的换挡规律,从而按驾驶者的意愿确定最佳换挡时刻,这是模糊逻辑控制的关键。这也可以理解为在“Eco”和“Sport”之间存在许多任意的换挡时刻,“Eco”和“Sport”两条换挡曲线被无数条曲线代替,因而对不同的行驶情况反应更灵敏。

(2)01M 型自动变速器电控系统主要部件的工作原理。

①自动变速器控制单元 J217。自动变速器控制单元是自动变速器的控制核心,采用模糊逻辑控制,它接收不同传感器送来的信号,经计算后,可识别车辆的不向行驶工况及驾驶

员的驾驶要求,从而通过输出部件控制变速器的换挡及变矩器锁止离合器的接合与分离。自动变速器电控单元不断对各传感器及执行元件的工作状态进行检测,如果某个重要元件出现故障,电控单元内的应急程序启动,变速器进入应急状态,此时可以通过操纵换挡手柄完成换挡,1 挡液压、3 挡液压及倒挡仍然有效,车辆可以跛行到就近的维修站进行维修。应急状态下,换挡手柄位于 D 位时,车辆将以 3 挡直起步,同时最高挡 4 挡失效,所以起步稳定性受到影响,最高车速受到限制。有关故障信息和运行参数可通过大众公司专用故障诊断仪 VAG1551 来读取。

②节气门电位计 G69。节气门电位计是一个滑变电阻,根据节气门位置不同,向发动机电控单元 J220 输出一个电压信号,发动机控制单元再将此信号传递给变速器控制单元 J217,变速器控制单元不仅通过此信号得知节气门开度,还可以得知节气门开度的变化速度,即踩下加速踏板的加速度,这反映了驾驶员的驾驶风格,自动变速器控制单元只有识别了驾驶员的驾驶风格才能进行"模糊控制"。该信号的作用有二:一是确定换挡曲线,二是进行油压控制。如果信号中断,变速器 ECU 不进入应急状态,替代值是中等负荷。

③变速器转速传感器 G38。变速器转速传感器安装在多功能开关的前面,如图 5-22 所示,是电磁式传感器,用以感应变速器内大太阳轮的转速。变速器转速传感器信号的作用有二:一是识别换挡时刻,在换挡过程中推迟点火提前角,以降低发动机转矩,从而减小换挡冲击;二是在换挡过程中控制相关离合器的油压,其作用也是使换挡平顺。如果信号中断,自动变速器控制单元无替代值,进入应急状态。

④车速传感器 G68(图 5-22)。车速传感器也是电磁式传感器,它通过主动齿轮上的脉冲叶轮感应变速器内主动齿轮(齿圈,行星齿轮机构的输出端)的转速,如图 5-23 所示。车速传感器的作用有二:一是与节气门电位计 G69 一起确定换挡曲线,二是感知变矩器锁止离合器的滑差。对于装有定速巡航装置的车辆,它还用于速度调节。如果信号中断,变速器控制单元以发动机转速传感器 G28 的信号作为参考,不进入应急状态,但是锁止离合器不能锁止。

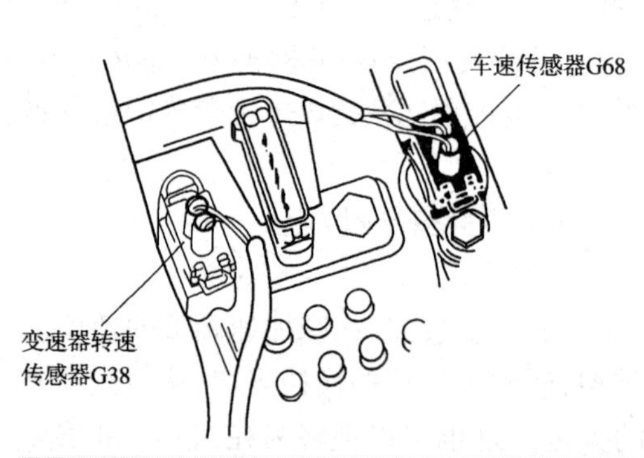

图 5-22　变速器转速传感器 G38 和车速传感器 G68

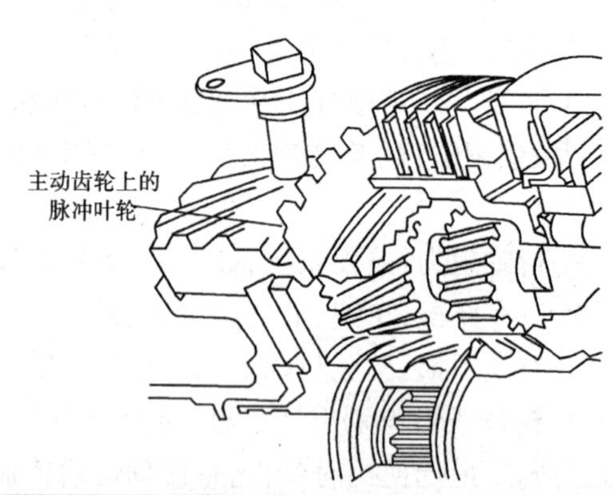

图 5-23　主动齿轮上的脉冲叶轮

⑤发动机转速传感器 G28。它安装于发动机缸体后部,也是电磁式传感器,如图 5-24 所示。它把发动机转速信号先传递给发动机电控单元 J220,再由 J220 传给变速器电控单元 J217,J217 将发动机转速信号和车速信号进行比较,根据转速差,J217 识别出锁止离合器的打滑状态,如果滑动过大,即转速差过大,J217 将增大锁止离合器压力,使滑动相对减小,所

以发动机转速传感器 G28 的作用与车速传感器 G68 相近。G28 损坏后，用 VAG1551 检查故障记录为“G28 无转速信号”，变速器进入应急状态。

⑥变速器油温传感器 G93。变速器油温传感器位于变速器内滑阀箱上的传输线上，用于感应变速器内的机油温度，如图 5-25 所示。它是一个负温度系数电阻，随着温度的升高，阻值降低，其作用是控制变速器的工作温度。如果变速器油温过高，当变速器油温高于150℃时，变速器控制单元控制锁止离合器接合，如果油温还降不下来，变速器控制单元控制变速器降一个挡位。变速器油温传感器 G93 短路后，VAG1551 检查显示温度过高，变速器无法升入高挡；如果其断路，显示温度低，换挡迟缓。用 VAG1551 查询故障记忆会显示油温传感器 G93“无法识别故障类型”。它损坏后，即无替代值，变速器也不进入应急状态。

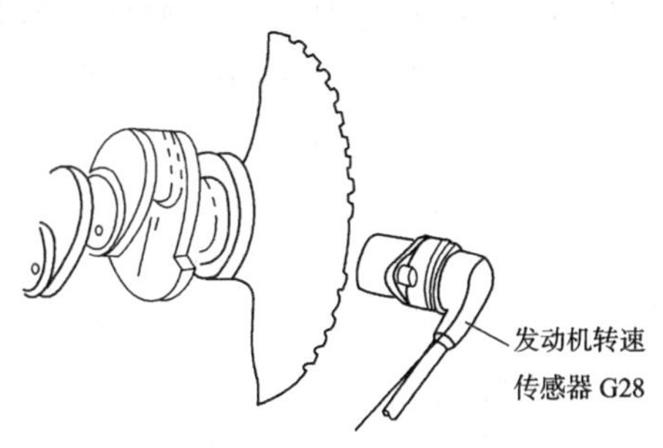

图 5-24　发动机转速传感器 G28

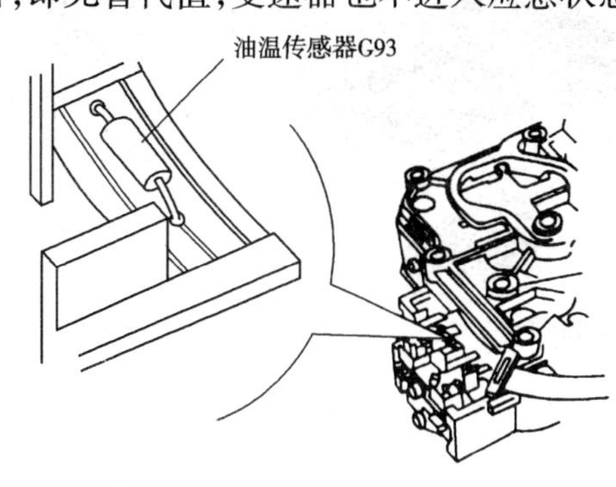

图 5-25　变速器油温传感器 G93

⑦制动开关 F。制动开关安装在制动踏板上。当变速器电控单元 J217 的 15 脚收到制动信号后，其 29 脚搭铁，换挡手柄锁止电磁阀 N110 接通，变速杆解除锁止，方可从 P 位移出，挂入其他挡位。对于装有自动定速巡航装置的车辆，该信号用于解除定速巡航。信号中断后，换挡手柄不能移出，故障存储器中无故障记录。

⑧强制低速挡开关 F8。强制低速挡开关也称强制降挡开关，与节气门拉索为一体，安装位置如图 5-26 所示。当加速踏板踩到一定角度时，触动此开关，变速器控制单元 16 脚收到此信号后，当车速低于 120km/h 时，变速器会降一个挡位，以增大输出转矩；当车速低于80km/h 时，切断空调工作 8s。如果强制低速挡开关 F8 信号中断，当加速踏板开度达 95%时，启动此功能，用 VAG1551 查询故障记录，会显示强制低速挡开关 F8“不可靠信号”。

⑨多功能开关 F125。多功能开关 F125 位于变速器壳体内，如图 5-27 所示，多功能开

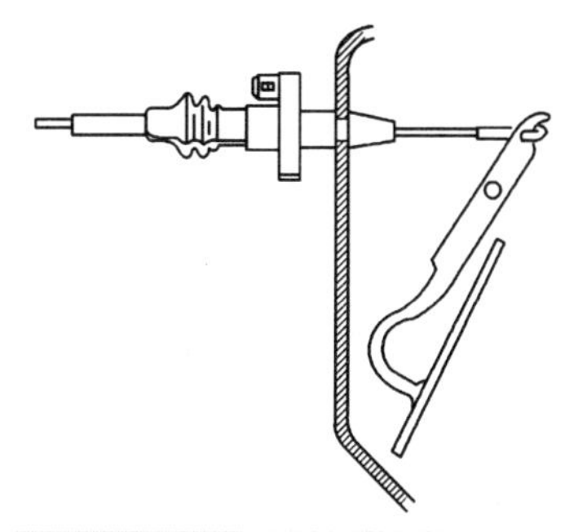

图 5-26　强制降挡开关 F8

图 5-27　变速器多功能开关 F125

关由换挡手柄拉索控制,其作用是感知变速手柄的位置并将状态信号送给变速器控制单元J217和起动倒车继电器J226。起动倒车继电器的作用有二:一是在换挡手柄位于R位时,接通倒车灯;二是在换挡手柄位于P或N以外的挡位时,控制起动机不工作。对于装有定速巡航装置的车辆,它还用于速度调节。如果多功能开关信号中断,变速器控制单元认为换挡手柄处于D位,变速器进入应急状态。用VAG1551查询故障记忆,会显示多功能开关F125"开关状态不稳定"。

图5-28　变速杆锁止电磁阀

⑩变速杆锁止电磁阀N110。变速杆锁止电磁阀位于变速杆下端,如图5-28所示。当点火开关移至ON位,变速杆位于P、N位时,变速杆锁止电磁阀N110插接器的1号端子得到来自蓄电池的电压,2号端子到变速器控制单元J217的29号端子搭铁,此时电磁阀N110接通,变速杆被锁止不动。

在以下几种情况下,变速杆会解除锁止:一是当点火开关在OFF位时,电磁阀N110不接通,此时变速杆不被锁止;二是当点火开关移至ON位,变速杆位于P、N位时,电磁阀N110接通,变速杆被锁止,如果此时踩下制动踏板,由发动机控制单元J220来的制动信号传给变速器控制单元J217的15号端子,控制单元J217将会控制29号端子的搭铁断开,此时电磁阀N110不接通,变速杆解除锁止;三是当车速超过5km/h时,控制单元J217将会控制29号端子的搭铁断开,此时电磁阀N110不接通,变速杆解除锁止。

(二)自动变速器的正确使用与维护

1　大众01M型自动变速器各挡位名称及使用

1)"P"(Park)——停车挡

前轮被机械锁止,车辆只有在完全停稳时才能进入该挡。若想移出和进入P挡,在车辆静止状态,点火开关接通的情况下,需踏下制动踏板并按下操纵手柄上锁止按钮。

2)"R"(Reverse)——倒车挡

车辆只有在完全停稳时才能进入该挡,若想移出和进入R挡,在车辆静止状态,点火开关接通的情况下,需踏下制动踏板并按下操纵手柄上锁止按钮。

3)"N"(Neutral)——空挡

在车辆静止状态,点火开关接通的情况下,需踏下制动踏板,按下手柄按钮方可移出N挡;在行车中,只需按下操纵手柄上锁止按钮即可。在行车状态下,车速大于5km/h时,可自由移进或移出N挡。

4)"D"(Drive)——行驶挡

通常情况下的前进行驶挡位,此时自动变速器根据节气门的开度和车速等自动在1、2、3、4四个前进挡中实现换挡。

5)“3”——坡路挡

如遇坡路可选用此挡,在行车状态下车速大于5km/h时,按下操纵手柄上锁止按钮,换入3挡。此时自动变速器根据节气门的开度和车速等自动在1、2、3三个挡位中实现换挡。

6)“2”——长坡挡

遇到较长距离爬坡或下坡时选用此挡,在行车状态下车速大于5km/h时,按下操纵手柄上锁止按钮,换入2挡。此时自动变速器根据节气门的开度和车速等自动在1、2挡实现换挡。这样避免了不必要频繁地换入高挡,下坡时可以利用发动机制动效果。

7)“1”——陡坡挡

在上、下非常陡的坡时选用此挡,在行车状态下车速大于5km/h时,按下操纵手柄上锁止按钮,换入1挡,此时汽车永远处于1挡,1挡也最大限度地利用发动机的扭矩和发动机的制动效果。

2 操作注意事项

(1)只有操纵手柄置于P或N位置时发动机方可起动。

(2)装备自动变速器的车辆无法用牵引的方法起动发动机。

(3)车辆被牵引时的注意事项。

①变速杆置于N挡。

②牵引速度小于50km/h,牵引距离小于50km。

③若需长距离牵引,则要将前轮置于牵引车上。

④P挡可作为驻车制动器的辅助制动器,却不可代替驻车制动器。

⑤若短时停车,不必换入N挡。

⑥在很冷的冬季起动时,应允许一分钟预热。

3 自动变速器油的使用与更换

自动变速器油(ATF)是特殊的高级润滑油,不仅具有润滑、冷却作用,还具有传递扭矩和液压以控制自动变速器的离合器和制动器工作性能的作用。如果对自动变速器油不按规定使用,将影响自动变速器使用寿命,自动变速器型号很多,各国使用自动变速器油规格也不同。

1)自动变速器油使用要求

(1)必须使用一汽大众推荐的自动变速器油。

(2)要定期更换自动变速器油。

2)ATF油的备件号

G 052 162 A1(0.5L),G 052 162 A2(1.0L)。自动变速器的ATF油颜色为黄色,该油抗高温。

3)自动变速器换油里程

公务及商务用车一般情况下5万~6万km更换一次ATF油;对于出租车或经常在较恶劣条件下工作的车辆,要把换油里程缩短为2.5万km;对于家庭用车,由于行驶里程较

短,因此要求每2年更换一次ATF油。

4)换(加)油量

新自动变速器第一次加油量为5.3L,换油量为3L。

5)自动变速器油位检查

自动变速器油量的多少,对其使用性能和使用寿命均有较大影响。若油面低于标准,油泵会吸入空气,导致空气混入工作液,降低油压,使各控制阀和执行元件动作失准,操纵失灵;也可能造成离合器、制动器打滑,加速性能变坏和润滑不良等情况。若油面高于标准,控制阀体浸于自动变速器油中,则制动器和离合器的泄油口会被自动变速器油阻塞,使泻油不畅,导致离合器和制动器分离不彻底和换挡冲击等故障。

(1)油面检查条件。

①自动变速器不得进入故障应急状态。

②油温不许超过30℃。

③变速器操纵手柄处于P挡位。

(2)油面检查方法。

①将V·A·G1552连接到诊断接口上。

②水平举升汽车,使发动机在怠速工况下运转。

③将操纵手柄从P、R、N、D、3、2、1各挡均走一遍,在各挡位下都停留几秒钟,其目的是使各挡油路充分排气和充油,然后再回到P位。

④拧下变速器油底壳放油螺栓,如图5-29所示。

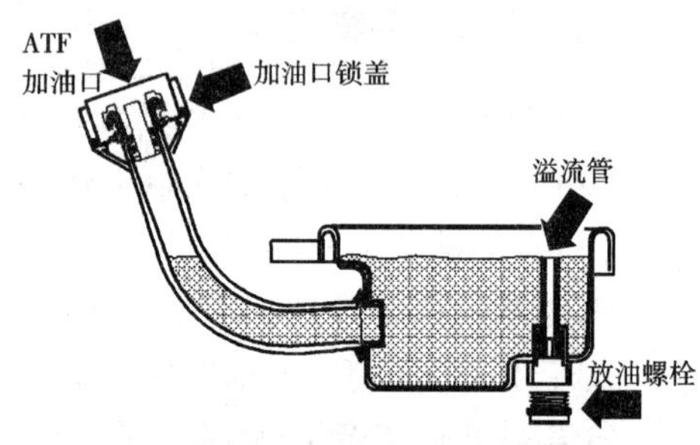

图5-29 自动变速器油检查与更换

⑤用V·A·G1552读取自动变速器油(ATF)油温。02-08-005一区即为ATF油温。

⑥当油温达到35~45℃时,溢流管刚好有油滴出,油面高度符合标准。如没有油滴出,则要加以补充。然后用15N·m的力矩拧紧放油螺栓。

油面过高应从加油口吸出或从油底壳放出多余自动变速器油,油面过低应加注相同牌号自动变速器油。

6)更换ATF油方法

(1)用举升器举起汽车。

(2)拆下变速器油底壳,放掉ATF油。

(3)更换过滤器。

(4)装上油底壳。

(5)从加注口加注3L左右ATF油。

(6)起动发动机并在车辆静止状态下将自动变速器所有挡位都试挂一次。

(7)重新检查ATF油面高度并补充自动变速器油。

4 自动变速器的初步检查

自动变速器初步检查的目的是检查自动变速器是否有影响其正常工作的原因,主要有自动变速器外观检查、发动机怠速检查、自动变速器油位与品质检查、操纵手柄位置检查和空挡起动开关检查。

1)自动变速器外观检查

外观检查是通过目视,检查传动系部件是否松动和自动变速器是否有泄漏,检查线束和插接器是否松动和脱落。

2)发动机怠速检查

发动机怠速转速为800~1000r/min,如果怠速过高会造成换挡冲击和汽车出现蠕动(不加油时汽车移动)过快现象;如果怠速过低时,当操纵手柄从N位或P位换到其他位置时,车身振动,甚至熄火,因此必须检查发动机怠速。

3)自动变速器油位与品质检查

(1)自动变速器的油位检查方法。

①将汽车停在平坦场地上,拉紧驻车制动器手柄,起动发动机在怠速工况下运转。

②将自动变速器操纵手柄从P、R、N、D、2、L各挡均走一遍,在各挡位下都停留几秒钟,其目的是使各挡油路充分排气和充油,然后再回到P位。

③拔出油尺,擦拭干净,插回原位。

④拉出油尺检查油位,正常的油位应在相应标记范围内,如图5-30所示。

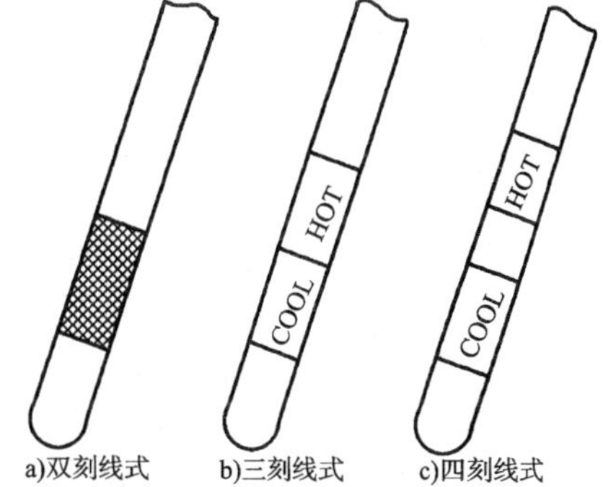

图5-30 自动变速器油位的检查

(2)自动变速器油品质检查。自动变速器油品质变差将使自动变速器不能正常工作。通过ATF油的气味和状态就可以说明自动变速器的工作状态。

①油液品质的检查方法:仔细观察颜色,用手指捻一下油液,看是否有杂质并闻一下气味。如ATF油有焦味并且呈棕黑色,说明已经变质了。

②油液品质的分析:

a.油变成深棕色或棕褐色:原因是没及时更换ATF油或由于重负荷运转,某些部件打滑或损坏造成变速器油过热。

b.油中有金属屑:原因是单向离合器或轴承严重损坏。

c.油中有胶状油膏胶质:原因是ATF油温长期过热或混加过其他油,导致化学变化,形成絮状。

d.油有烧焦味道:原因是油温过高,油面过低,冷却器或管路堵塞导致离合器或制动器摩擦片烧蚀。

4)操纵手柄位置检查

操纵手柄挡位位置不正确就会影响自动变速器正常工作,检查方法是操纵手柄从P挡位置换至其他挡位,检查其挡位是否正确,如果不正确应对其传动机构进行调整。

5)空挡起动开关检查

将操纵手柄从P挡位置换至其他挡位时,检查挡位指示信号是否正确,同时检查操纵手柄在P位和N位是否能起动发动机。正确情况是:操纵手柄在P位和N位时能起动发动机，而在其他挡位时不能起动发动机。

(三)自动变速器的故障诊断方法

1 自动变速器手动换挡试验

1)手动换挡试验的目的

判断自动变速器的故障原因是电子控制系统还是其他系统(液力变矩器、液压控制系统、换挡执行机构和行星齿轮机构)。

2)手动换挡试验方法

将自动变速器换挡电磁阀线束插接器或电脑插接器拔下(发动机和自动变速器各用一个电脑)，使自动变速器电脑失去控制换挡作用，然后通过手动换挡试验，检查自动变速器是否能正常工作。各挡位下的发动机转速与车速的关系见表5-4，通过此表可确定自动变速器实际的挡位。

自动变速器各挡位下发动机转速与车速的关系 表5-4

自动变速器挡位	1挡	2挡	3挡	4挡
发动机转(r/min)	2000	2000	2000	2000
车速(km/h)	18~22	34~38	50~55	70~75

自动变速器换挡电磁阀线束插接器或电脑插接器拔下后，自动变速器电脑失去控制换挡作用，自动变速器操纵手柄挡位与实际挡的对应关系见表5-5。

自动变速器操纵手柄挡位与实际挡的对应关系 表5-5

自动变速器操纵手柄的位置		D	3	2	L(1)	R	P
自动变速器实际挡位	丰田A341E	O/D挡		3挡	1挡	倒挡	爪锁定
	通用4L60E	O/D挡		3挡	1挡	倒挡	爪锁定
	丰田A43DE	O/D挡		2挡	1挡	倒挡	爪锁定
	大众01M	3挡	3挡	1挡	1挡	倒挡	爪锁定

手动换挡试验可以直接路试，也可以将驱动轮架空后进行试验。如果手动换挡试验结果正常，说明自动变速器的换挡执行元件、液压控制系统、行星齿轮机构和液力变矩器正常，故障在自动变速器电子控制系统。如果手动换挡试验出现工作异常，则说明自动变速器电子控制系统正常，故障在自动变速器的换挡执行元件、液压控制系统、行星齿轮机构和液力变矩器。试验结束插上换挡电磁阀后，要清除电脑中的故障码。

2 自动变速器失速试验

所谓失速是指液力变矩器涡轮因负荷过大而停止转动时的泵轮转速。失速试验就是通过挂挡和制动使液力变矩器涡轮不转，测得泵轮(发动机)转速，如图5-31所示。

1)失速试验目的

(1)检查发动机功率输出大小。

(2)检查液力变矩器(主要导轮单向离合器)性能。

(3)检查自动变速器离合器和制动器是否打滑。

2)失速试验条件

(1)发动机水温达到正常温度。

(2)自动变速器油温达到正常温度(50~80℃)。

(3)汽车轮胎气压正常。

(4)汽车制动系统工作正常。

3)失速试验方法

(1)将汽车停在平坦的场地。

(2)拉紧驻车制动器手柄,起动发动机。

(3)用左脚踩住制动踏板,将操纵手柄置于D挡。

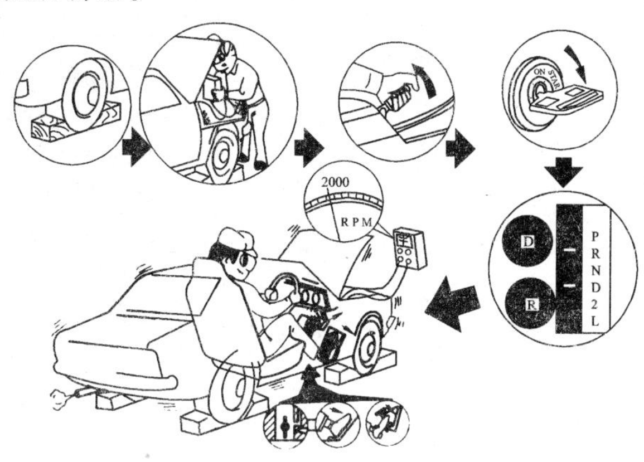

图5-31　自动变速器失速试验

(4)迅速将加速踏板踩到底,使发动机全负荷运转。

(5)当发动机转速上升至稳定值时,读取发动机的转速即为失速转速,并迅速放松加速踏板。

(6)将操纵手柄置于N挡或P挡,让发动机怠速运转1min。

(7)将操纵手柄置于R挡,再测一次R挡的失速转速。

自动变速器失速转速见表5-6。

自动变速器失速转速(单位:r/min)　　表5-6

车　　型	变速器型号	失速转速值
大众PASSAT	01N	2750~2950
大众JETA	01M	2350~3050

4)失速试验注意事项

(1)从迅速踩下加速踏板到读出失速转速后放松加速踏板全过程时间不得超过5s。

(2)在完成了一个挡位的失速试验后,应使发动机在N挡或P挡下怠速运转1min左右,以使自动变速器油充分冷却。

(3)在失速试验过程中,如果出现车轮转动情况,应立刻放松加速踏板,停止试验。

5)失速试验性能分析

大众01M型自动变速器失速试验性能分析见表5-7。

3　自动变速器时滞试验

1)时滞试验目的

时滞试验的目的是进一步验证自动变速器失速试验的结果。

01M 型自动变速器失速试验性能分析 表 5-7

故障现象	故障原因
D 挡和 R 挡转速均低于正常值	①发动机输出动力不足; ②液力变矩器导轮的单向离合器损坏而打滑
D 挡和 R 挡转速均高于正常值	①自动变速器油质不佳; ②自动变速器油面过低; ③滤油器滤网堵塞; ④油泵主从动齿轮磨损或损坏; ⑤主调压阀阀芯卡滞; ⑥主控制油路泄漏
只有 D 挡转速高于正常值	①前进挡控制油路泄漏; ②离合器 K_1 摩擦片磨损而打滑; ③离合器 K_1 活塞密封圈损坏而漏油; ④单向离合器 F 磨损严重或损坏而打滑
只有 R 挡转速高于正常值	①倒挡控制油路泄漏; ②倒挡离合器 K_2 摩擦片磨损而打滑; ③倒挡离合器 K_2 活塞密封圈损坏而漏油; ④倒挡制动器 B_1 摩擦片磨损而打滑; ⑤倒挡制动器 B_1 活塞密封圈损坏而漏油

时滞试验即通过测量从挂挡开始到执行元件完成动作的时间差,来分析自动变速器中离合器和制动器的工作情况,如图 5-32 所示。

2)时滞试验条件

(1)自动变速器油温正常(50~80℃)。

(2)手制动器工作正常。

3)时滞试验方法

(1)拉紧驻车制动器手柄,将操纵手柄置于 N 挡,起动发动机怠速运转。

(2)分别将操纵手柄从 N 挡挂入 D 挡和 R 挡,同时按下秒表计时,当感到有车身振动时,停住秒表记录时间。

(3)将操纵手柄换入 N 挡,使发动机怠速运转 1min,再做下一次试验。

N→D 和 N→R 各做三次,取三次的平均值。

正常时滞时间为:N→D 的时滞时间,1.2s;N→R 的时滞时间,1.6s。

4)时滞试验性能分析

大众 01M 型自动变速器时滞试验性能分析见表 5-8。

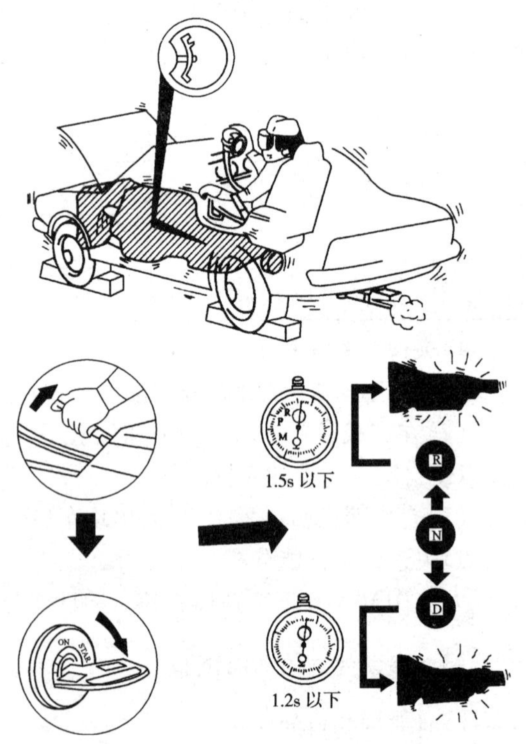

图 5-32 自动变速器时滞试验

01M 型自动变速器时滞试验性能分析　　表 5-8

故障现象	故障原因
N→D 和 N→R 时滞时间均过长	①自动变速器油质不佳; ②自动变速器油面过低; ③滤油器滤网堵塞; ④油泵主从动齿轮磨损或损坏; ⑤主调压阀阀芯卡滞; ⑥主控制油路泄漏
只有 N→D 时滞时间过长	①前进挡控制油路泄漏; ②一挡离合器 K_1 摩擦片磨损严重; ③一挡离合器 K_1 活塞密封圈损坏而漏油; ④单向离合器 F 磨损或损坏
只有 N→R 时滞时间过长	①倒挡控制油路泄漏; ②倒挡离合器 K_2 摩擦片磨损严重; ③倒挡离合器 K_2 活塞密封圈损坏而漏油; ④倒挡制动器 B_1 摩擦片磨损严重; ⑤倒挡制动器 B_1 活塞密封圈损坏而漏油

4 自动变速器油压试验

1)油压试验的目的

油压试验(图 5-33)的目的是测量液压控制管路中油压,用来判断各泵、阀工作性能的好坏。

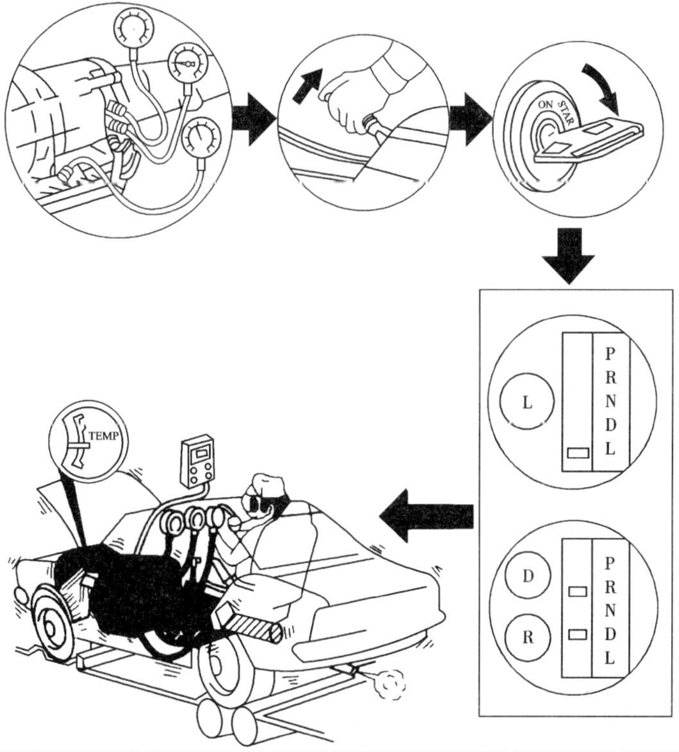

图 5-33　自动变速器油压试验

自动变速器控制油压过高,会造成自动变速器换挡时有较大冲击,密封件易过早损坏;自动变速器控制油压过低,会使自动变速器打滑,则导致加速无力,加剧了离合器和制动器摩擦片的磨损,严重时会导致摩擦片烧坏。

2)油压试验方法

(1)将自动变速器油压表接到自动变速器测压孔上(自动变速器测压孔的位置查阅自动变速器维修手册)。

(2)拉紧驻车制动器手柄,起动发动机,使自动变速器油温达到正常值(50~80℃)。

(3)在发动机怠速工况和失速工况下分别测出D挡和R挡时的油压值。

自动变速器主油路标准油压见表5-9。

自动变速器主油路标准油压值 表5-9

自动变速器型号	操纵手柄位置	主油路油压(kPa)	
		怠速工况	失速工况
A340E	D	363~422	902~1147
	R	500~598	1236~1589
A240E	D	373~422	903~1050
	R	550~707	1412~1648
A241E	D	373~422	903~1050
	R	638~795	1560~1893
A540E	D	353~412	992~1040
	R	637~745	1608~1873
A341E、342E	D	382~441	1206~1363
	R	579~657	1638~1863
01M		怠速工况	应急状态(发动机转速设为2000r/min)
	D	340~380	1240~1320
	R	500~600	2300~2400

3)油压试验性能分析

大众01M型自动变速器油压试验性能分析见表5-10。

5 自动变速器道路试验

1)道路试验的目的

(1)进一步检查和分析自动变速器的故障原因。

(2)修复后的自动变速器检查其是否恢复了正常工作的能力。

自动变速器道路试验的检测内容主要包括换挡点和换挡时有无冲击、振动、噪声、打滑等。道路试验前,发动机和底盘应工作正常,自动变速器的油温应达到正常工作温度。

01M 型自动变速器油压试验性能分析　　表 5-10

故障现象	故障原因
D 挡和 R 挡油压均过高	①发动机怠速过高； ②主调压阀阀芯卡滞； ③节气位置传感器有故障； ④N93 电磁阀失效或其电路有故障； ⑤自动变速器电控单元有故障
D 挡和 R 挡油压均过低	①自动变速器油质不佳； ②自动变速器油面过低； ③滤油器滤网堵塞； ④油泵主从动齿轮磨损或损坏； ⑤主调压阀阀芯卡滞； ⑥主控制油路泄漏
D 挡油压过低，但 R 挡油压正常	①前进挡控制油路泄漏； ②离合器 K_1 活塞密封圈损坏而漏油； ③N93 电磁阀失效或其电路有故障； ④节气位置传感器有故障； ⑤电控单元（计算机）有故障
R 挡油压过低，但 D 挡油压正常	①倒挡控制油路泄漏； ②倒挡离合器 K_2 活塞密封圈损坏而漏油； ③倒挡制动器 B_1 活塞密封圈损坏而漏油

2）道路试验方法

（1）操纵手柄在 D 挡。选择平坦的路面，将自动变速器操纵手柄置于 D 挡，踩下加速踏板使节气门保持在一定开度（发动机转速控制在 2000r/min），使汽车加速行驶。

检查以下内容：

①自动变速器是否按自动 1→2 挡、2→3 挡、3→O/D 挡的规律进行升挡，升挡时车速与规定值是否相符。如果有模式选择开关，应在动力模式和正常模式下进行升挡试验。

②汽车行驶时，是否有换挡冲击、打滑及振动等现象。

③汽车在锁止离合器锁止情况下行驶时，变速器是否有不正常的振动和噪声。

④检查锁止离合器的锁止情况，汽车在 80km/h 稳定行驶时，再踩下加速踏板，发动机转速应无明显的变化，否则说明锁止离合器没有锁止。

⑤检查汽车在 2 挡、3 挡和 O/D 挡行驶时，是否从超速→3 挡、3→2 挡、2→1 挡降挡，降挡车速是否符合标准，降挡时有无振动和噪声。

⑥强制降挡检查，使汽车中速行驶，迅速将加速踏板踩到底，应有明显的增扭效果，说明自动变速器降低了一个挡位；松开加速踏板，自动变速器又回到高挡位。如果迅速踩下加速踏板时没有出现降挡增扭，则说明自动变速器强制降挡控制功能失效。

（2）操纵手柄在 3 挡。选择平坦的路面，将自动变速器操纵手柄置于 3 挡，踩下加速踏板使节气门保持在一定开度（发动机转速控制在 2000r/min），使汽车加速行驶。

检查以下内容：

①自动变速器是否自动1→2挡、2→3挡的规律进行升挡，升挡时车速与规定值是否相符。

②汽车行驶时，是否有换挡冲击、打滑及振动等现象。

③检查汽车在2挡、3挡行驶时，是否从3→2挡、2→1挡降挡，降挡车速是否符合标准，降挡时有无振动和噪声。

(3)操纵手柄在2挡。选择平坦的路面，将自动变速器操纵手柄置于2挡，踩下加速踏板使节气门保持在一定开度（发动机转速控制在2000r/min），使汽车加速行驶。

检查以下内容：

①自动变速器是否自动1→2挡的规律进行升挡，升挡时车速与规定值是否相符。

②检查汽车在2挡，是否从2→1挡降挡，降挡车速是否符合标准。

③发动机制动效果检查，使汽车在中速行驶，松开加速踏板汽车车速若明显降低，说明自动变速器有发动机制动作用；否则说明自动变速器无发动机制动作用。

(4)操纵手柄在1挡。选择平坦的路面，将自动变速器操纵手柄置于1挡，踩下加速踏板使节气门保持在一定开度（发动机转速控制在2000r/min），使汽车加速行驶。

检查以下内容：

发动机制动效果检查，使汽车行驶，松开加速踏板汽车车速若明显降低，说明自动变速器有发动机制动作用；否则说明自动变速器无发动机制动作用。

(5)操纵手柄在R挡。将自动变速器操纵手柄置于R挡，应能迅速倒车，并无异响和打滑现象。

(6)操纵手柄在P挡。在坡度大于9%的坡道上停车，将自动变速器操纵手柄置于P挡，松开手制动和放松制动踏板后应不溜车。

6 自动变速器故障自诊断

我们以大众01M型自动变速器为例，使用故障阅读仪V·A·G1551或V·A·G1552进行故障自诊断。

1)查询故障记忆（输入02-02）

点火开关关闭处于“OFF”挡，连接故障阅读仪V·A·G1551或V·A·G1552，打开点火开关处于“ON”挡，输入地址码“02”自动变速器电控系统，按下“Q”键确认，直至显示屏显示功能选择“××”，选择“02”功能查询故障记忆，再按“Q”键确认显示屏显示故障码，通过“→”键翻页就可以分别显示故障码和内容。故障一览表见表5-11。

故障一览表 表5-11

故障码	显示内容	可能故障原因	故障排除方法
00258	电磁阀1-N88 ●断路 ●对搭铁短路	线束断路或对搭铁短路 电磁阀1-N88有故障	●按电路图检查线束和插接器 ●读取测量数据块显示组04 ●检测电磁阀1-N88，如损坏则更换
00260	电磁阀2-N89 ●断路 ●对搭铁短路	线束断路或对搭铁短路 电磁阀2-N89有故障	●按电路图检查线束和插接器 ●读取测量数据块显示组04 ●检测电磁阀2-N89，如损坏则更换

续上表

故障码	显示内容	可能故障原因	故障排除方法
00262	电磁阀 3-N90 • 断路 • 对搭铁短路	线束断路或对搭铁短路 电磁阀 3-N90 有故障	• 按电路图检查线束和插接器 • 读取测量数据块显示组 04 • 检测电磁阀 3-N90，如损坏则更换
00264	电磁阀 4-N91 • 断路 • 对搭铁短路	线束断路或对搭铁短路 电磁阀 4-N91 有故障	• 按电路图检查线束和插接器 • 读取测量数据块显示组 04 • 检测电磁阀 4-N91，如损坏则更换
00266	电磁阀 5-N92 • 断路 • 对搭铁短路	线束断路或对搭铁短路 电磁阀 5-N92 有故障	• 按电路图检查线束和插接器 • 读取测量数据块显示组 04 • 检测电磁阀 5-N92，如损坏则更换
00268	电磁阀 6-N93 • 断路 • 对搭铁短路	线束断路或对搭铁短路 电磁阀 6-N93 有故障	• 按电路图检查线束和插接器 • 读取测量数据块显示组 04 • 检测电磁阀 6-N93，如损坏则更换
00270	电磁阀 7-N94 • 断路 • 对搭铁短路	线束断路或对搭铁短路 电磁阀 7-N94 有故障	• 按电路图检查线束和插接器 • 读取测量数据块显示组 04 • 检测电磁阀 7-N94，如损坏则更换
00281	车速传感器 G68 无信号	线束断路 车速传感器 G68 有故障	• 按电路图检查线束和插接器 • 读取测量数据块显示组 02 • 检测车速传感器 G68，如损坏则更换
00293	多功能开关 F125 开关状态不确定	线束断路 多功能开关 F125 有故障	• 按电路图检查线束和插接器 • 读取测量数据块显示组 01 • 检测多功能开关 F125，如损坏则更换
00297	变速器转速传感器 G38 无信号	线束断路 变速器转速传感器 G38 有故障	• 按电路图检查线束和插接 • 检测变速器转速传感器 G38，如损坏则更换
00300	变速器油温传感器 G93 无法识别故障类型	线束断路 变速器油温传感器 G93 有故障	• 按电路图检查线束和插接器 • 读取测量数据块显示组 05 • 检测变速器油温传感器 G93，如损坏则更换
00518	节气门电位计 G69 信号超出允许值	线束断路或短路 节气门电位计 G69 有故障	• 如果还显示了故障 00638，则应先排除该故障 • 按电路图检查线束和插接器 • 读取测量数据块显示组 01 和 03 • 检测节气门电位计 G69，如损坏则更换 • 对系统进行基本调整
		发动机控制单元或节气门电位计 G69 损坏	对系统进行基本调整

续上表

故障码	显示内容	可能故障原因	故障排除方法
00529	无转速信号	线束短路	• 按电路图检查线束和插接器 • 读取测量数据块显示组 03 • 检查发动机控制单元
00532	电源电压	蓄电池损坏 蓄电池电压过低	• 检查蓄电池 • 按电路图检查线束和插接器 • 读取测量数据块显示组 02 • 检查控制单元 J217 电压
00545	发动机/变速器电器连接断路 对搭铁短路	线束断路或对搭铁短路 发动机/变速器控制单元未接上	• 按电路图检查线束和插接器 • 读取测量数据块显示组 05 • 检查发动机控制单元 • 对系统进行基本调整
00596	整流器导线间短路	传输线/滑阀箱和线束间的 10 孔插头连接滑阀箱的传输线损坏	• 按电路图检查线束和插接器 • 检查整流器 • 更换传输线
00638	发动机/变速器电器连接无信号	线束断路或对搭铁短路 发动机/变速器控制单元未接上 节气门信号未传至变速器控制单元	• 按电路图检查线束和插接器 • 读取测量数据块显示组 05 • 检查发动机控制单元,如损坏则更换 • 对系统进行基本调整
00641	自动变速器油温度信号过大	变速器过热,最高 148℃。自动变速器油温过高时,变速器自动换入相邻低挡 汽车拖载过大 自动变速器油位不正常 变速器油温度传感器损坏	• 检查油位 • 读取测量数据块显示组 05 • 读取自动变速器油温度 • 检查变速器油温度传感器 G93 • 更换传输线
00652	挡位监控 不可靠信号	电器/液压故障 离合器或滑阀箱损坏	• 读取测量数据块显示组 04 并在行驶中确定哪一挡有故障
00660	强制降挡开关/节气门电位计 不可靠信号	线束断路	• 按电路图检查线束和插接器
		节气门电位计 G69 损坏	• 如果还显示了故障 00638,则应先排除该故障 • 按电路图检查线束和插接器 • 读取测量数据块显示组 01 和 03 • 检测节气门电位计 G69 • 更换节气门电位计 G69 • 对系统进行基本调整
		强制降挡开关 F8 损坏	• 读取测量数据块显示组 01 • 检查强制降挡开关 F8 • 调整或更换油门拉索

续上表

故障码	显示内容	可能故障原因	故障排除方法
65535	控制单元损坏	控制单元 J217 损坏	• 在确定可能的故障原因并排除机械故障、液压故障、严重电器/电器部件及线束连接故障后： • 更换控制单元 • 对系统进行基本调整
	无故障	维修后如显示无故障，自诊断结束 如自诊断后，自动变速器仍有故障，必须按故障诊断程序继续检查	

注：显示内容中有的是有关部件的附加显示；显示的有些故障，要先检查插接器连接是否锈蚀、进水，如果需要则更换；显示电磁阀有故障时，要特别注意变速器上传输线/滑阀箱和线束间的 10 孔插接器连接。

2）基本设定（输入 02-04-00）

进行如下维修后，应进行基本调整：

（1）更换发动机。

（2）更换节气门位置传感器。

（3）更换发动机控制单元。

（4）更换节流阀阀体。

（5）更换自动变速器控制单元 J217。

连接故障阅读仪 V·A·G1551 或 V·A·G1552，加速踏板必须保持在怠速位置，输入地址码“02”自动变速器电控系统，直至显示屏显示功能选择“××”，选择“04”功能基本调整，按下“Q”键确认后，输入“00”显示组，按下“Q”键确认，显示屏显示：系统处于基本调整状态，将加速踏板踩到底并触动强制降挡开关，在这个位置保持 3s 时间，基本调整结束。

3）阅读数据流

利用故障阅读仪 V·A·G1551 或 V·A·G1552 输入地址“02”进入自动变速器电控系统，选择“08”功能便能读取测量数据流，通过各显示组显示出来。可选择显示组的内容见表 5-12。

可选择显示组内容　　表 5-12

显示组	显示区	显示举例	说明
01	1	P	变速杆位置
	2	0.8V	节气门电位计电压
	3	0	加速踏板位置值
	4	00000111	开关位置
02	1	0.983A	电磁阀 6-N93 实际电流
	2	0.985A	电磁阀 6-N94 实际电流
	3	12.76V	蓄电池电压
	4	2.50V	车速传感器 G68 电压

续上表

显示组	显示区	显示举例	说明
03	1	0km/h	车速
	2	900r/min	发动机转速
	3	0	挂入挡位
	4	0%	加速踏板位置值
04	1	1000 00	电磁阀
	2	0	挂入挡位
	3	P	变速杆位置
	4	0km/h	车速
05	1	45℃	自动变速器油温度
	2	0011011	换挡输出
	3	0	将要挂入挡位
	4	900r/min	发动机转速
06	1	不需要考虑	
	2		
	3		
	4		
07	1	1h	挂入挡位
	2	200r/min	锁止离合器打滑
	3	900r/min	发动机转速
	4	0	加速踏板位置值
08	1	不需要考虑	
	2		
	3		
	4		

利用测量数据流进行功能检查(其中06、08显示组不考虑),各显示组见表5-13~表5-18。

01 显示组

表5-13

显示区	检查内容	检查条件		V·A·G1552 正确显示内容	显示异常时采取的措施	说明
1	变速杆位置-多功能开关F125	变速杆位置	P	P	检查多功能开关F125	发动机冷却液温度最低80℃
			R	R		
			N	N		
			D	D		
			3	3		
			2	2		
			1	1		

续上表

<table>
<tr><th>显示区</th><th>检 查 内 容</th><th colspan="2">检 查 条 件</th><th>V · A · G1552
正确显示内容</th><th>显示异常时采取的措施</th><th>说明</th></tr>
<tr><td rowspan="4">2</td><td rowspan="4">节气门电位计 G69 电压</td><td colspan="2">最低怠速</td><td>0.156V</td><td rowspan="4">• 从怠速到节气门全开的加速过程中，电压值应稳定升高
• 对发动机控制单元进行自诊断
• 检查节气门电位计
• 调整节气门电位计，如需要更换
• 对系统进行基本调整</td><td rowspan="19">发动机冷却液温度最低 80℃</td></tr>
<tr><td colspan="2">最高怠速</td><td>0.8V</td></tr>
<tr><td colspan="2">节气门全开，最小</td><td>3.5V</td></tr>
<tr><td colspan="2">节气门全开，最大</td><td>4.680V</td></tr>
<tr><td rowspan="2">3</td><td rowspan="2">节气门位置值</td><td colspan="2">怠速</td><td>0 ~ 1%</td><td rowspan="2">• 从怠速到节气门全开过程中，位置值稳步升高，否则对系统进行调整</td></tr>
<tr><td colspan="2">节气门全开</td><td>99% ~ 100%</td></tr>
<tr><td rowspan="13">4</td><td rowspan="2">制动灯开关 F
第 1 位数字</td><td colspan="2">踏下制动踏板</td><td>1</td><td rowspan="2">检查制动开关 F 及线束</td></tr>
<tr><td colspan="2">未踏下制动踏板</td><td>0</td></tr>
<tr><td>驱动和滑动调节
第 3 位数字</td><td colspan="2">低速挡</td><td colspan="2">不需要考虑</td></tr>
<tr><td rowspan="2">强制低速挡开关
第 4 位数字</td><td rowspan="2">变速杆位丁</td><td>起作用</td><td>1</td><td rowspan="2">检查强制低速挡开关及线束</td></tr>
<tr><td>未起作用</td><td>0</td></tr>
<tr><td rowspan="2">多功能开关 F125
第 5 位数字</td><td rowspan="2">变速杆位于</td><td>R、N、D、3、2</td><td>1</td><td rowspan="2">检查多功能开关 F125 及线束</td></tr>
<tr><td>P、1</td><td>0</td></tr>
<tr><td rowspan="2">多功能开关 F125
第 6 位数字</td><td rowspan="2">变速杆位于</td><td>P、R、2、1</td><td>1</td><td rowspan="2">检查多功能开关 F125 及线束</td></tr>
<tr><td>N、D、3</td><td>0</td></tr>
<tr><td rowspan="2">多功能开关 F125
第 7 位数字</td><td rowspan="2">变速杆位于</td><td>P、R、N、D</td><td>1</td><td rowspan="2">检查多功能开关 F125 及线束</td></tr>
<tr><td>3、2、1</td><td>0</td></tr>
<tr><td rowspan="2">多功能开关 F125
第 8 位数字</td><td rowspan="2">变速杆位于</td><td>P、R、N、</td><td>1</td><td rowspan="2">检查多功能开关 F125 及线束</td></tr>
<tr><td>D、3、2、1</td><td>0</td></tr>
</table>

02 显示组

表 5-14

显示区	检查内容	检查条件	V·A·G1552正确显示内容	显示异常时采取的措施	说明
1	电磁阀 6-N93 的实际电流	节气门全开	0A	检查电磁阀 N-93 及线束	
		怠速最大	1.1A		
2	电磁阀 6-N93 的额定电流	节气门全开	0A	检查电磁阀 N-93 及线束	
		怠速最大	1.1A		
3	蓄电池电压	最小	10.8V	●检查蓄电池电压,如需要更换 ●检查控制单元 J217 电压 ●更换变速器控制单元 ●对系统进行基本调整	
		最大	16.0V		
4	车速传感器 G68	最小	2.20V	检查车速传感器 G68 及线束	
		最大	2.52V		

03 显示组

表 5-15

显示区	检查内容	检查条件		V·A·G1552正确显示内容	显示异常时采取的措施	说明
1	车速	在行驶中		…km/h	车速表显示值和V·A·G 1552 的显示值可稍有不同,若有较大的差异应检查 ●检查车速传感器 G68 及线束 ●检查控制单元 J217	
2	发动机转速	发动机正在运转		…r/min	如需要,调整和检查发动机	
3	挂入挡位	在行驶中	空挡	0	●检查电磁阀及线束 ●如果不能换挡,检查离合器、制动器和液压控制阀 ●更换变速器控制单元 J217	
			倒挡	R		
			1 挡液压	1H		
			2 挡液压	2H		
			2 挡刚性*	2M		
			3 挡液压	3H		
			3 挡刚性	3M		
			4 挡液压	4H		
			4 挡刚性	4M		
4	加速踏板位置值	在行驶中	怠速	0~1%	●从怠速到节气门全开过程中,位置值稳步升高,否则应检查 ●检查加速踏板位置传感器及线束 ●对系统进行基本调整	
			节气门全开	99%~100%		

注:*——“刚性”指锁止离合器工作时泵轮和涡轮间实现机械传动。

04 显示组 表 5-16

<table>
<tr><th>显示区</th><th>检查内容</th><th colspan="2">检查条件</th><th>V·A·G1552正确显示内容</th><th>显示异常时采取的措施</th><th>说明</th></tr>
<tr><td rowspan="13">1</td><td rowspan="13">V·A·G1552 显示的电磁阀工作状态：
• N88 在第 1 位数字显示
• N89 在第 2 位数字显示
• N90 在第 3 位数字显示
• 在第 4 位数字显示(不考虑)
• N92 在第 5 位数字显示
• N94 在第 6 位数字显示</td><td colspan="2">P</td><td>1010 00</td><td rowspan="13">• 按行驶状况接通电磁阀
• 按故障诊断程序检查</td><td rowspan="13">未接合的电磁阀用“0”表示，
接合的电磁阀用“1”表示</td></tr>
<tr><td colspan="2">R</td><td>0010 00</td></tr>
<tr><td colspan="2">N</td><td>1010 00</td></tr>
<tr><td rowspan="4">D</td><td>1H(1M)</td><td>0010 00</td></tr>
<tr><td>2H(2M)</td><td>0110 00</td></tr>
<tr><td>3H(3M)</td><td>0000 01</td></tr>
<tr><td>4H(4M)</td><td>1100 00</td></tr>
<tr><td rowspan="3">3</td><td>1H(1M)</td><td>0010 00</td></tr>
<tr><td>2H(2M)</td><td>0110 00</td></tr>
<tr><td>3H(3M)</td><td>0000 01</td></tr>
<tr><td rowspan="2">2</td><td>1H(1M)</td><td>0010 00</td></tr>
<tr><td>2H(2M)</td><td>0110 00</td></tr>
<tr><td>1</td><td>1H(1M)</td><td>0010 00</td></tr>
<tr><td rowspan="9">2</td><td rowspan="9">挂入挡位</td><td rowspan="9">在行驶中</td><td>空挡</td><td>0</td><td rowspan="9">• 检查电磁阀及线束
• 如果不能换挡，检查离合器、制动器和液压控制阀
• 更换变速器控制单元 J217</td><td rowspan="9"></td></tr>
<tr><td>倒挡</td><td>R</td></tr>
<tr><td>1 挡液压</td><td>1H</td></tr>
<tr><td>2 挡液压</td><td>2H</td></tr>
<tr><td>2 挡刚性</td><td>2M</td></tr>
<tr><td>3 挡液压</td><td>3H</td></tr>
<tr><td>3 挡刚性</td><td>3M</td></tr>
<tr><td>4 挡液压</td><td>4H</td></tr>
<tr><td>4 挡刚性</td><td>4M</td></tr>
<tr><td rowspan="7">3</td><td rowspan="7">变速杆位置</td><td rowspan="7">在行驶中</td><td>P</td><td>P</td><td rowspan="7">检查多功能开关 F125</td><td rowspan="7"></td></tr>
<tr><td>R</td><td>R</td></tr>
<tr><td>N</td><td>N</td></tr>
<tr><td>D</td><td>D</td></tr>
<tr><td>3</td><td>3</td></tr>
<tr><td>2</td><td>2</td></tr>
<tr><td>1</td><td>1</td></tr>
<tr><td>4</td><td>车速</td><td colspan="2">在行驶中的车速</td><td>…km/h</td><td>车速表显示值和 V·A·G 1552 显示值可稍有不同</td><td></td></tr>
</table>

05 显示组 表 5-17

<table>
<tr><th>显示区</th><th>检查内容</th><th colspan="2">检查条件</th><th>V·A·G1552
正确显示内容</th><th>显示异常时采取的措施</th><th>说明</th></tr>
<tr><td>1</td><td>自动变速器油温在 35～45℃时应检查油面高度</td><td colspan="2">发动机在运转，油温在 30℃以上才能精确显示</td><td>…℃</td><td>检查变速器油温传感器 G93 及线束</td><td></td></tr>
<tr><td rowspan="16">2</td><td rowspan="2">换挡输出
在第 1 位数字显示</td><td rowspan="4">行驶中发动机点火时刻控制</td><td>接通</td><td>1</td><td rowspan="4">●按电路图检查
●更换发动机控制单元
●更换变速器控制单元 J217
●对系统进行基本调整</td><td rowspan="16"></td></tr>
<tr><td>断开</td><td>0</td></tr>
<tr><td rowspan="2">换挡输出
在第 2 位数字显示</td><td>接通</td><td>1</td></tr>
<tr><td>断开</td><td>0</td></tr>
<tr><td rowspan="2">换挡输出
在第 3 位数字显示</td><td rowspan="4">变速杆锁止电磁铁 N110</td><td>接通</td><td>1</td><td rowspan="4">●按电路图检查
●检查变速杆锁止电磁铁 N110</td></tr>
<tr><td>断开</td><td>0</td></tr>
<tr><td rowspan="2">换挡输出
在第 4 位数字显示</td><td>接通</td><td>1</td></tr>
<tr><td>断开</td><td>0</td></tr>
<tr><td rowspan="2">换挡输出
在第 5 位数字显示</td><td rowspan="2">速度调节装置</td><td>接通</td><td>1</td><td rowspan="2">●按电路图检查
●检查速度调节装置</td></tr>
<tr><td>断开</td><td>0</td></tr>
<tr><td rowspan="2">换挡输出
在第 6 位数字显示</td><td rowspan="2">空调</td><td>断开</td><td>1</td><td rowspan="2">●按电路图检查
●检查空调装置</td></tr>
<tr><td>接合</td><td>0</td></tr>
<tr><td rowspan="2">换挡输出
在第 7 位数字显示</td><td rowspan="2">停车/空挡信号，变速杆位于</td><td>P、N</td><td>1</td><td rowspan="2">●按电路图检查
●检查多功能开关 F125</td></tr>
<tr><td>1、2、3、D</td><td>0</td></tr>
<tr style="display:none"><td></td></tr>
<tr style="display:none"><td></td></tr>
<tr><td rowspan="9">3</td><td rowspan="9">挂入挡位</td><td rowspan="9">在行驶中</td><td>空挡</td><td>0</td><td rowspan="9">●检查电磁阀及线束
●如果不能换挡，检查离合器、制动器和液压控制阀
●更换变速器控制单元 J217</td><td rowspan="9"></td></tr>
<tr><td>倒挡</td><td>R</td></tr>
<tr><td>1 挡液压</td><td>1H</td></tr>
<tr><td>2 挡液压</td><td>2H</td></tr>
<tr><td>2 挡刚性</td><td>2M</td></tr>
<tr><td>3 挡液压</td><td>3H</td></tr>
<tr><td>3 挡刚性</td><td>3M</td></tr>
<tr><td>4 挡液压</td><td>4H</td></tr>
<tr><td>4 挡刚性</td><td>4M</td></tr>
<tr><td>4</td><td>发动机转速</td><td colspan="2">在行驶中，发动机在运转</td><td>…r/min</td><td>如需要，调整发动机</td><td></td></tr>
</table>

07 显示组　　　　表 5-18

<table>
<tr><th>显示区</th><th>检查内容</th><th colspan="2">检查条件</th><th>V·A·G1552
正确显示内容</th><th>显示异常时采取的措施</th><th>说明</th></tr>
<tr><td rowspan="9">1</td><td rowspan="9">挂入的挡位</td><td rowspan="9">在行驶中</td><td>空挡</td><td>0</td><td rowspan="9">• 检查电磁阀及线束
• 如果不能换挡检查离合器、制动器和液压控制阀
• 更换变速器控制单元 J217</td><td rowspan="9"></td></tr>
<tr><td>倒挡</td><td>R</td></tr>
<tr><td>1 挡液压</td><td>1H</td></tr>
<tr><td>2 挡液压</td><td>2H</td></tr>
<tr><td>2 挡刚性</td><td>2M</td></tr>
<tr><td>3 挡液压</td><td>3H</td></tr>
<tr><td>3 挡刚性</td><td>3M</td></tr>
<tr><td>4 挡液压</td><td>4H</td></tr>
<tr><td>4 挡刚性</td><td>4M</td></tr>
<tr><td rowspan="2">2</td><td rowspan="2">变矩器的锁止离合器打滑情况，接通电磁阀 4-N91</td><td>在行驶中发动机运转</td><td>液力传动</td><td>0～发动机制动转速</td><td rowspan="2">• 按电路图检查
• 检查电磁阀
• 更换液力变矩器</td><td>液力变矩器锁止离合器必须是断开</td></tr>
<tr><td>变矩器的锁止离合器锁止</td><td>发动机转速：2000～3000 r/min（机械传动）</td><td>0～130r/min</td><td>换挡过程结束，加速踏板位置保持恒定，液力变矩器的锁止离合器必须是锁止的</td></tr>
<tr><td>3</td><td>发动机转速</td><td colspan="2">发动机在运转</td><td>…r/min</td><td>如需要，调整发动机</td><td></td></tr>
<tr><td rowspan="2">4</td><td rowspan="2">加速踏板位置</td><td colspan="2">怠速</td><td>0～1%</td><td rowspan="2">• 从怠速到加速全开过程中，位置值稳步升高，否则应检查
• 加速踏板位置传感器及线束
• 对系统进行基本调整</td><td rowspan="2"></td></tr>
<tr><td colspan="2">节气门全开</td><td>99%～100%</td></tr>
</table>

(四)大众 01M 型自动变速器的常见故障及原因分析

1　自动变速器油变质

1)故障现象

更换后的自动变速器油(ATF)在较短的时间里就会变质(ATF 油有焦味、冒烟并且呈棕黑色)，自动变速器油温过高。

2)故障原因

(1)使用不当造成油温过高而导致自动变速器油过早变质，如过于频繁地急加速、经常超负荷工作和经常超速行驶等。

(2)自动变速器油本身质量不佳,自动变速器油没有按规定牌号加注、使用的自动变速器油质量达不到使用要求或自动变速器油受到了污染。

(3)自动变速器至自动变速器油散热器通道堵塞,如通向散热器油管堵塞、散热器的限压阀卡滞等,使自动变速器油得不到及时的冷却使油温过高导致自动变速器油变质。

(4)自动变速器中离合器和制动器的间隙过小,在离合器和制动器不工作时摩擦片间摩擦打滑使油温过高导致自动变速器油变质。

(5)自动变速器中离合器和制动器的间隙过大,在离合器和制动器工作时摩擦片打滑使油温过高导致自动变速器油变质。

(6)自动变速器主油路油压过低,在离合器和制动器工作时摩擦片打滑使油温过高导致自动变速器油变质。

3)故障诊断与排除

(1)使汽车以中速行驶一段时间,当自动变速器油达到正常工作温度时,在发动机运转的情况下检查自动变速器通往散热器油管的温度。如果自动变速器散热器进油管的温度过低,说明自动变速器散热器油管堵塞或限压阀卡滞。如果自动变速器散热器进油管的温度正常,而自动变速器散热器回油管温度与进油管温度相差很少,说明自动变速器散热器散热效果不良,应检修散热器。

(2)检查自动变速器是否有打滑现象,若有打滑现象应检查自动变速器制动器和离合器摩擦片间隙是否过大和油压是否过低。

(3)更换自动变速器油,加入规定牌号的规定量的自动变速器油再试;自动变速器油温度还过高,应检查制动器和离合器摩擦片间隙是否过小。

2 自动变速器打滑

1)故障现象

(1)汽车在起步时,发动机转速上升很快但车速上升缓慢,严重时起步困难。

(2)汽车在加速时,车速不能随发动机转速的提高而提高。

(3)汽车在上坡时,汽车行驶无力,但发动机转速很高。

2)故障原因

(1)自动变速器油面过低而造成主油路油压过低,导致离合器和制动器打滑。

(2)自动变速器油泵损坏或进油滤网堵塞,而造成油压低。

(3)主调压阀失效或阀芯卡滞,而造成油压低。

(4)自动变速器油泵磨损严重使油压过低,而引起打滑。

(5)油路泄漏,而造成油压过低。

(6)离合器和制动器摩擦片磨损严重。

(7)离合器和制动器活塞密封圈损坏而漏油,导致油压过低。

(8)单向离合器磨损严重而打滑。

3)故障诊断与排除

(1)检查自动变速器油面,如果油面过低,添加规定牌号的自动变速器油添加至规定的量。

(2)进行道路试验,根据打滑的规律判断故障的部位。以大众01M型自动变速器为例分析故障原因。

①若自动变速器在前进挡和倒挡时均有打滑现象,则为主油路油压过低。

②若自动变速器在D-1挡、D-2挡和D-3均有打滑现象而D-4正常,则为离合器K_1打滑。

③若自动变速器在D-1挡有打滑现象而D-2挡正常,则为单向离合器F打滑。

④若自动变速器在D-2挡有打滑现象而D-1挡正常,则为制动器B_2打滑。

⑤若自动变速器在D-2挡和D-4均有打滑现象,则为制动器B_2打滑。

⑥若自动变速器在倒挡有打滑现象而操纵手柄在1位有发动机制动,则为离合器K_2打滑或倒挡控制油压过低。

⑦若自动变速器在操纵手柄在1位无发动机制动而D-1挡行驶正常,则为制动器B_1打滑。

(3)检查自动变速器油压。

3　自动变速器不能升挡

1)故障现象

汽车行驶中,自动变速器始终在1挡,不能升入2挡,或虽能升入2挡,但不能升入3挡和超速挡。

2)故障原因

(1)节气门拉索调整不当。

(2)节气门位置传感器或其线路有故障。

(3)车速传感器或其线路有故障。

(4)换挡执行元件(离合器和制动器)打滑。

(5)换挡阀卡滞。

(6)电磁阀有故障。

(7)多功能开关或其线路有故障。

(8)自动变速器计算机有故障。

3)故障诊断与排除

(1)检查节气门拉索和节气门位置是否调整不当,如果不当,予以调整。

(2)进行故障自诊断读取故障码,如果有故障码输出,则按所显示的故障码检修。

(3)如果无故障码输出或当故障码所显示的故障排除后故障现象仍未消除,则进行如下检查。

①检查节气门位置传感器和线路工作情况。

②检查车速传感器和线路工作情况。

③检查多功能开关和线路工作情况。

④进行道路试验,检查换挡执行元件是否打滑,如果打滑则拆检自动变速器,检查换挡执行元件摩擦片是否磨损严重和有无泄漏。

⑤拆检自动变速器检查电磁阀和清洗滑阀箱。

⑥如果以上均良好,则更换计算机再试。

4 自动变速器无倒挡

1)故障现象

自动变速器操纵手柄置于 R 挡不能起步,置于 D 挡正常。

2)故障原因

(1)倒挡离合器打滑。

(2)倒挡制动器打滑。

(3)倒挡挡控制油路严重泄漏。

(4)自动变速器操纵手柄位置调整不当。

3)故障诊断与排除

(1)检查自动变速器操纵手柄位置是否正常,如果不正常,予以调整。

(2)检查自动变速器倒挡的油压。如果自动变速器油压过低,说明倒挡控制油路有泄漏,应拆检自动变速器,更换倒挡控制油路中的密封元件(密封垫和离合器、制动器活塞密封圈);如果油压正常,说明倒挡离合器和制动器摩擦片磨损严重而打滑。

(五)大众 01M 型自动变速器主要部件检修

1 油泵检修

油泵分解图如图 5-34 所示。

油泵装配注意事项如下。

(1)安装外齿轮,生产标记指向导轮支座,如安装错误油泵转动困难。

(2)安装内齿轮,槽深面朝向导轮支座。

(3)螺栓用 10N·m 力矩扭紧,拧紧后再拧 45°。

(4)制动器 B_2 活塞密封唇口已经经过硫化处理,安装前要用 ATF 油浸润。

(5)O 形密封圈,必须更换。

安装活塞环将活塞环装入槽内,压缩活塞环并使接口挂上,然后检查活塞环位置确保活塞环接口相互钩住。

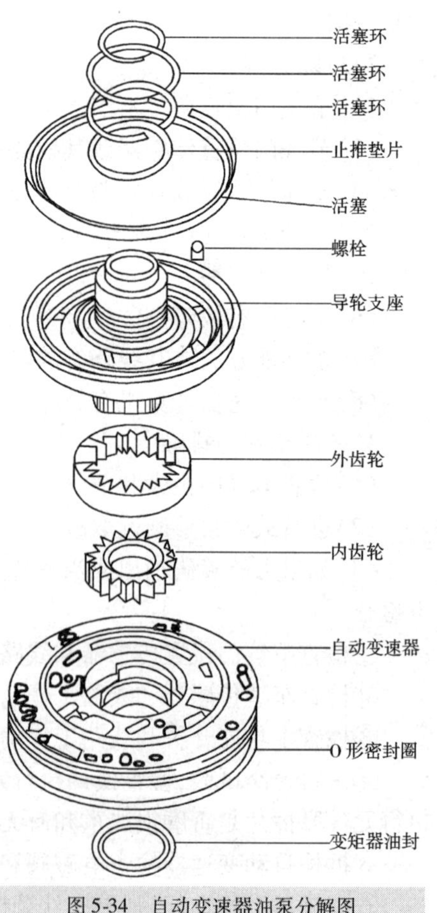

图 5-34 自动变速器油泵分解图

2 滑阀箱检修

1)滑阀箱拆卸

滑阀箱部件分解图如图 5-35 所示。

(1)将 ATF 油收集器放在变速器下面,旋下放油螺栓,拆下溢流管,放出自动变速器油。然后安装溢流管,并将其拧至台肩处。更换放油螺栓上的密封垫,装复放油螺栓。

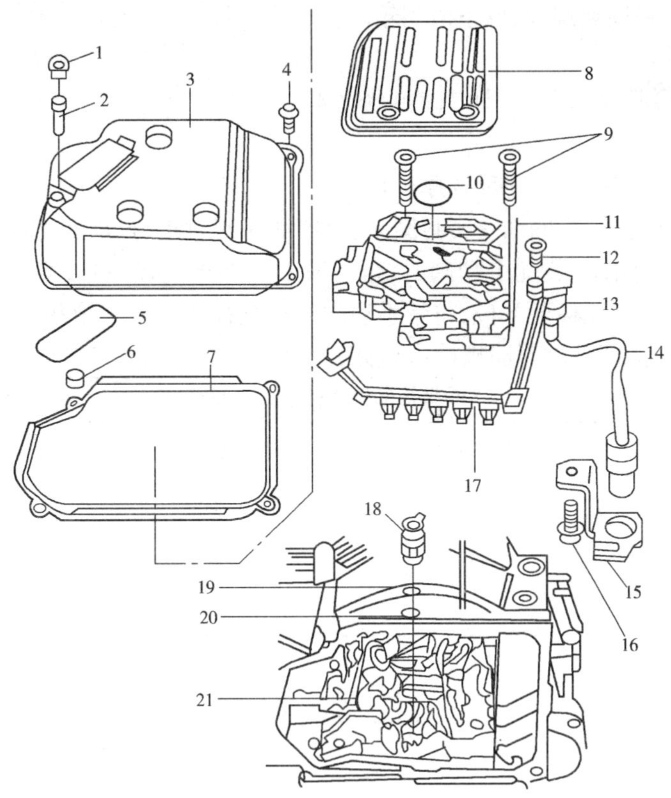

图 5-35　自动变速器滑阀箱分解图

1-放油螺栓;2-溢流管;3-油底壳;4、9、12、16-螺栓;5-磁铁;6-隔套;7-密封垫;8-自动变速器油滤油器;10-密封圈;11-滑阀箱;13、19、20-O 形密封圈;14-传输线;15-固定架;17-电磁阀插接器;18-B_1 油道密封圈;21-手动换挡阀操纵杆

(2)拆卸自动变速器油底壳。

(3)拆卸自动变速器油滤清器(图 5-36)。

(4)如图 5-37 所示，用专用工具 3373 插入电磁阀插头上并插到底，按图中箭头方向取下电磁阀插接器，拆下传输线固定螺栓。

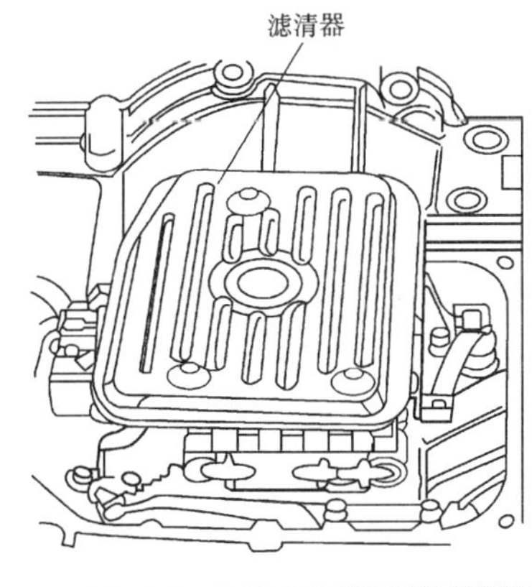

图 5-36　拆卸自动变速器油滤清器

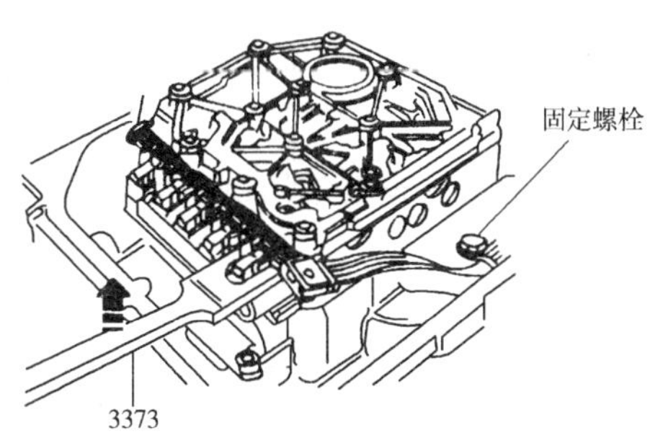

图 5-37　拆卸电磁阀传输线

(5)往外拉出手动阀,断开操纵杆。

(6)拆卸滑阀箱固定螺栓,取下滑阀箱。

2)滑阀箱解体

旋下滑阀箱层间固定螺栓,即滑阀箱被解体。

3)滑阀箱装配

装配滑阀箱时,按拆卸的相反顺序进行。

装配注意事项:需更换的油塞密封圈、变速器油底密封垫、自动变速器油滤清器密封圈和制动器 B_1 油道密封圈;装配手动阀时,带台阶的一面朝向操纵杆,安装后需调整手动阀操纵杆,方法是将变速杆移至P位,将带手动阀的操纵杆插入滑阀箱并插到底,然后紧固固定螺栓。滑阀箱相关部件的紧固螺栓力矩见表5-19。

滑阀箱部件螺栓紧固力矩 表5-19

螺栓名称(图5-35)	紧固力矩(N·m)	螺栓名称(图5-35)	紧固力矩(N·m)
放油螺栓	15	螺栓1	10
油底壳螺栓	12	螺栓2	10
阀体固定螺栓	5		

二、任务实施

项目1 诊断与排除自动变速器打滑故障

1 项目说明

自动变速器在使用过程中由于执行元件较高频率的接合和分离而产生磨损和冲击载荷,或由于使用保养不当而造成自动变速器技术状况发生变化,进而出现变速器打滑的故障。如果变速器出现打滑,应按维修手册所规定的检修方法进行故障诊断与排除。

2 技术标准与要求

(1)故障诊断要按照先简后难,逐步深化的原则,拆检变速器应是故障诊断的最后步骤。

(2)01M型自动变速器油压试验标准值见表5-20。

01M型自动变速器油压试验标准值 表5-20

自动变速器型号	操纵手柄位置	主油路油压(kPa)	
		怠速工况	应急状态(发动机转速设为2000r/min)
01M	D	340~380	1240~1320
	R	500~600	2300~2400

3　设备器材

(1)捷达都市先锋自动挡轿车。
(2)举升机。
(3)变速器拆装用台架。
(4)工具箱(美国 SATA120 件套)。
(5)油压表。
(6)解码器 X-431。

4　作业准备

(1)汽车停放位置与举升机状况检查。
(2) 连接尾气抽排管。
(3)放置发动机及翼子板罩。
(4)蓄电池状况检查。
(5)仪器设备检查准备。
(6)工、量具检查准备。
(7) 技术资料检查准备。

5　操作步骤

1)道路试验

对故障车进行路试,重点观察起步和加速时是否有打滑现象。首先接好解码器 X-431,起动发动机,进行路试,如图 5-38 所示。

操作解码器进入数据流读取选项,选择自动变速器选项(02 选项),然后输入 004,即进入如图 5-39 所示的页面,在此页面中可以时刻监测变速器的挡位信息和具体挡位的信息。如果没有解码器,也可以通过发动机转速表的转速变化作简单观察。

图 5-38　接好解码器,进行路试

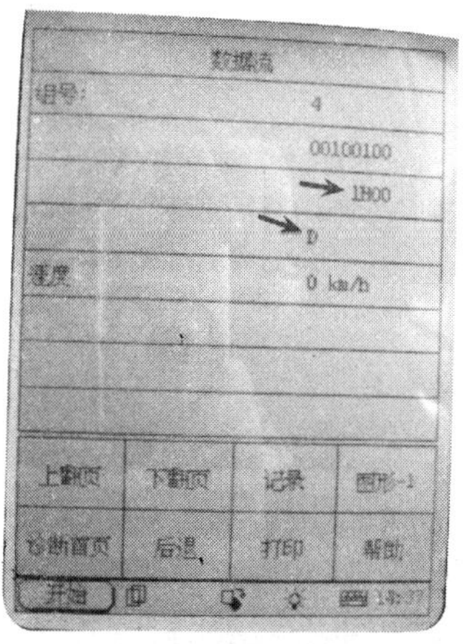

图 5-39　解码器 X-431 数据流读取页面

经路试检查,发现变速器加速性能较差,尤其是升 2 挡后加速能力明显不足。

2)初步检查

(1)发动机怠速检查,将自动变速器操纵手柄置于N位或P位,关闭空调,起动发动机检查发动机运转情况,经检查,发动机运转平稳,转速在规定的范围内。图5-40所示为仪表板上的发动机转速表和速度表,从上面可以读出发动机的怠速转速和变速器目前所处挡位。

图5-40　发动机怠速和变速杆挡位检查

(2)挡位检查,操纵手柄位置挡位不正确就会影响自动变速器正常工作,将操纵手柄从P挡位置换至其他各个挡位,经检查,挡位正常。

(3)自动变速器油位、油质检查。

①将X-431连接到诊断接口上。

②水平举升汽车,使发动机在怠速工况下运转。

③将操纵手柄从P、R、N、D、3、2、1各挡均走一遍,在各挡位下都停留几秒钟,其目的是使各挡油路充分排气和充油,然后再回到P位。

④拧下变速器油底壳放油螺栓,如图5-41所示。

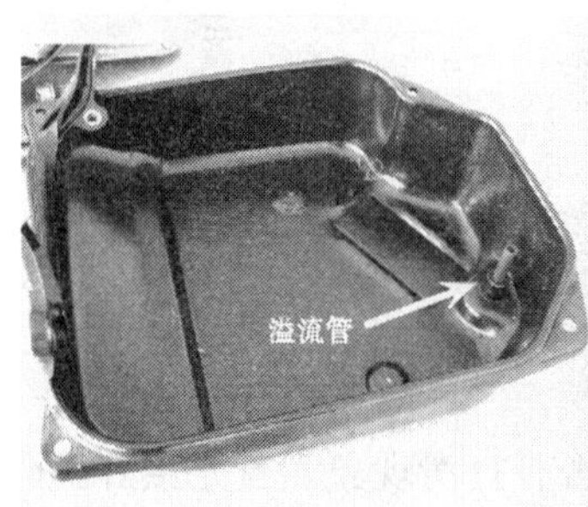

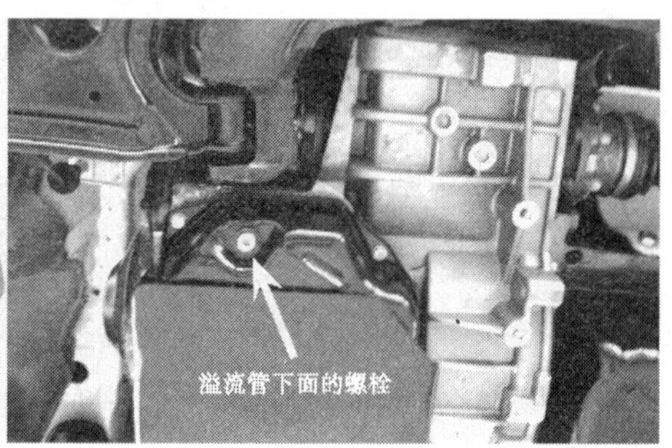

图5-41　变速器油底壳内的溢流管和油底壳放油螺栓

⑤用X-431读取自动变速器油(ATF)油温,进入自动变速器模块,读取数据流,输入005进入ATF油温界面,如图5-42所示。

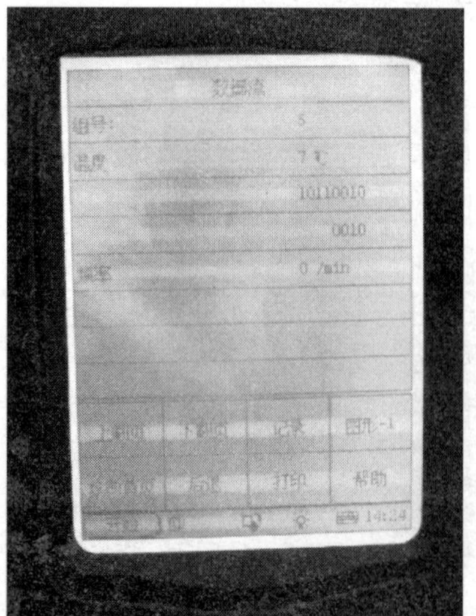

图5-42　解码器X-431的变速器油温界面

⑥当油温达到35~45℃时,溢流管刚好有油滴出,说明油面高度符合标准。采用手捻和目视观察从溢流孔流出的变速器油,发现有轻微变质现象,然后用15N · m力矩拧紧放油螺栓。

3)油压试验

(1)将自动变速器油压表接到自动变速器测压孔上,如图5-43所示。

(2)拉紧驻车制动器手柄,起动发动机,使自动变速器油温达到正常值(50~80℃)。

(3)在发动机怠速工况和失速工况下分别测出D挡和R挡时的油压值,如图5-44所示。

自动变速器标准油压见表5-20,经检测,油压正常。

4)解体变速器

(1)从车上拆卸变速器总成,把变速器固定在台架上。

(2)解体变速器。

①取下液力变矩器,放出液力变矩器中的自动变速器油。

②拆卸自动变速器油冷却器。将冷却器中防冻液倒出,旋下空心螺栓,取下冷却器。ATF 油冷却器和加油管的分解图如图 5-45 所示。

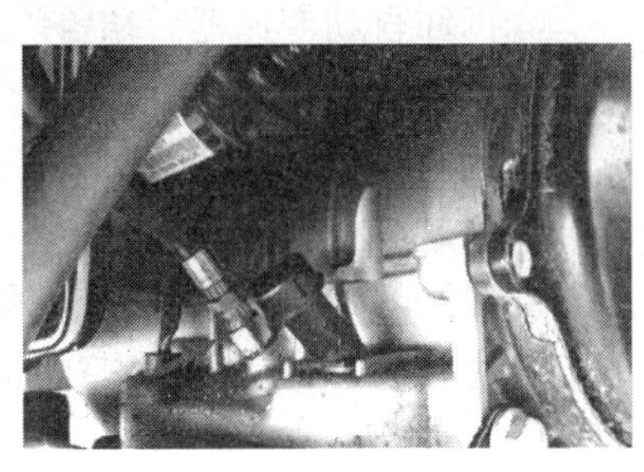

图 5-43　变速器油压表接口(图中显示已接好)

图 5-44　读取变速器油压

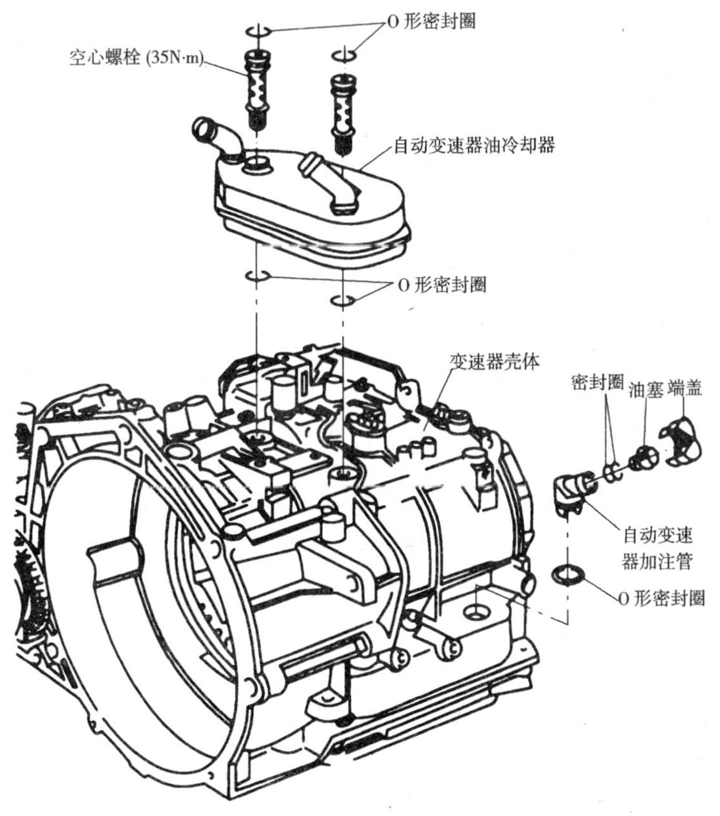

图 5-45　ATF 油冷却器和加油管的分解图

③放掉自动变速器油。

a. 将自动变速器放到自动变速器支承架上。

b. 旋下自动变速器油底保护板固定螺栓，取下油底保护板。

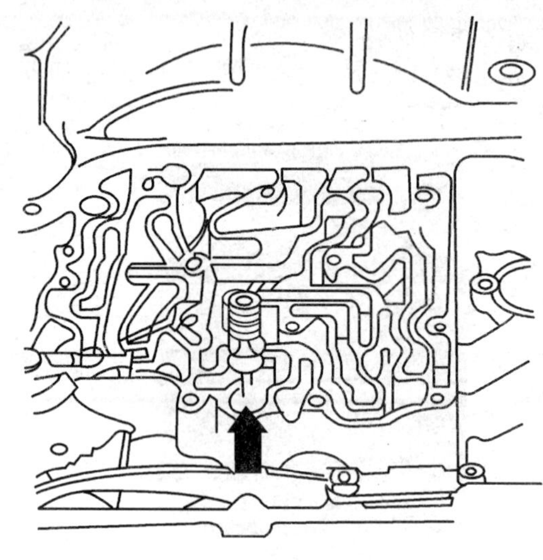

图 5-46　取出制动器 B_1 油道密封圈

c. 将储油槽放到自动变速器下面。

d. 从自动变速器油底上旋下放油螺塞。

e. 从检视孔旋下溢油管，放出自动变速器油。

④拆卸自动变速器后端盖。旋下自动变速器后端盖固定螺栓，取下后端盖。

⑤拆卸自动变速器油底壳。旋下自动变速器油底固定螺栓取下油底壳。

⑥拆卸带电磁阀插头的传输线和滑阀箱。取下电磁阀插头，旋下滑阀箱固定螺栓，取下滑阀箱。

⑦取出制动器 B_1 油道密封圈，如图 5-46 所示箭头处。

⑧自动变速器油泵。旋下图 5-47 中箭头所指的 7 个油泵固定螺栓，将两个 M8 螺栓拧入带有螺纹（A 处）的两个自动变速器油泵螺栓孔中，交叉均匀拧入螺栓，将油泵从自动变速器壳体中压出，取下油泵总成，即制动器 B_2 的油缸和活塞也被取出。

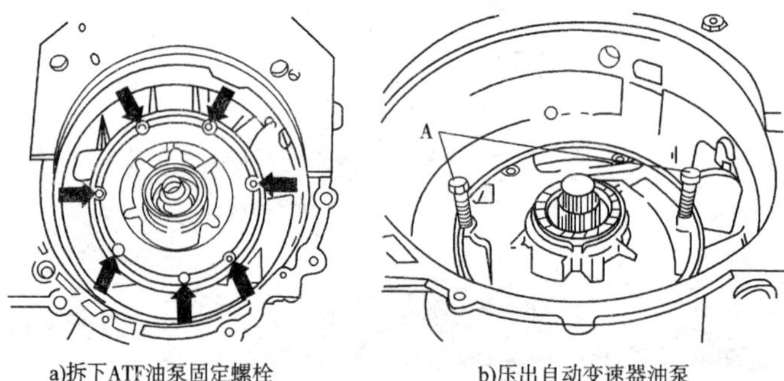

a)拆下ATF油泵固定螺栓　　b)压出自动变速器油泵

图 5-47　自动变速器油泵拆卸

⑨拆卸制动器 B_2 的内片、外片、弹簧、弹簧盖及隔离管，如图 5-48 所示。

⑩将倒挡离合器 K_2、1-3 离合器 K_1 和带涡轮轴的 4 挡离合器 K_3 一同取出，如图 5-49 所示。

⑪拆卸小输入轴（驱动行星架）、大输入轴（驱动小太阳轮）及大太阳轮。用旋具插入大太阳轮孔内，以固定行星齿轮机构，从变速器后端松开小输入轴固定螺栓，如图 5-50 所示，取出小输入轴（驱动行星架）、大输入轴（驱动小太阳轮）及大太阳轮。

⑫拆卸倒挡制动器 B_1，如图 5-51 所示。

a. 拆卸隔离管弹性挡圈和单向离合器弹性挡圈，用钳子夹住单向离合器外座圈上的凸耳，拉出单向离合器。

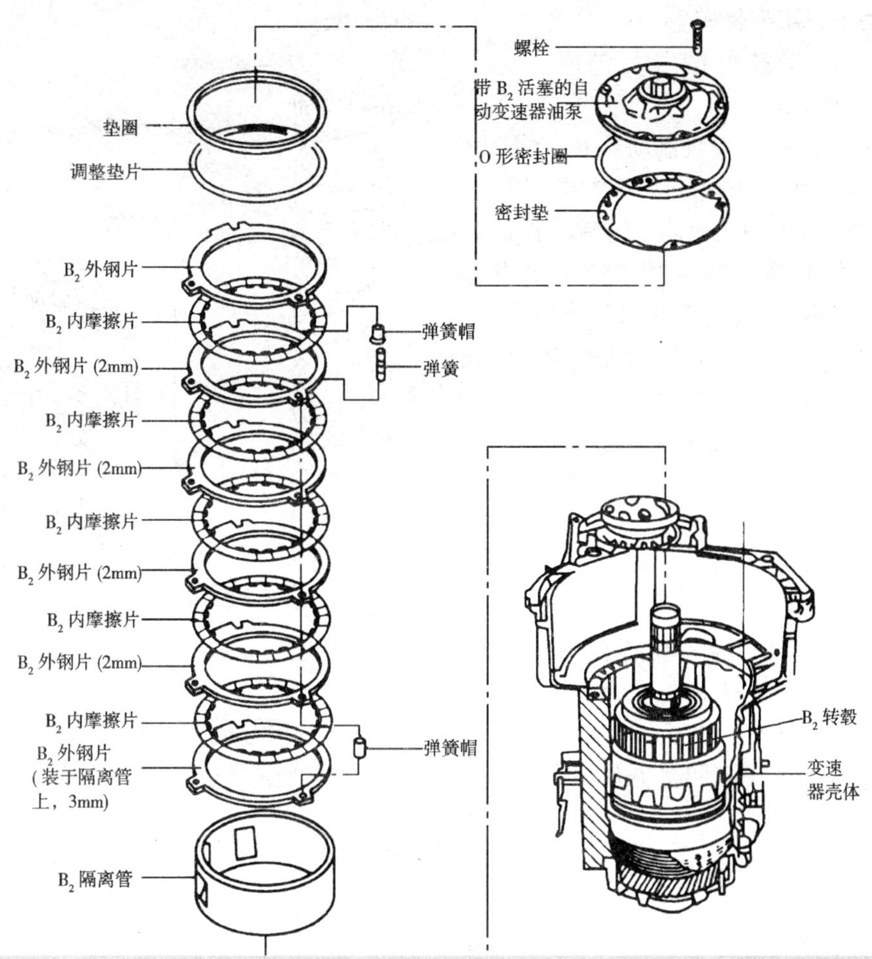

图 5-48　制动器 B_2 分解图

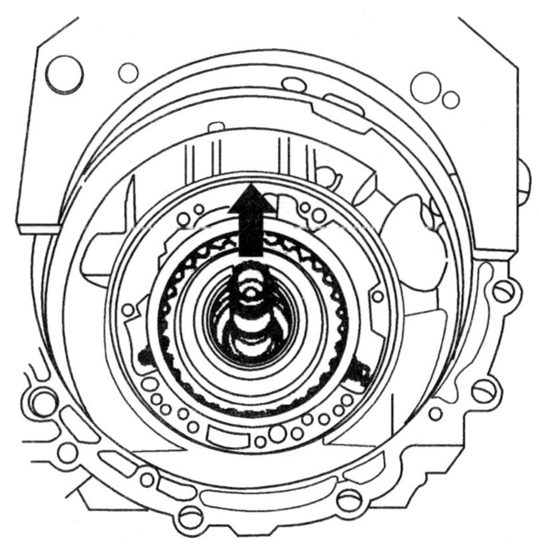

图 5-49　拆卸隔离管、K_2、K_1、和 K_3

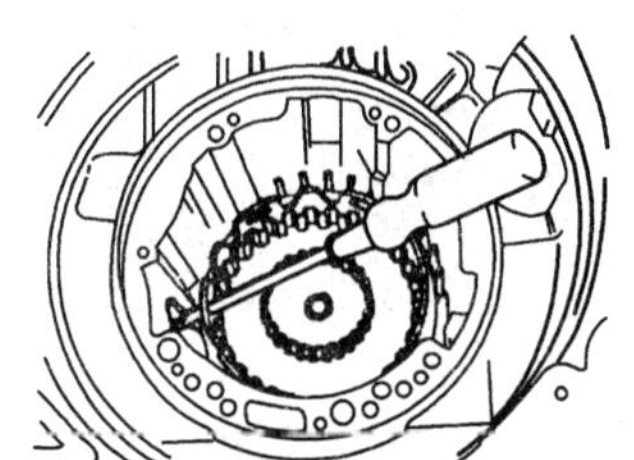

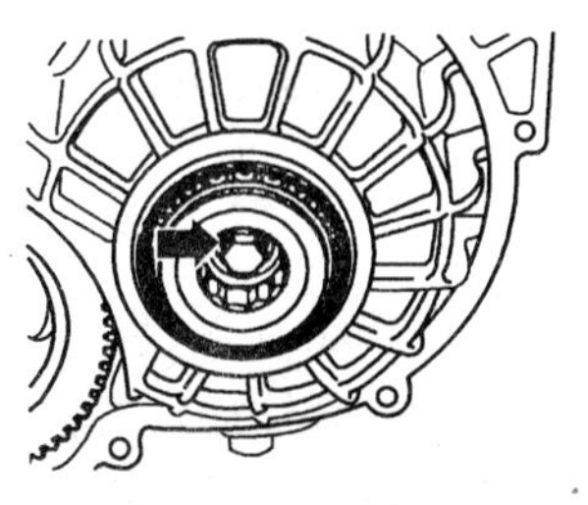

图 5-50　拆卸小输入轴固定螺栓

b. 拔下行星齿轮架。

c. 取出制动器 B_1 的内片、外片。

5）部件检查

变速器解体后，发现制动器 B_2 摩擦片严重烧蚀，表面摩擦材料有剥落现象。图 5-52 所示为大众 01M 型变速器中的制动器 B_2。

制动器 B_2 为 2 挡、4 挡工作元件，B_2 损坏后摩擦力不足，造成与其相关的挡位传递扭矩能力下降，自动变速器出现打滑，这和前述情境 1 所描述的故障现象相符。

综合以上判断，确认故障为制动器 B_2 损坏所致，更换大修包及制动器 B_2 摩擦片。

6）变速器装配

换挡执行元件和行星齿轮机构间隙的调整。

（1）行星齿轮支架间隙检查与调整。行星齿轮机构部件分解图如图 5-53 所示。

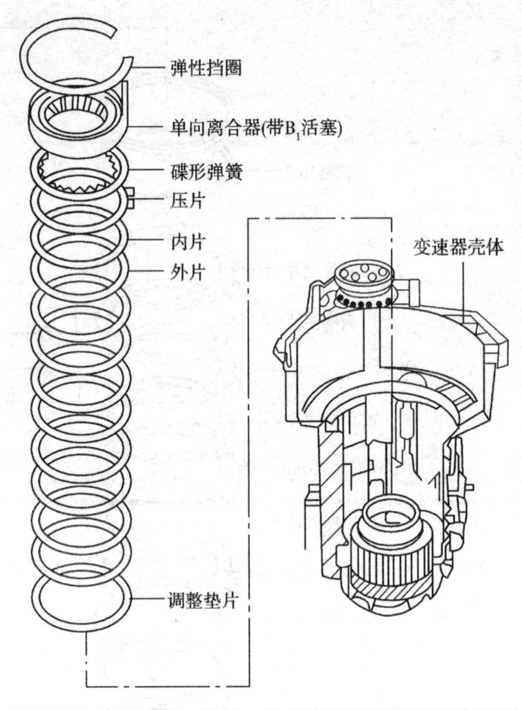

图 5-51　倒挡制动器 B_1 分解图

检查与调整方法如下。

①将图 5-53 中除调整垫圈以外的所有部件装入自动变速器壳体内，将小输入轴紧固螺栓按规定力矩扭紧。

②安装百分表，如图 5-54 所示，或将磁性表座固定到变速器壳体上。

图 5-52　大众 01M 型变速器制动器 B_2

③将百分表的表头与小输入轴紧固螺栓接触并有 1mm 压缩量。

④转动百分表的表盘将指针对零。

⑤上下压动小输入轴百分表指针变化量即为此间隙。

⑥根据测量值选择合适的调整垫片装入，如图 5-55 所示。调整垫片的规格见表 5-21。

（2）倒挡制动器 B_1 间隙检查与调整。倒挡制动器 B_1 的部件分解图如图 5-51 所示。

检查与调整方法如下。

制动器 B_1 间隙测量方法示意图如图 5-56 所示。

测量间隙为：

$$x = K + I/2 - m$$

式中：x——调整垫圈 A 厚度；

I——单向离合器内棱的位置；

m——带压盘片组的厚度；

K——恒定值，26.8mm，由变速器的结构确定，不可调。

①尺寸 I 的确定。如图5-57所示,按箭头方向将单向离合器压到挡块处,将导板放到单向离合器的外环上,用深度尺测量活塞内棱的尺寸。

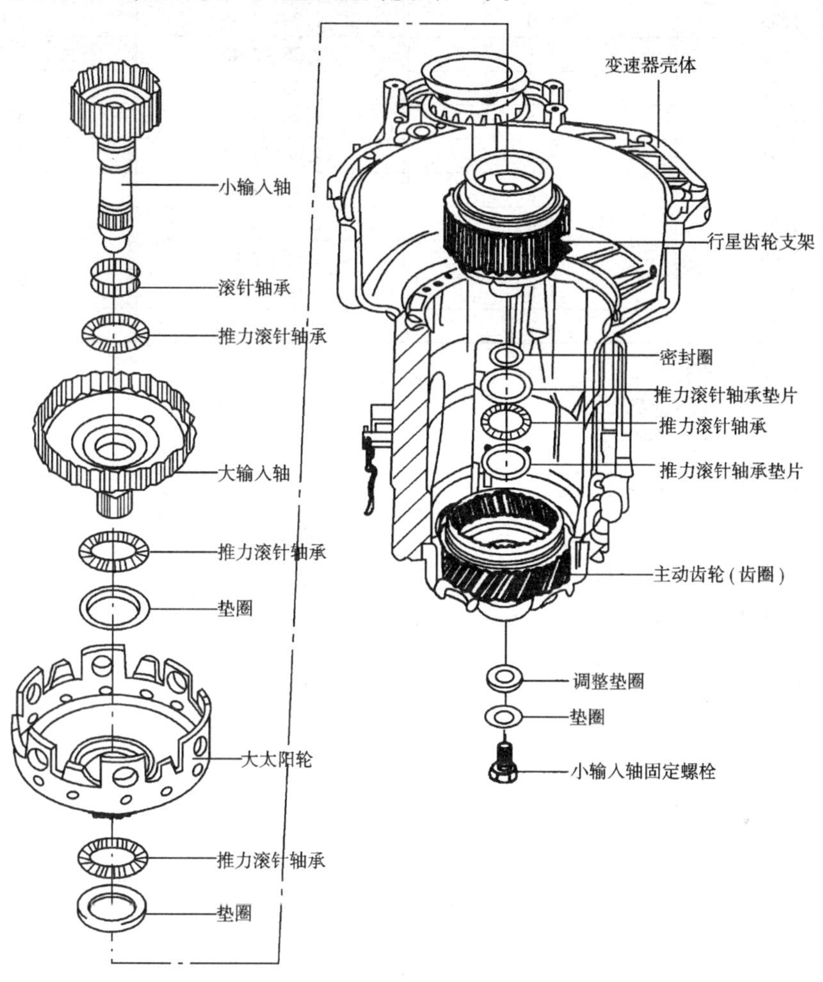

图5-53　行星齿轮机构部件分解图

图5-54　测量行星齿轮支架间隙

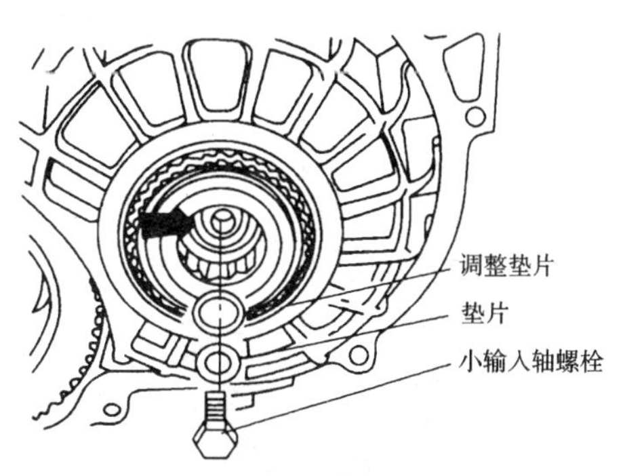

图5-55　装入调整垫片

调整垫片的规格　　表 5-21

测量值(mm)	垫片规格(mm)	测量值(mm)	垫片规格(mm)
1.26 ~ 1.35	1.0	2.26 ~ 2.35	2.0
1.36 ~ 1.45	1.1	2.36 ~ 2.45	2.1
1.46 ~ 1.55	1.2	2.46 ~ 2.55	2.2
1.56 ~ 1.65	1.3	2.56 ~ 2.65	2.3
1.66 ~ 1.75	1.4	2.66 ~ 2.75	2.4
1.76 ~ 1.85	1.5	2.76 ~ 2.85	2.5
1.86 ~ 1.95	1.6	2.86 ~ 2.95	2.6
1.96 ~ 2.05	1.7	2.96 ~ 3.05	2.7
2.06 ~ 2.15	1.8	3.06 ~ 3.15	2.8
2.16 ~ 2.25	1.9	3.16 ~ 3.25	2.9

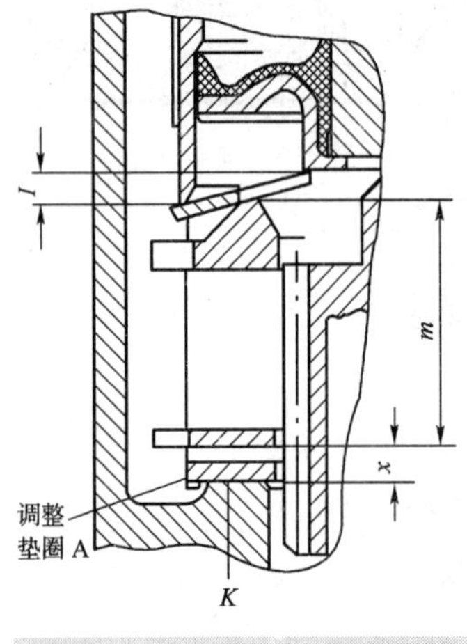

图 5-56　制动器 B_1 间隙测量方法

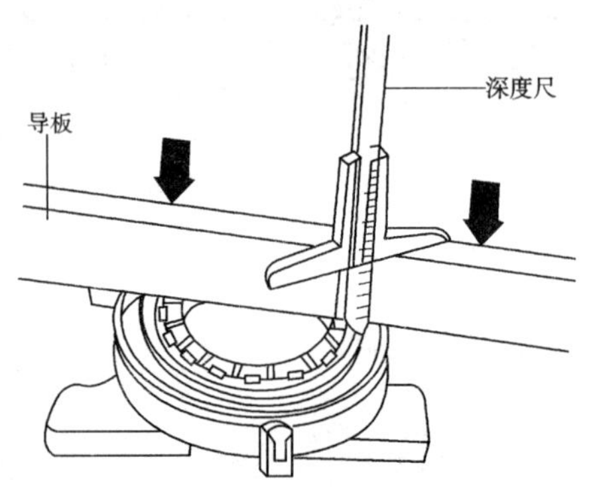

图 5-57　确定 I 的值

②尺寸 m 的确定。如图 5-58 所示,将导板放到压板片组上,按图箭头方向压缩带导板的片组并用深度尺测量厚度。

③计算间隙尺寸。测量间隙:$x = K + I/2 - m = 26.8 - 3.6/2 - 25.3 = 3.3\text{mm}$,根据测量间隙值确定调整垫圈厚度。$B_1$ 调整垫片的规格见表 5-22。将已确定厚度的调整垫片与带压盘片组一起装配到制动器 B_1。安装完毕后,再用厚薄规测量制动器 B_1 间隙,如图 5-59 所示,确保间隙在规定范围内(1.25 ~ 1.55mm)。

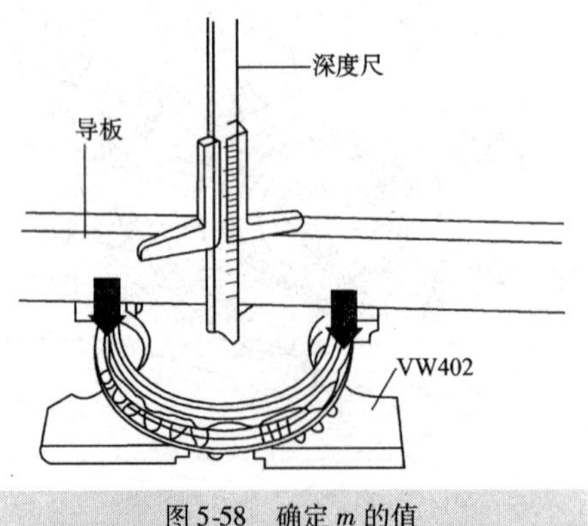

图 5-58　确定 m 的值

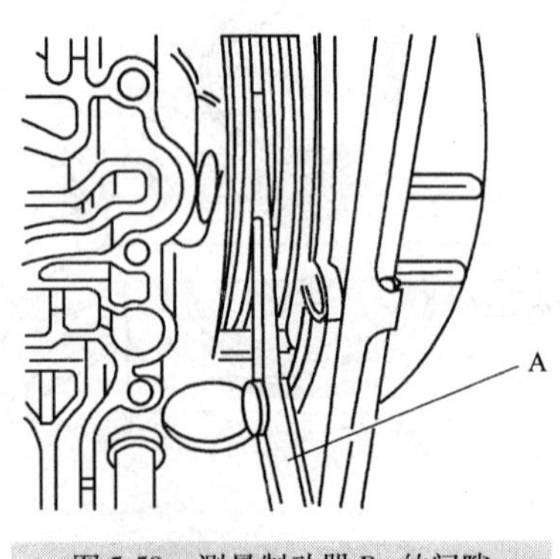

图 5-59　测量制动器 B_1 的间隙

B_1 调整垫片的规格　　表 5-22

测量值(mm)	垫片规格(mm)	测量值(mm)	垫片规格(mm)
2.36～2.45	1.0	3.36～3.45	1.0+1.0
2.46～2.55	1.1	3.46～3.55	1.0+1.1
2.56～2.65	1.2	3.56～3.65	1.1+1.1
2.66～2.75	1.3	3.66～3.75	1.1+1.2
2.76～2.85	1.4	3.76～3.85	1.2+1.2
2.86～2.95	1.5	3.86～3.95	1.2+1.3
2.96～3.05	1.6	3.96～4.05	1.3+1.3
3.06～3.15	1.7	4.06～4.15	1.3+1.4
3.16～3.25	1.8	4.16～4.25	1.4+1.4
3.26～3.35	1.9		

(3)离合器 K_1、K_3 和离合器 K_2 间隙检查与调整。离合器 K_1、K_2 和 K_3 部件的分解图如图 5-60 所示。

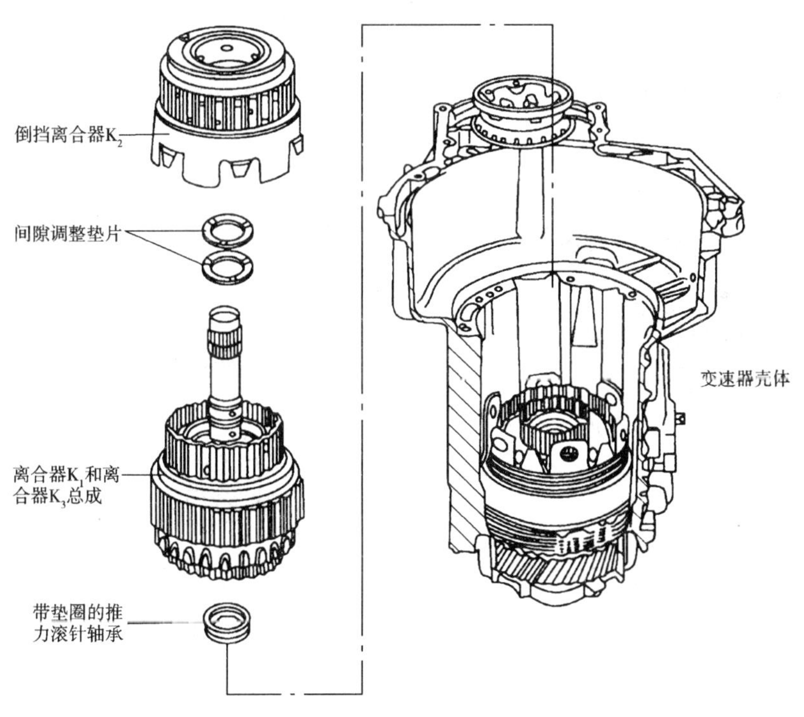

图 5-60　离合器 K_1、K_2 和 K_3 部件的分解图

离合器 K_1、K_3 和离合器 K_2 间隙测量示意图如图 5-61 所示。

测量间隙值：
$$x = a - b$$

确定尺寸 a：

①将图 5-60 中除调整垫片外的所有部件装入变速器壳体内。

②如图 5-62 所示，将导板放到变速器壳体上，按箭头方向压下离合器 K_1 并用深度尺测

量,测量值为88.5mm。

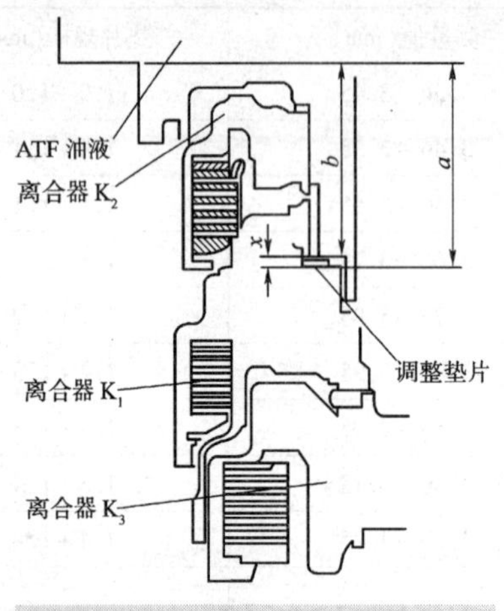

图5-61　确定调整垫片的厚度

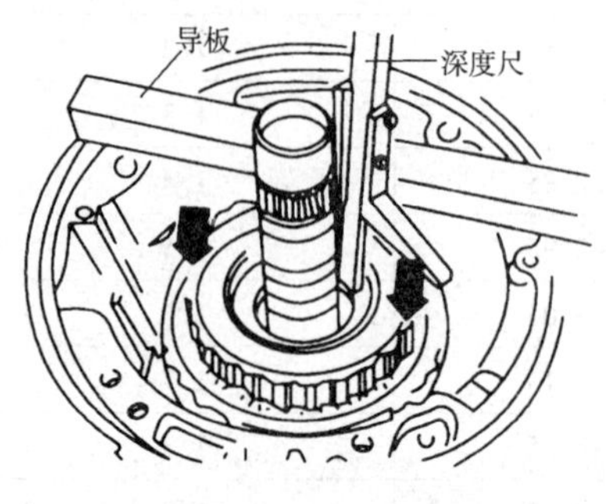

图5-62　测量变速器壳体前端面到离合器 K_1 距离

③如图5-63所示,将导板放到变速器壳体上,用深度尺测量变速器壳体与油泵凸缘接合面处,测量值为34.3mm,则 $a=88.5-34.3=54.2$mm。

确定尺寸 b:

如图5-64所示,将导板装到导轮支座上(箭头所示),用深度尺测量油泵凸缘与变速器壳体的密封面处。

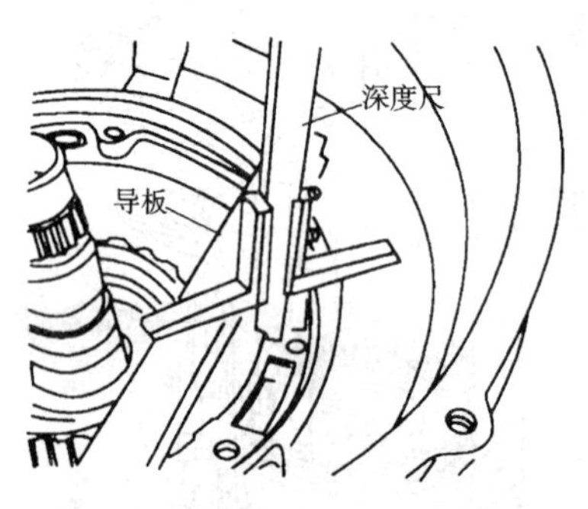

图5-63　测量变速器壳体前端面到油泵凸缘与变速器接合面的距离

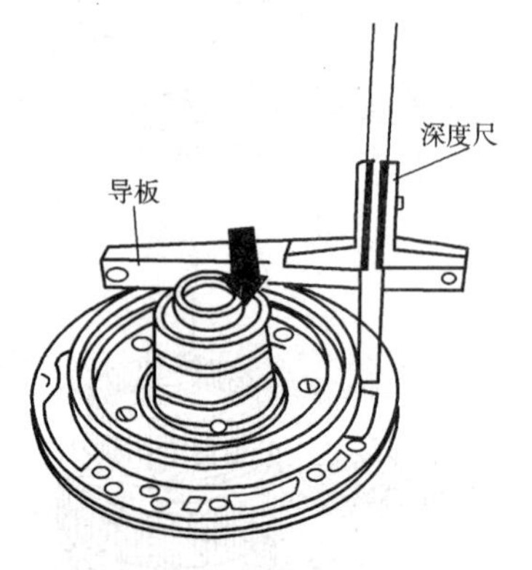

图5-64　确定 b 的值

计算间隙尺寸。测量间隙值:$x=a-b=54.2-51.0=3.2$ mm,根据测量间隙值确定调整垫片厚度。调整垫片规格见表5-23。

调整垫片规格　　表5-23

测量值(mm)	垫片规格(mm)	测量值(mm)	垫片规格(mm)
<2.54	1.4	3.90~4.29	1.6+1.6
2.55~3.09	1+1	4.30~4.69	1.8+1.8
3.10~3.49	1.2+1.2	4.70~5.04	1.2+1.2+1.6
3.50~3.89	1.4+1.4	5.05~5.25	1.2+1.2+1.8

测量离合器间隙，如图5-65所示。

①将已确定厚度的调整垫片装入倒挡离合器K_2和离合器K_1之间，然后将总成装入变速器壳体内。

②安装自动变速器油泵将油泵固定螺栓按规定力矩旋紧。

③将磁性表座固定到变速器壳体上。

④将百分表的表头与涡轮轴接触并有1mm压缩量。

⑤转动百分表的表盘将指针对零。

⑥上下压动涡轮轴百分表，指针变化量即为离合器K_2和离合器K_1之间的间隙。规定间隙值为0.5～1.2 mm。

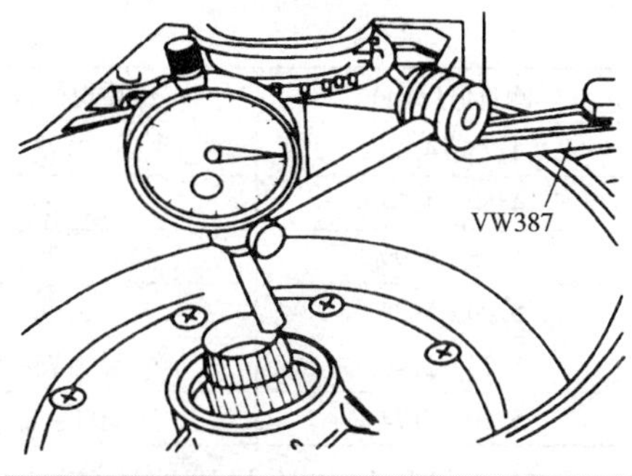

图5-65　测量离合器K_1、K_3和离合器K_2间隙

(4)2挡和4挡制动器B_2间隙检查与调整。制动器B_2的部件分解图如图5-48所示。

调整垫片厚度确定示意图如图5-66所示，箭头所指是第一个外片，厚度固定为3mm，则间隙值$x=a-b-3.20$。

3.20mm是用专用工具3459提供一个$F=5N\cdot m$力通过垫圈施加在片组上获得的值。

①确定尺寸a。将弹性挡圈、隔离管及片组(最后一个外片和调整垫片不安装)装入变速器壳体内。如图5-67所示，用深度尺测量从变速器壳体与油泵凸缘接合面处到制动器B_2最后一个内片距离，示例$a=30.2$mm。

②确定尺寸b。如图5-68所示，将导板安装到导轮支架下部(箭头所示)，用深度尺测

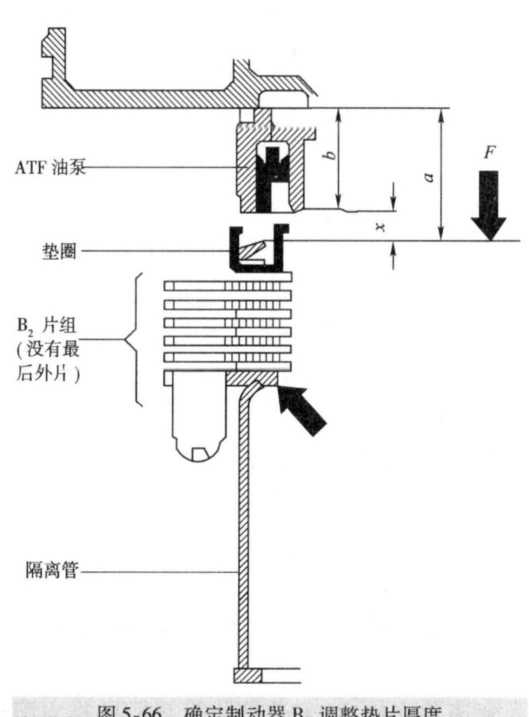

图5-66　确定制动器B_2调整垫片厚度

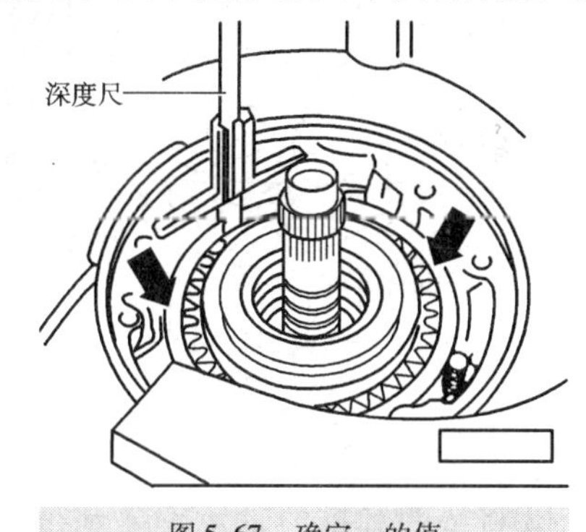

图5-67　确定a的值

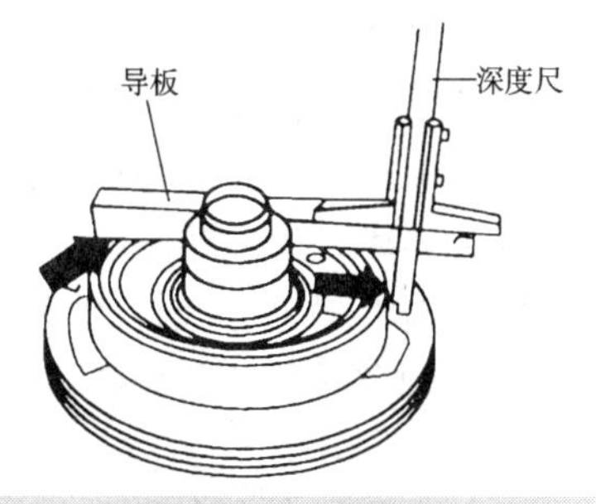

图5-68　确定b的值

量油泵凸缘接合面处的距离。

③计算间隙尺寸。测量间隙值 $x = a - b - 3.20 = 30.12 - 20.6 - 3.20 = 6.40$mm，根据测量间隙值确定调整垫片厚度。调整垫片规格见表 5-24。

调整垫片规格　　表 5-24

测量值(mm)	垫片规格(mm)	测量值(mm)	垫片规格(mm)
4.25 ~ 4.49	2.75	5.75 ~ 5.99	2.00 + 2.25
4.50 ~ 4.74	3.00	6.00 ~ 6.24	2.25 + 2.25
4.75 ~ 4.99	3.25	6.25 ~ 6.49	2.25 + 2.50
5.00 ~ 5.24	3.50	6.50 ~ 6.74	2.50 + 2.50
5.25 ~ 5.49	3.75	6.75 ~ 7.00	2.50 + 2.75
5.50 ~ 5.74	2.00 + 2.00		

(5)行星齿轮机构与换挡执行元件的装配。

①将新的圆形密封圈装入行星齿轮支架内，如图 5-69 中箭头所示。

②如图 5-70 所示，将主动齿轮安装到变速器壳体内，然后依次安装推力滚针轴承垫圈、推力滚针轴承、推力滚针轴承垫圈及行星齿轮支架。

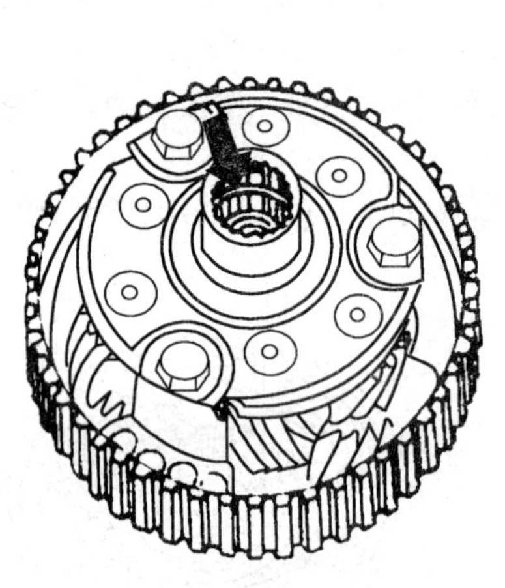

图 5-69　密封圈装入行星齿轮支架

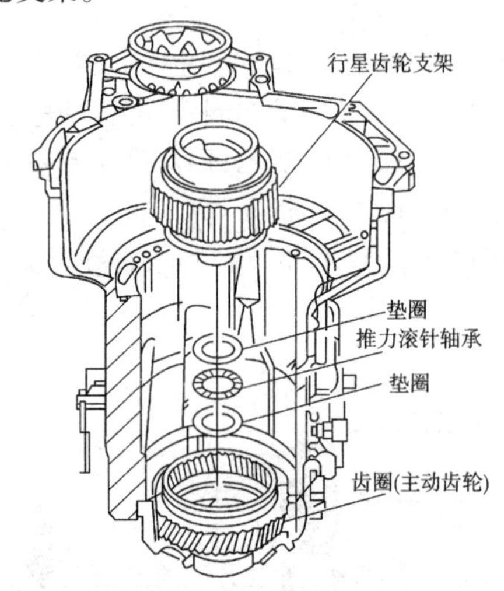

图 5-70　安装垫圈、推力滚针轴承和行星齿轮支架

③将垫圈和推力轴承安装到行星齿轮支架的小太阳轮上，与小太阳轮中心对齐，如图 5-71 所示。

④安装制动器 B_1。

⑤安装单向离合器，用专用工具或适当工具张开单向离合器滚子，如图 5-72 所示。

⑥安装单向离合器的弹性挡圈，弹性挡圈的开口对在单向离合器凸耳(定位楔)上。

⑦安装隔离管弹性挡圈。

⑧安装大太阳轮、大输入轴和小输入轴，如图 5-73 所示。

⑨安装调整垫圈、垫圈和小输入轴螺栓，将小输入轴螺栓拧紧至 30N · m，如图 5-74 所示。

⑩将已组装好的离合器 K_3、K_1 和 K_2 装入变速器壳体内，安装前将带垫圈的推力滚针

轴承粘在离合器 K_3 上。

⑪安装隔离管。

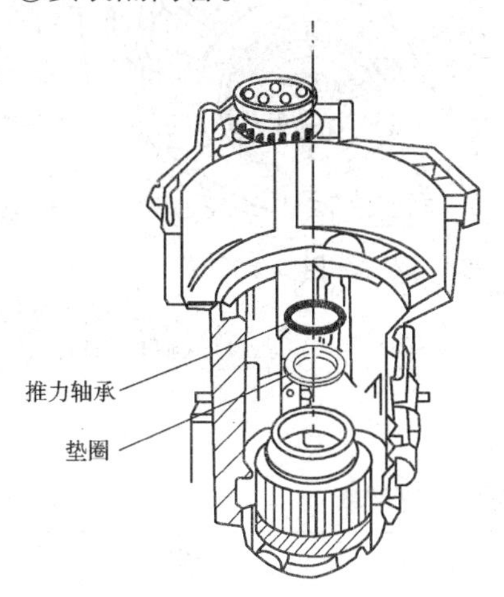

图 5-71　安装小太阳轮垫圈和推力轴承

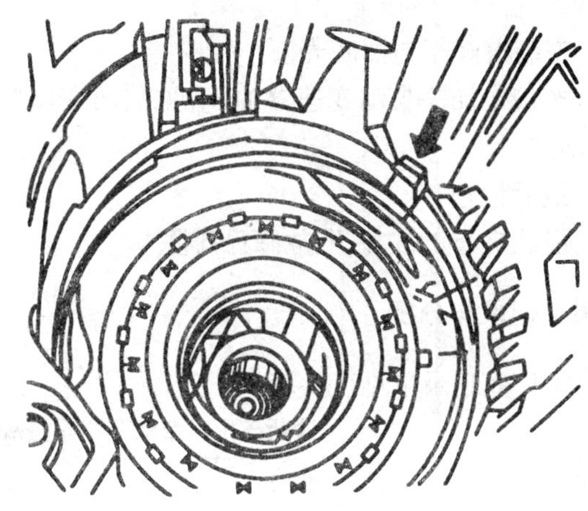

图 5-72　安装单向离合器

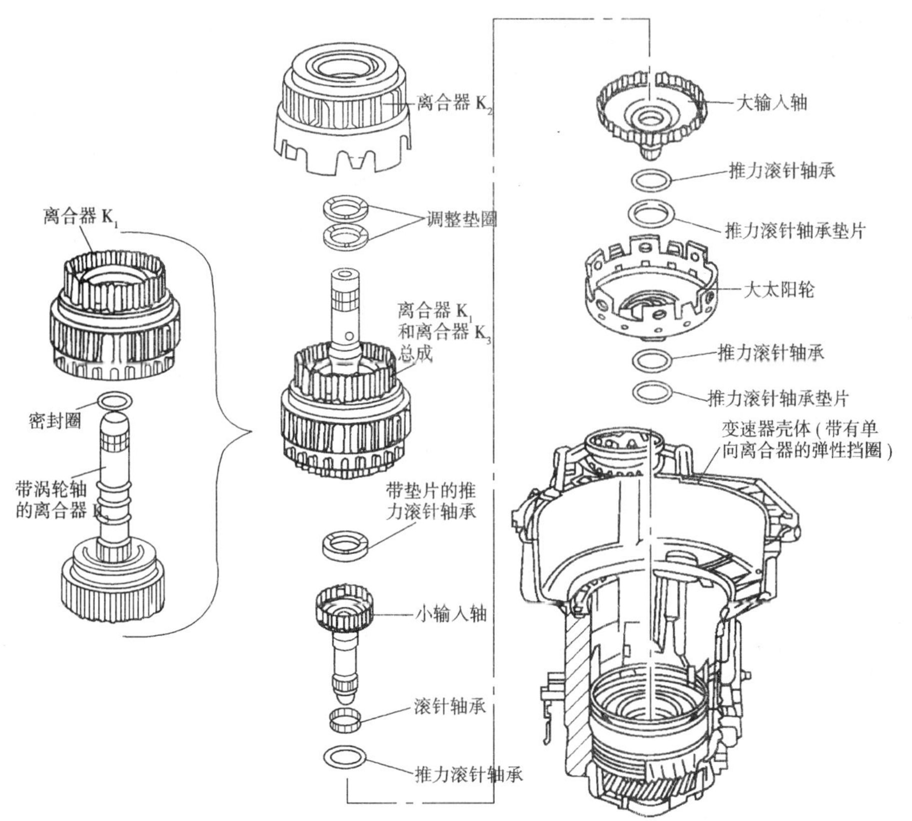

图 5-73　离合器、小输入轴、大输入轴及大太阳轮分解图

⑫安装制动器 B_2。先安装 3mm 厚的外片，将 3 个弹簧盖装入外片，插入弹簧。安装摩擦片与钢片，在安装最后一个外片前，应把 3 个弹簧盖装到压力弹簧上，如图 5-51 所示。

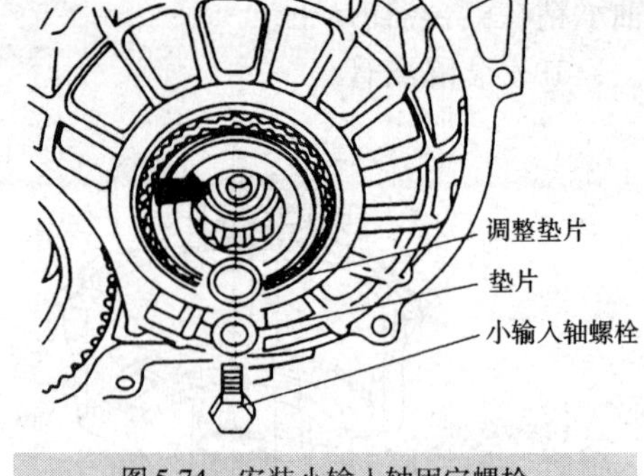

图 5-74　安装小输入轴固定螺栓

⑬安装自动变速器油泵密封垫，将圆形密封圈装到自动变速器油泵上，交叉拧紧油泵螺栓至8N·m。

⑭安装滑阀箱与油底壳。

7）按规定加注自动变速器油（参见前面变速器维护部分）

8）最后检查

经路试检查正常，说明故障已排除。

6 记录与分析

故障作业记录单见表5-25。

诊断与排除自动变速器打滑故障作业记录单　　表5-25

姓名		班级		学号		组别	
车型		变速器型号		作业单号		作业日期	
1. 故障现象描述 2. 故障初步分析 3. 检测诊断思路 4. 检测数据记录 5. 故障部位及排除情况 日期：							

项目2　诊断与排除自动变速器无倒挡故障

1　项目说明

自动变速器在使用过程中由于执行元件较高频率的接合和分离而产生磨损和冲击载荷,或由于使用保养不当而造成自动变速器技术状况发生变化,进而出现变速器无倒挡的故障。如果变速器出现无倒挡故障,应按维修手册所规定的检修方法进行故障诊断与排除。

2　技术标准与要求

①每5~8人一组,协同完成。

②故障诊断要按照先简后难,逐步深化的原则,拆检变速器应是故障诊断的最后步骤。

③01M型自动变速器油压试验标准值(表5-20)。

3　设备器材

(1)捷达都市先锋自动挡轿车。

(2)举升器。

(3)变速器拆装用台架。

(4)工具箱(美国SATA120件套)。

(5)油压表。

(6)解码器X-431。

4　作业准备

(1)汽车停放位置与举升机状况检查。

(2)连接尾气抽排管。

(3)放置发动机及翼子板罩。

(4)蓄电池状况检查。

(5)仪器设备检查准备。

(6)工量具检查准备。

(7) 技术资料检查准备。

5　操作步骤

1)初步检查

(1)发动机怠速检查,将自动变速器操纵手柄置于N位或P位,关闭空调,起动发动机,检查发动机运转情况,经检查,发动机运转平稳,转速在规定的范围内。

(2)挡位检查,操纵手柄位置挡位不正确就会影响自动变速器正常工作,将操纵手柄从P挡位置换至其他各个挡位,经检查,挡位正常,如图5-75所示。

(3)自动变速器油位、油质检查(参见项目1)。经检查,油位正常,油质正常。

图 5-75　换挡手柄与仪表板上的挡位对应信号

2）道路试验

对故障车进行路试，重点观察是否倒挡行驶无力。操作解码器进入数据流读取选项，选择自动变速器选项（02 选项），然后输入 004，即进入如图 5-39 所示的页面。在此页面中可以时刻监测变速器的挡位信息和具体挡位信息。如果没有解码器，也可以通过发动机转速表的转速变化作简单观察。经路试检查，发现变速器前进挡正常，倒挡无力，稍有点坡就无法行驶。

3）检查自动变速器倒挡的油压

首先接好油压表（参见项目 1），然后把变速器挂入 R 位，如图 5-76 所示，按照油压试验方法进行操作。经检查，倒挡油压低于标准值，可能原因如表 5-26 所示。

01M 型自动变速器 R 位油压过低原因分析　　表 5-26

故 障 现 象	可能故障原因
R 挡油压过低，但 D 挡油压正常	①倒挡控制油路泄漏； ②倒挡离合器 K_2 活塞密封圈损坏而漏油； ③倒挡制动器 B_1 活塞密封圈损坏而漏油

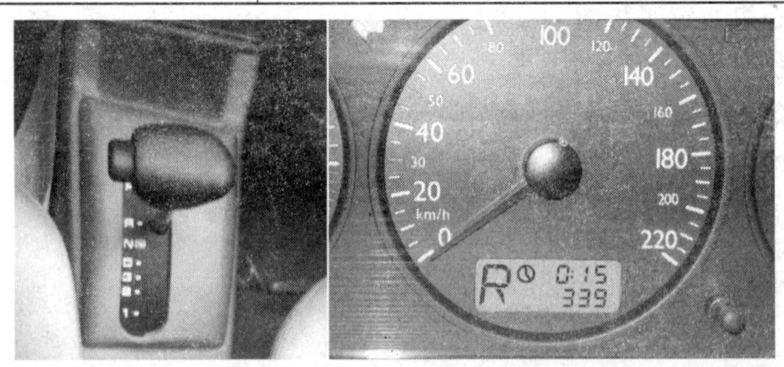

图 5-76　倒挡挡位和仪表板挡位指示灯对照图

4）解体变速器

（1）从车上拆卸变速器总成（注意拆卸步骤），把变速器固定在台架上，解体变速器。

（2）解体变速器（参见项目 1）。

（3）离合器 K_1、K_2 及 K_3 解体、检查及组装。

①离合器 K_1 解体、检查及装配。

a. 离合器 K_1 和 K_3 分解。将 K_1 从 K_3 上压出，如图5-77所示。分解方法是将套管对着离合器 K_1 鼓，压涡轮轴，离合器 K_1 和 K_3 即被分解。

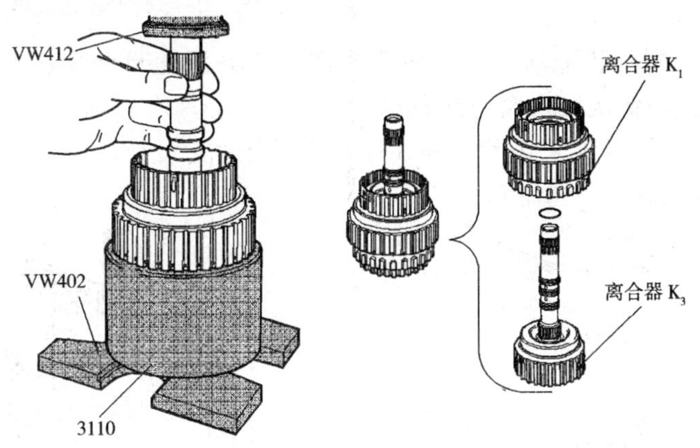

图5-77　离合器 K_1 和 K_3 分解

b. 离合器 K_1 解体。离合器 K_1 分解图如图5-78所示。

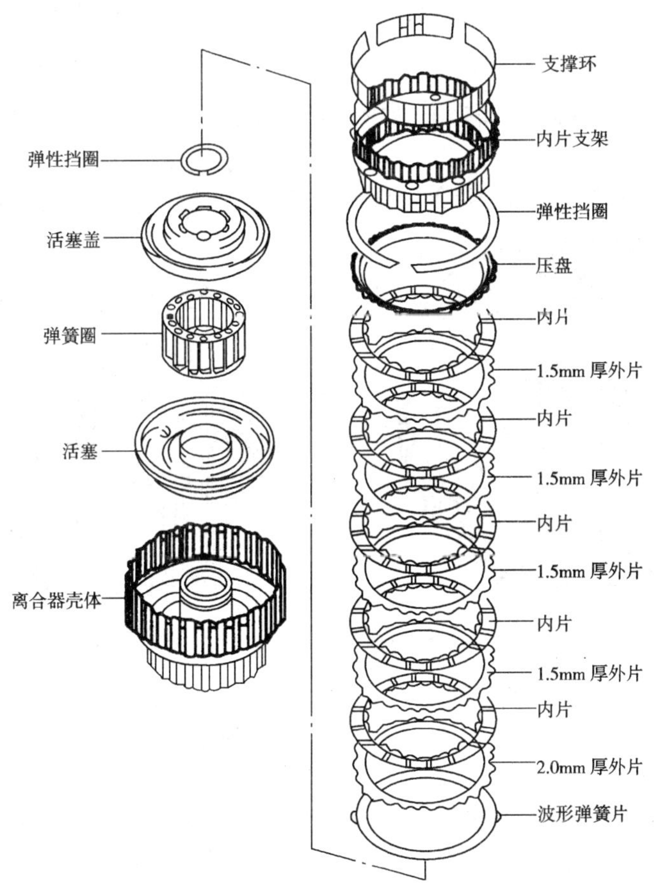

图5-78　离合器 K_1 分解图

拆卸离合器 K_1 活塞复位弹簧的弹性挡圈，如图 5-79 所示，用专用工具或适当的工具压缩弹簧圈，直至能取出弹性挡圈为止。

c. 离合器 K_1 检查。检查离合器内片、外片是否有烧损、剥落及变形，活塞密封圈和推力轴承是否损坏。

d. 离合器 K_1 装配。装配活塞。更换活塞密封圈并涂上自动变速器油，将活塞、弹簧圈、活塞盖及弹性挡圈依次装入离合器壳。

如图 5-80 所示，将压盘 a、内片 b 和外片 c 装到内片支架上。

装入带棱的立式轴向推力轴承。

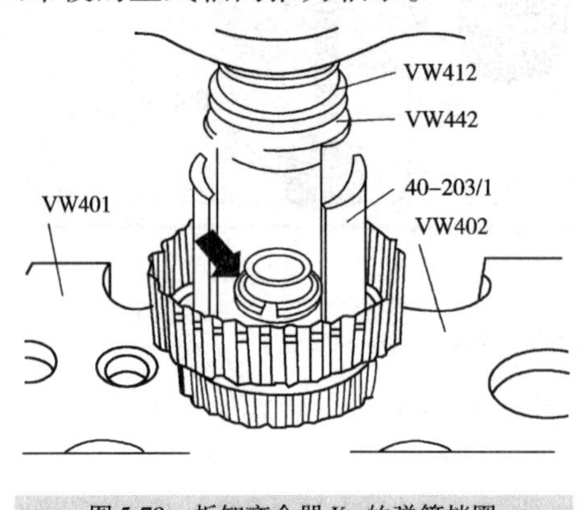

图 5-79 拆卸离合器 K_1 的弹簧挡圈

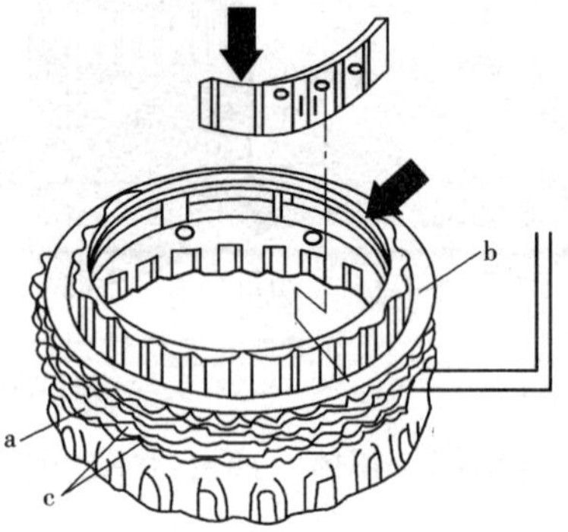

图 5-80 压盘和离合器装到内片支架上

将波形弹簧圈安装到离合器壳上，如图 5-81 所示，再装上 2mm 厚的外片，装上其他的内片和外片。

将内片支架装入离合器壳，如图 5-82 所示，稍向上抬起内片支架，以便安装弹性卡簧。

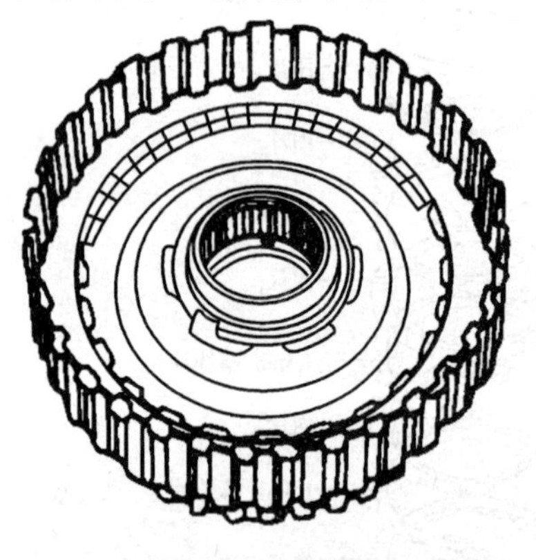

图 5-81 波形弹簧圈、外片和内片装入离合器壳

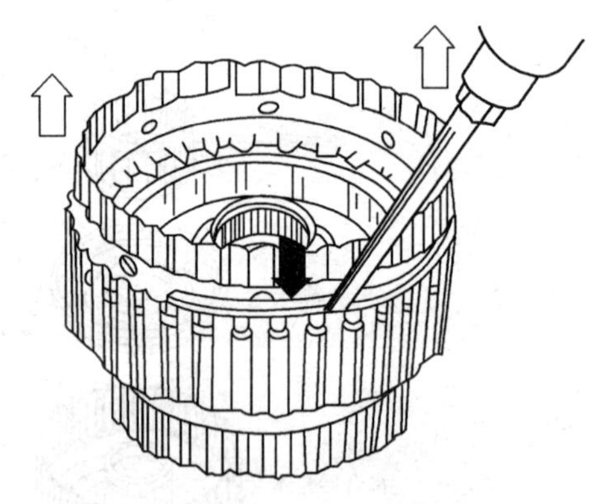

图 5-82 安装内片支架和弹簧挡圈

②离合器 K_2 解体、检查及装配。

a. 离合器 K_2 解体。离合器 K_2 分解图如图 5-83 所示。拆下弹性挡圈，取下压盘、外片、内片及波形弹簧垫圈。

拆卸离合器 K_2 活塞复位弹簧的弹性挡圈，用专用工具或适当的工具压缩弹性支承圈，直至能取出弹性挡圈为止。

b. 离合器 K_2 检查。检查离合器内片、外片是否有烧损、剥落及变形，活塞密封圈和推力轴承是否损坏。

c. 离合器 K_2 装配。装配活塞。更换活塞密封圈并涂上自动变速器油，将活塞、弹簧支承圈、弹簧支撑板及弹性挡圈依次装入离合器壳。

将波形弹簧圈、外片、内片、压盘及弹性挡圈依次装入离合器壳。

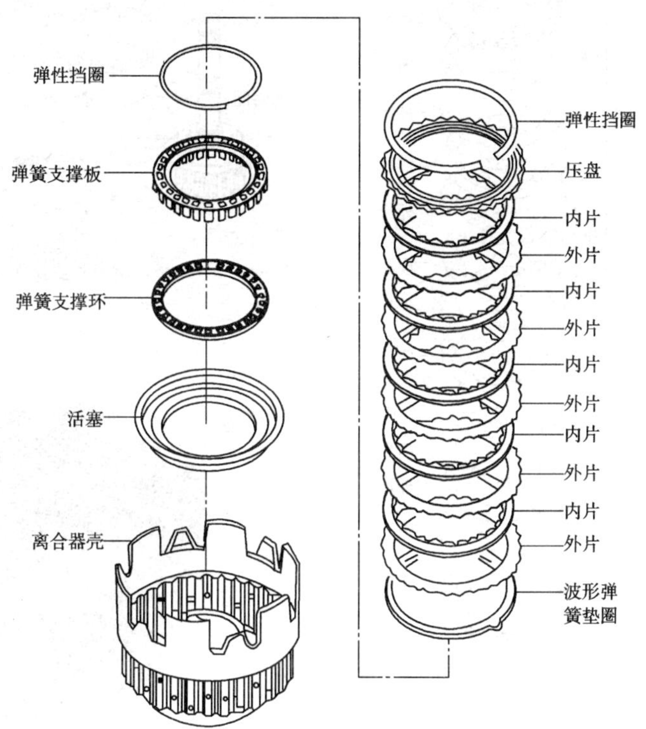

图 5-83　离合器 K_2 分解图

③离合器 K_3 解体、检查及装配。

a. 离合器 K_3 解体。离合器 K_3 分解图如图 5-84 所示。

拆下弹性挡圈，取下压盘、外片、内片、压板及波形弹簧垫圈。

拆卸离合器 K_3 活塞复位弹簧的弹性挡圈，用专用工具或适当的工具压缩弹簧，直至能取出弹性挡圈为止。

b. 离合器 K_3 检查。检查离合器内片、外片是否有烧损、剥落及变形，活塞密封圈和推力轴承是否损坏。

c. 离合器 K_3 装配。装配活塞。更换活塞密封圈并涂上自动变速器油，将活塞、弹簧、活塞盖及弹性挡圈依次装入离合器壳。

将波形弹簧圈、压板、外片、内片、压盘及弹性挡圈依次装入离合器壳。

d. 涡轮轴上密封环的更换。检查密封环是否损坏，更换密封环如图 5-85 所示。

5）部件检查

变速器解体后，发现离合器 K_2 密封圈严重损坏。图 5-86 所示为大众 01M 型自动变速器中的离合器 K_2。

K_2 为 R 挡工作元件，K_2 密封圈损坏后密封不严，造成 R 挡时压力油从密封圈处泄漏，

致使离合器 K_2 传递扭矩能力下降，自动变速器出现倒挡打滑，这和前述情境 2 所描述的故障现象相符。

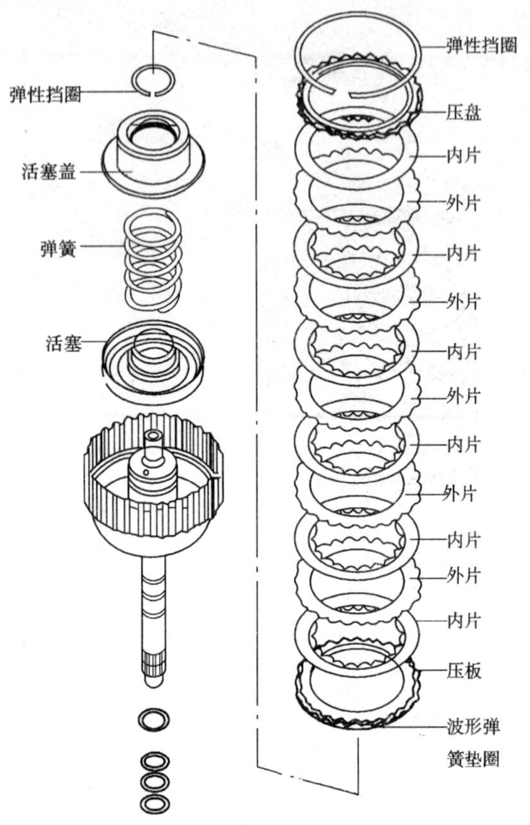

图 5-84　离合器 K_3 分解图

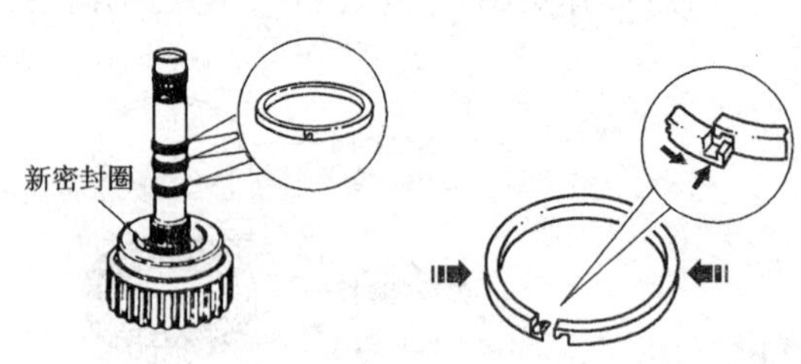

图 5-85　检查和更换涡轮轴上密封环

图 5-86　大众 01M 型自动变速器中的离合器 K_2

综合以上判断，确认故障原因即为离合器 K_2 损坏所造成。更换大修包及离合器 K_2 密封圈和摩擦片。

6）变速器装配（具体步骤参见项目 1）

7）按规定加注自动变速器油（参见前面变速器维护部分）

8）最后检查

路试，正常，说明故障已排除。

6　记录与分析

故障作业记录单见表 5-27。

诊断与排除自动变速器无倒挡故障作业记录单　　表 5-27

姓名		班级		学号		组别	
车型		变速器型号		作业单号		作业日期	
1. 故障现象描述							

续上表

姓名		班级		学号		组别	
车型		变速器型号		作业单号		作业日期	
2. 故障初步分析 3. 检测诊断思路 4. 检测数据记录 5. 故障部位及排除情况 日期：							

三、学习评价

1 理论考核

1)分析题

(1)试着从能量守恒的角度分析变矩器工作原理。

(2)电子控制系统由哪几部分组成？各部分的作用是什么？

(3)自动变速器操作的注意事项有哪些？

(4)分析造成自动变速器不能升挡的原因及诊断方法？

(5)大众01M型自动变速器单向离合器F装反会出现什么现象？

2)判断题

(1)自动变速器传动效率和手动变速器相比要高一些。 (　　)

(2)液力变矩器的安装位置是在发动机和离合器之间。 (　　)

(3)液力变矩器中导轮的作用是改变ATF的流动方向,进而增大扭矩。 (　　)

(4)大众01M型变速器中,D位1挡没有发动机制动作用。 (　　)

(5)大众01M型变速器采用的是辛普森式齿轮机构。 (　　)

(6)在行星齿轮机构中,行星轮齿数的多少和传动比无关。 (　　)

(7)只要发动机运转,油泵就工作。 (　　)

(8)装有自动变速器的汽车能够自动控制换挡时刻。 (　　)

(9)装有大众01M型自动变速器的汽车,牵引距离不能超过30km。 (　　)

(10)大众01M型自动变速器没有自动变速器油尺。 (　　)

3)选择题

(1)关于换挡执行机构的组成,下列哪一项是正确的(　　)。

A. 离合器、制动器、单向离合器　　B. 制动器、锁止离合器、单向离合器

C. 行星齿轮、离合器、制动器

(2)大众01M型自动变速器进行失速试验时,操纵手柄在D位自动变速器实际处于的挡位是(　　)。

A. D-1挡　　B. D-2挡　　C. D-3挡　　D. D-4挡

(3)液力变矩器的安装位置是在(　　)。

A. 发动机和变速器之间　　B. 发动机和离合器之间

C. 离合器和变速器之间

(4)装有自动变速器的汽车只有当选挡操纵手柄位于(　　)位时,发动机才能起动。

A. P位、N位　　B. 任一挡位　　C. D位　　D. 1位

(5)01M型变速器中不与长行星轮相啮合的元件是(　　)。

A. 短行星齿轮　　B. 齿圈　　C. 小太阳轮

(6)自动变速器主要依据哪两个信号控制换挡?(　　)

A. 车速信号和节气门开度信号　　B. 油压信号和车速信号

C. 电磁阀信号和挡位信号

(7)下列哪一项不是液力变矩器的组成部分?(　　)

A. 泵轮　　B. 导轮　　C. 行星轮

(8)液力变矩器中锁止离合器的作用是(　　)。

A. 增加输出扭矩　　B. 提高传动效率

C. 改变动力方向

(9)自动变速器ATF油的作用是(　　)。

A. 传递转矩　　B. 冷却　　C. 润滑　　D. 以上三点都对

(10)01M型自动变速器中电磁阀N91的作用是(　　)。

A. 控制离合器K_1　　B. 控制系统油压

C. 控制锁止离合器

2 技能考核

自动变速器基本检查与试验项目评分表见表5-28,自动变速器解体、检查与装配项目评分表见表5-29。

自动变速器基本检查与试验项目评分表 表 5-28

<table>
<tr><td rowspan="2">基本信息</td><td>姓　名</td><td></td><td>学号</td><td></td><td>班级</td><td></td><td>组别</td><td></td></tr>
<tr><td>规定时间</td><td></td><td>完成时间</td><td></td><td>考核日期</td><td></td><td>总评成绩</td><td></td></tr>
<tr><td rowspan="7">任务工单</td><td rowspan="2">序号</td><td colspan="3" rowspan="2">步　骤</td><td colspan="2">完成情况</td><td rowspan="2">标准分</td><td rowspan="2">评分</td></tr>
<tr><td>完成</td><td>未完成</td></tr>
<tr><td>1</td><td colspan="3">考核准备：
材料：
工具：
设备：</td><td></td><td></td><td>5</td><td></td></tr>
<tr><td>2</td><td colspan="3">工、量具的正确使用</td><td></td><td></td><td>10</td><td></td></tr>
<tr><td>3</td><td colspan="3">道路试验</td><td></td><td></td><td>10</td><td></td></tr>
<tr><td>4</td><td colspan="3">初步检查</td><td></td><td></td><td>15</td><td></td></tr>
<tr><td>5</td><td colspan="3">油压试验</td><td></td><td></td><td>20</td><td></td></tr>
<tr><td colspan="2">安全</td><td colspan="5"></td><td>10</td><td></td></tr>
<tr><td colspan="2">5S</td><td colspan="5"></td><td>10</td><td></td></tr>
<tr><td colspan="2">团队协作</td><td colspan="5"></td><td>5</td><td></td></tr>
<tr><td colspan="2">沟通表达</td><td colspan="5"></td><td>5</td><td></td></tr>
<tr><td colspan="2">工单填写</td><td colspan="5"></td><td>10</td><td></td></tr>
</table>

自动变速器解体、检查与装配项目评分表 表 5-29

<table>
<tr><td rowspan="2">基本信息</td><td>姓　名</td><td></td><td>学号</td><td></td><td>班级</td><td></td><td>组别</td><td></td></tr>
<tr><td>规定时间</td><td></td><td>完成时间</td><td></td><td>考核日期</td><td></td><td>总评成绩</td><td></td></tr>
<tr><td rowspan="8">任务工单</td><td rowspan="2">序号</td><td colspan="3" rowspan="2">步　骤</td><td colspan="2">完成情况</td><td rowspan="2">标准分</td><td rowspan="2">评分</td></tr>
<tr><td>完成</td><td>未完成</td></tr>
<tr><td>1</td><td colspan="3">考核准备：
材料：
工具：
设备：</td><td></td><td></td><td>5</td><td></td></tr>
<tr><td>2</td><td colspan="3">工、量具的正确使用</td><td></td><td></td><td>5</td><td></td></tr>
<tr><td>3</td><td colspan="3">解体变速器</td><td></td><td></td><td>15</td><td></td></tr>
<tr><td>4</td><td colspan="3">部件检查</td><td></td><td></td><td>15</td><td></td></tr>
<tr><td>5</td><td colspan="3">变速器装配</td><td></td><td></td><td>15</td><td></td></tr>
<tr><td>6</td><td colspan="3">按规定加注自动变速器油</td><td></td><td></td><td>5</td><td></td></tr>
<tr><td colspan="2">安全</td><td colspan="5"></td><td>10</td><td></td></tr>
<tr><td colspan="2">5S</td><td colspan="5"></td><td>10</td><td></td></tr>
<tr><td colspan="2">团队协作</td><td colspan="5"></td><td>5</td><td></td></tr>
<tr><td colspan="2">沟通表达</td><td colspan="5"></td><td>5</td><td></td></tr>
<tr><td colspan="2">工单填写</td><td colspan="5"></td><td>10</td><td></td></tr>
</table>

四、拓 展 学 习

(一)本田 CVT 无极变速器的日常维护与性能检测

无极变速器可以实现传动比的连续改变,从而得到传动系与发动机工况的最佳匹配。常见的无级变速器为金属带式无级变速器(VDT-CVT),下面以本田飞度装用的新一代钢带无级变速器为例来简单介绍 CVT 变速器的日常维护和性能检测方法。

1 变速器油位的检查

将发动机预热到正常温度(散热器风扇开始转动),将车辆停放在水平路面上,关闭发动机。拔出图 5-87 所示的油尺,用干净的抹布擦干净油尺,装回油尺。等发动机停止运转 60 ~ 90s 后,再拔出油尺,液面应位于热车(HOT)标志 A 处。如果液面过低,检查自动变速器、软管、管路接头和冷却器是否泄漏,然后从油尺管孔添加本田 ATF-Z1 型号的自动变速器油,直至液面达到正常位置。

注意:不要在发动机冷却时检查油位。

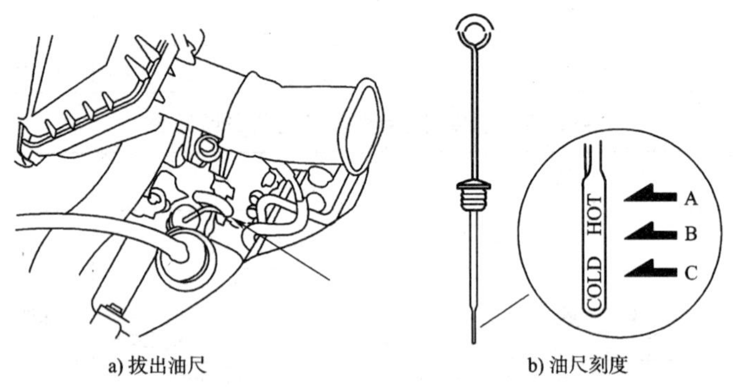

图 5-87 油位的检查

2 更换变速器油

广州本田飞度无级变速器油的规定更换周期是 36 个月或 60 000km,以先到者为准,在恶劣条件下,更换周期为 24 个月或 40 000km。将车辆停放在水平路面上,如图 5-88 所示,拆卸自动变速器油堵塞,将自动变速器油放掉,然后安装自动变速器油堵塞,用 49N · m 的力矩拧紧。从油尺管孔处加注本田 ATF-Z1 型号的自动变速器油,加油量约 3. 2L(大修换油量约 5. 4L)。检查油位(图 5-87),应位于标记 B 和 C 之间(COLD)。起动发动机并预热到正常温度(散热器风扇开始转动),关闭发动机,然后执行热车油面检查程序。

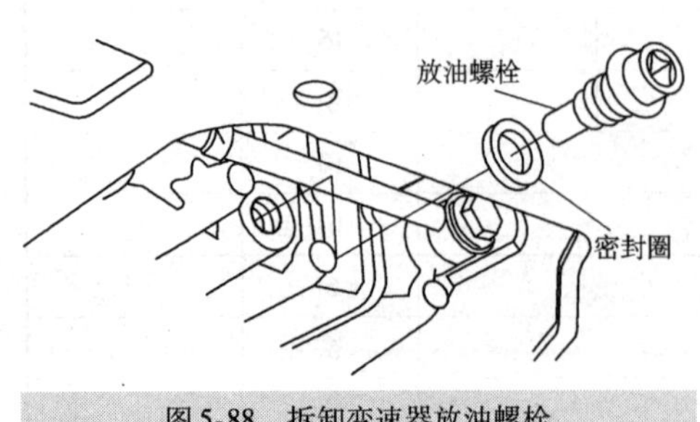

图 5-88 拆卸变速器放油螺栓

3 失速试验

(1)拉紧驻车制动器,用三角木塞住车辆前轮。

(2)起动发动机,关闭空调,将发动机预热到正常温度(散热器风扇开始转动)。

(3)将操纵手柄放在D位,踩下制动踏板,再踩下加速踏板,持续6~8s,从仪表板上读取发动机失速转速。

(4)冷却发动机2min,然后再做S位、L位和R位失速试验,并记录下发动机失速转速。

注意事项:

(1)做失速试验时要特别注意,因变速器被施加较大负荷,故失速试验的持续时间不要超过10s。

(2)做失速试验时不要移动操纵手柄,否则可能造成车辆突然移动。

(3)做失速试验时,变速器内的油压达到最高,如果试验前连接有压力表,需先将其拆除,以免压力超过压力表和软管的限值。

CVT自动变速器的正常失速转速见表5-30,不正常的测量结果及可能的故障原因分析见表5-31。

失速转速值 表5-30

发动机型号	失速转速(r/min)	
L15A2	2350~2650	
L12A3 和 L13A3	D、R位	2350~2650
	S、L位	2800~3100

失速试验结果分析 表5-31

测量结果	可能原因	测量结果	可能原因
所有挡位失速转速都过高	油泵输出油压过低; ATF液面过低; ATF滤网堵塞; PH调节阀卡滞; 前进挡离合器打滑; 起步离合器故障	R位失速转速过高	倒挡离合器打滑, 起步离合器故障
		所有挡位失速转速都过低	发动机动力不足; 起步离合器故障; 带轮控制阀卡滞

4 油压试验

(1)检查并确保自动变速器油面正常。

(2)举升车辆,拆除挡泥板。

(3)将发动机预热到正常温度(散热器风扇开始转动),然后关闭发动机。

(4)安装油压测量专用工具,起动发动机,在规定的转速下测量各部位油压。

(5)油压测试孔的位置如图5-89所示。专用工具如图5-90所示,专用工具07406—0020004用于测量前进挡离合器油压A、倒挡制动器油压B、主动带轮压力C和从动带轮压力D,专用工具07406—0070001用于测试润滑压力E。

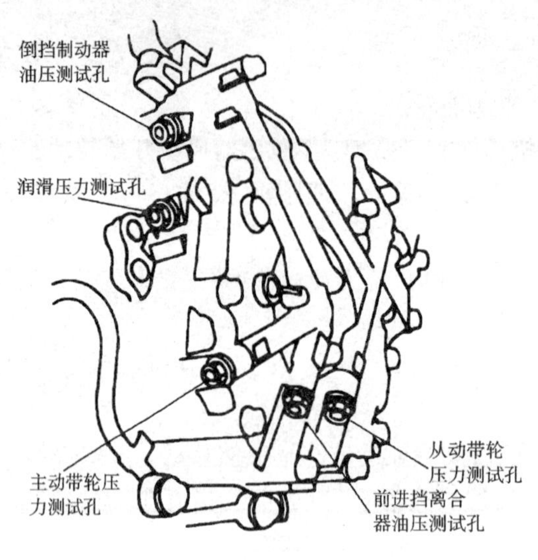

图 5-89 油压测试孔位置

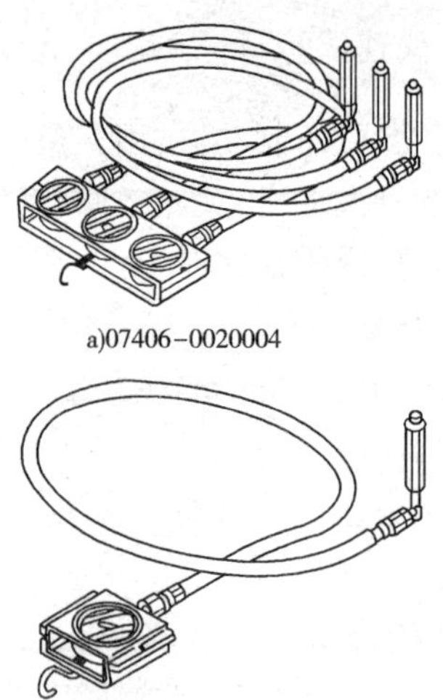

图 5-90 油压测试专用工具

注意:由于自动变速器故障造成动力控制单元(PCM)进入失效保护状态时,主、从动带轮压力可能高达 4.90MPa,所以如果购买普通压力表测量时,应注意压力表的量程。

不同油压的测量条件及规定值见表 5-32,测量完后,安装新的密封圈,用 18N · m 的力矩拧紧螺栓。不正常的测量结果及可能的故障原因分析见表 5-33。

油压测试要求及标准值 表 5-32

测试油压	标准值(MPa)	测试要求
前进挡离合器油压	1.44~1.71	换挡手柄置于 D 位, 发动机转速 1700r/min
倒挡离合器油压	1.44~1.71	换挡手柄置于 R 位, 发动机转速 1700r/min
主动带轮油压	0.31~0.58	换挡手柄置于 N 位, 发动机转速 1700r/min
从动带轮油压	0.43~0.91	换挡手柄置于 N 位, 发动机转速 1700r/min
润滑油压	0.27~0.40	发动机转速 2500r/min

油压试验结果分析 表 5-33

测量结果	可能原因	测量结果	可能原因
前进挡离合器压力太低或没有	前进挡离合器故障	主动带轮压力太低或没有	ATF 泵故障; PH 调节阀故障; 主动带轮控制阀故障; 从动带轮控制阀故障; CVT 主动带轮压力控制阀故障
倒进挡离合器压力太低或没有	倒挡离合器故障		

续上表

测量结果	可能原因
主动带轮压力太高	PH 调节阀故障； 主动带轮控制阀故障； 从动带轮控制阀故障； CVT 主动带轮压力控制阀故障
从动带轮压力太低或没有	ATF 油泵故障； PH 调节阀故障； 主动带轮控制阀故障； 从动带轮控制阀故障； CVT 从动带轮压力控制阀故障
从动带轮压力太高	PH 调节阀故障； 主动带轮控制阀故障； 从动带轮控制阀故障； CVT 从动带轮压力控制阀故障
润滑压力太低或没有	ATF 油泵故障； 润滑压力控制阀故障

5 道路试验

(1)将发动机预热到正常工作温度。

(2)用三角木塞住车轮。

(3)踩下制动踏板，将操纵手柄置于 D 位，踩下加速踏板，然后突然释放，发动机不应失速。

(4)将车辆停在大约 16°的斜坡上，拉紧驻车制动器，然后将操纵手柄置于 P 位，松开驻车制动器，车辆不应该移动。

(5)连接本田专用诊断仪(HDS)，查看 CVT 数据，在平坦的道路上试车，检查节气门开度、车速、发动机转速是否符合规定要求(数据可查阅相关维修资料)。

6 起步离合器校准

在动力系统控制模块(PCM)内存储有用于起步离合器“蠕动”控制的基准进气压力(MAP)传感器信号，如果 PCM 断电，其内存会被清除，则必须进行起步离合器校准。此外，如果对起步离合器进行了维修，也必须进行校准，使 PCM 的存储值与 CVT 自动变速器匹配。否则，可能会出现发动机转速波动不稳甚至熄火，或起步加速时车辆发抖的故障。

起步离合器有车辆静止校准和行驶校准两种方法。

1)车辆静止时的校准步骤

(1)拉紧驻车制动手柄，用三角木塞住车轮，将发动机预热至正常工作温度，确认故障指示灯没有闪烁，关闭点火。

(2)将本田专用诊断仪(HDS)连接到诊断接口(DLC)上。使用专用诊断仪(HDS)或直接诊断接口(DLC)跨接 SCS 线路。

(3)踩下制动踏板并保持不动，在无负载条件下起动发动机，然后打开前照灯。将操纵手柄从 P 位换至 N 位，再依次换至 D、S、L 位，然后反向操作，操纵换挡手柄从 L 位依次换到 S、D、N 位，这些操作要在发动机起动后 20s 内完成。然后检查操纵手柄在 N 位时，“D”指示灯是否亮 1min 后熄灭。如果“D”指示灯闪烁而没有亮，或者常亮 1min 后没有熄灭，关闭点火，重复本步骤。

(4)将操纵手柄换到 D 位，检查“D”指示灯是否长亮 2min，然后熄灭。如果“D”指示灯闪烁而没有亮，或者常亮2min后没有熄灭，关闭点火，重复步骤(3)和(4)。

(5)关闭点火，校准结束。

(6)进行试车，确认起步离合器控制系统没有故障。

2)车辆行驶时的校准步骤

(1)将发动机预热至正常工作温度。

(2)在无负载条件下起动发动机，然后打开前照灯。

(3)操纵手柄在D位驾驶车辆，直到速度达到60km/h。

(4)不要踩下制动踏板(可以采用拉驻车制动器手柄的方法减速)，松开加速踏板，在超过5s的时间内使车辆减速，直到校准结束。

(5)进行试车，确认起步离合器控制系统没有故障。

(二)大众DSG变速器的日常维护与拆装调整

大众7挡DSG变速器是大众公司推出的新一代变速器。采用的是干式双离合器结构，因为省却了控制双离合器的相关液压系统，减轻了变速器的质量，因此和之前的6挡湿式DSG变速器相比，7挡变速器结构更为紧凑，传动效率更高(传动效率达91%，6挡DSG为85%、普通自动变速箱为83%)，燃油经济性更好，成本更低。它把手动变速器和自动变速器的优点很好地结合在一起，既具有手动变速器的高传动效率和燃油经济性，又具有自动变速器的舒适性、易用性。下面以GOLF轿车装配的7挡DSG变速器为例来介绍其日常维护及双离合器的拆装调整方法。

1 使用注意事项

如果关闭发动机，DSG双离合器变速器将得不到润滑，因此牵引车辆时应遵守下列事项。

(1)将变速杆移入位置N。

(2)牵引时的车速不得超50km/h。

(3)牵引距离不得超过50km。

(4)用救援车牵引本车时必须将前轮抬离地面。

2 更换变速器油

7挡DSG变速器油是一种长效机油，无需检查，出现泄漏后，排除所有剩余的油，通过加油口加注1.7L的变速器油。加注过多、过少都可能导致变速器故障。

放油螺栓紧固力矩如图5-91所示。加油螺栓紧固力矩如图5-92所示。

3 拆卸双离合器

如图5-93所示，拔出两个排气罩，并用合适的塞子封住，以防止变速器油渗出。

如图5-94所示，变速器和离合器面朝上固定。

拆卸齿毂的卡环，如图5-95所示。

用卡钩3438(SST)和螺丝刀取出齿毂，如图5-96所示。

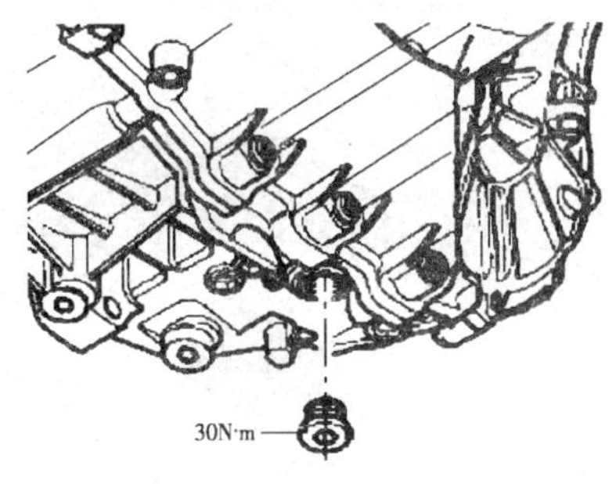

图5-91 放油螺栓紧固力矩

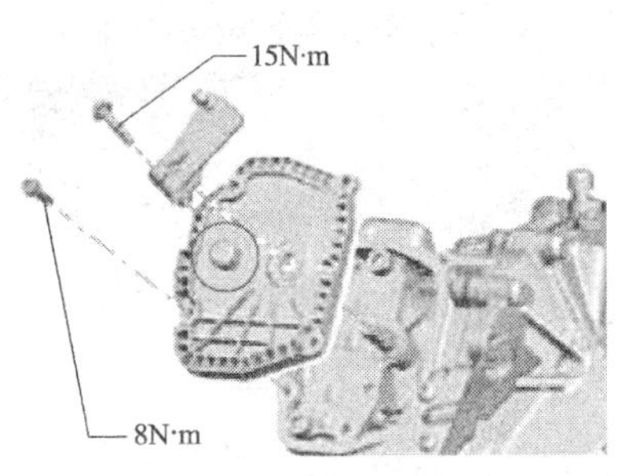

图5-92 加油螺栓紧固力矩

图5-93 拆卸排气罩

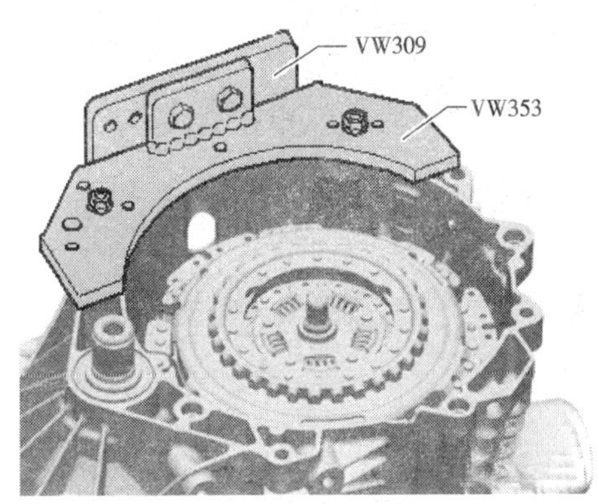

图5-94 固定变速器

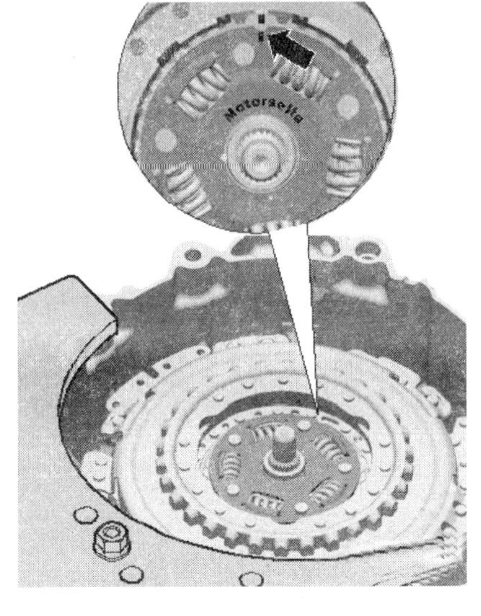

图5-95 拆卸齿毂卡环

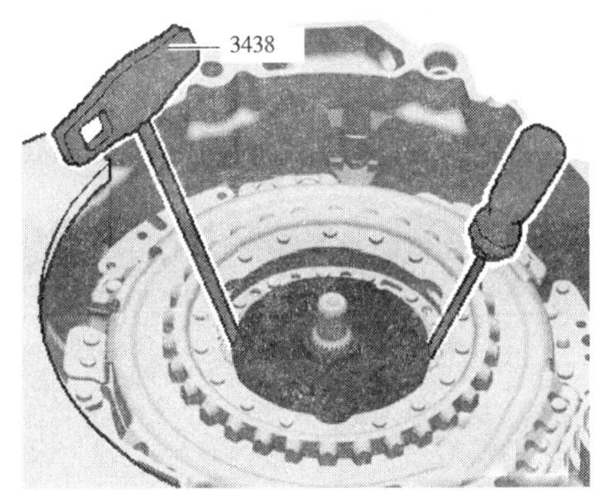

图5-96 拆卸齿毂

拆卸离合器卡环，如图5-97所示。

如图5-98所示，用起拔器拔出离合器。

如图5-99所示，取出小压入式轴承，取出大压入杆。

如图5-100所示，拧下螺栓，拆卸小压入杆。

如图 5-101 所示,取出压入杆定位件。

图 5-97　拆卸离合器卡环

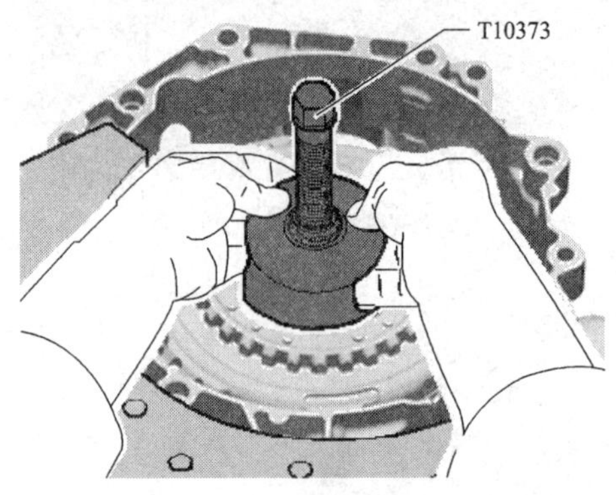

图 5-98　用起拔器拔出离合器

图 5-99　取出小压入式轴承,取出大压入杆

图 5-100　拆卸小压入杆

4　双离合器的调整

在更换离合器及其操纵机构后,必须调整压入式轴承的位置。

提示:如果不更换零件,只是拆卸后重新安装,则无需调整。

1)所需工具

(1)量规 T10374(图 5-102)。

图 5-101　取出压入杆定位件

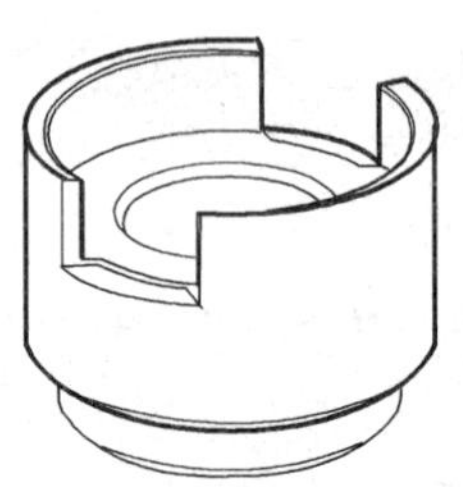

图 5-102　量规 T10374

(2)数字式深度测量卡尺 VAS 6594。

(3)刻度尺 T40100。

2)调整离合器的前提条件

(1)变速器的接触面必须平整,以保证直尺能够稳定地放在接触面上。

(2)已安装机电控制模块。

3)调整流程说明

(1)计算确定离合器调整垫片厚度时所需要用到的尺寸,“*B*”、“*A1*”和“*A2*”,如图5-103和图5-104所示。

(2)确定离合器的公差。

(3)确定调整垫片的厚度。

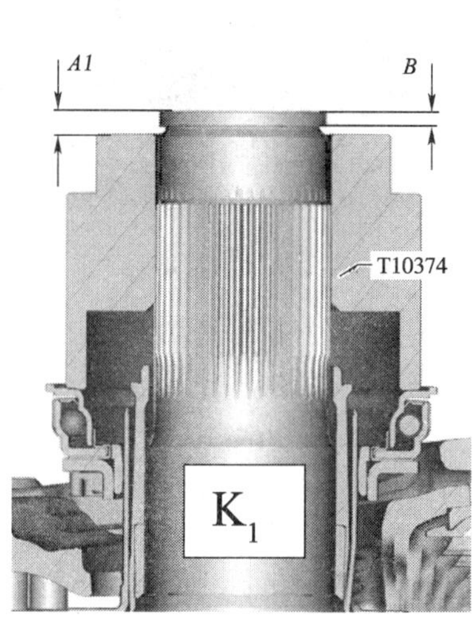

图5-103　离合器 K_1 所需尺寸

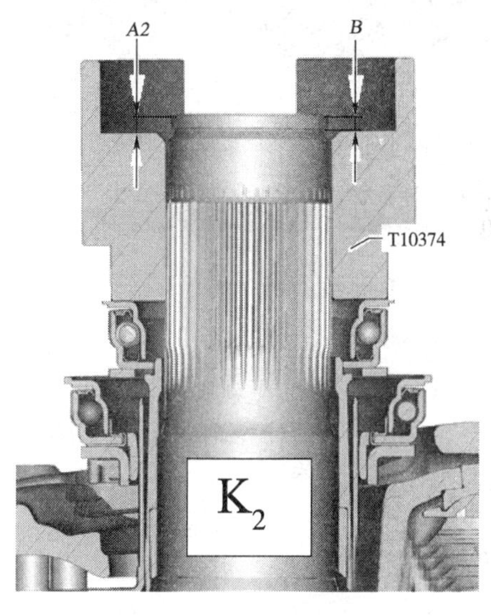

图5-104　离合器 K_2 所需尺寸

4) K_1 调整垫片的确定

安装离合器大压入杆(图5-105)。不要安装小压入式轴承,不要安装调整垫片。

安装外侧驱动轴的卡环(图5-106)。

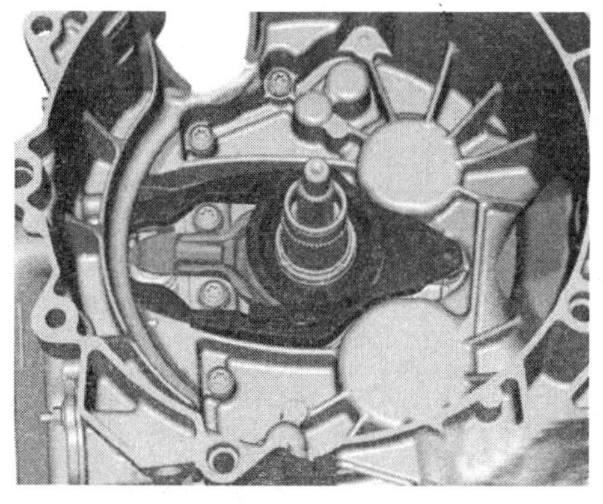

图5-105　安装离合器大压入杆

图5-106　外侧驱动轴卡环

用深度规 VAS 6594 顶在外侧驱动轴的端面上，然后把深度规调零。

用深度规 VAS 6594 测量外侧驱动轴的端面至卡环的距离，记录结果，并称为“*B*”。为了使测量尽量精确，在卡环相对(180°)的位置上，再次测量尺寸“*B*”，计算两次测量的平均值，然后拆下卡环，如图 5-107 所示。

将量规 T10374 置于大压入式轴承上，用手按一下量规 T10374 并使之旋转，观察压入式轴承转动情况，确保量规 T10374 的正确安装，如图 5-108 所示。

图 5-107　测量尺寸“*B*”

图 5-108　安装量规 T10374

图 5-109　测量轴端到刻度尺的距离

测量轴端到刻度尺的距离(图 5-109)。

为了使测量尽量精确，请将深度规放在相对的位置上测量两次，如图 5-110 所示。这样，由于压入式轴承摇晃而造成的不准确量就限制在最小范围内，使测量的数值更精确。计算两次测量的轴端到量规 T10374 的距离的平均值。记录该数值，称之为“*A1*”。

“*A1*” + 量规 T10374 的高度 − “*B*” = 离合器 K_1 压入式轴承的实际深度。量规 T10374 的高度是确定的，即 51.81 mm。

图 5-110　在相对的位置上测量两次量规到刻度尺的距离

[示例]

如果前面测量的数值“A1”=2.71mm、“B”=2.96mm。

则离合器 K_1 压入式轴承的实际深度 =2.71mm + 51.81mm −2.96mm =51.56mm。

现在，已计算确定了压入式轴承在变速器内的实际深度。在每个变速器内，轴承的尺寸是固定的，等于 50.08mm。额定尺寸 50.08 mm 与实际深度之间的偏差值，即离合器 K_1 的间隙。

继续计算：离合器 K_1 压入式轴承的实际深度 − 额定尺寸 = 离合器 K_1 的间隙。

即 51.56mm −50.08mm =1.48mm。

现在，我们还要把离合器的公差考虑在内，这是一个很简单的过程。

请从新离合器上读取离合器公差的数值。

示例 1：离合器上标明“ −0.40mm”，则最后一项关于 K_1 间隙的计算：计算确定的间隙 + 离合器 K_1 的数值 =1.48mm −0.40mm =1.08mm。

示例 2：离合器上标明“ + 0.20mm”，则最后一项关于 K_1 间隙的计算：1.48mm + 0.20mm =1.68mm。

从表 5-34 中选出合适的垫片，在之后安装离合器时要安装该垫片。

离合器调整垫片厚度　　表 5-34

计算确定的调整垫片厚度范围（mm）	安装的调整垫片厚度（mm）	计算确定的调整垫片厚度范围（mm）	安装的调整垫片厚度（mm）
0.31 ~0.9	0.8	1.91 ~2.10	2.0
0.9 ~1.10	1.0	2.11 ~2.30	2.2
1.11 ~1.30	1.2	2.31 ~2.50	2.4
1.31 ~1.50	1.4	2.51 ~2.70	2.6
1.51 ~1.70	1.6	2.71 ~3.30	2.8
1.71 ~1.90	1.8		

5）K_2 调整垫片的确定

安装小轴承，不放调整垫片，如图 5-111 所示。

由于有四个凹槽，小压入式轴承（图 5-112）仅在一个位置上可以正确定位。

图 5-111　安装小轴承示意图

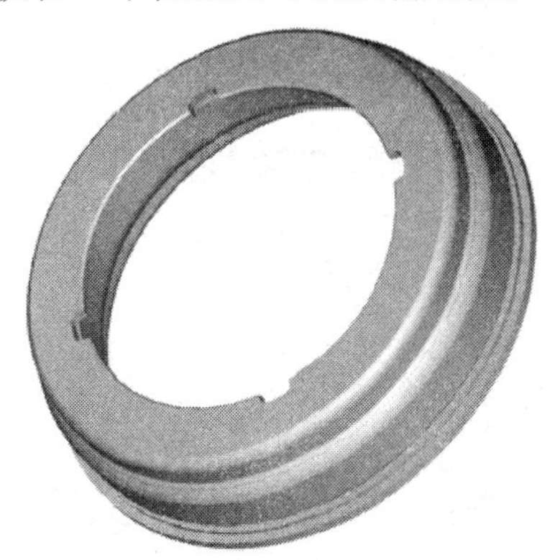

图 5-112　小轴承结构简图

通过旋转小轴承,检查其是否安装正确(图 5-113);凹槽位置是否正确。

量规 T10374 较大开口侧向上放在小轴承上(图 5-114)。

图 5-113　检查小轴承安装是否正确

图 5-114　量规 T10374 的安装方向

深度规上部放在外侧驱动轴上,深度规调零,如图 5-115 所示。

图 5-115　深度规顶在外侧驱动轴上,深度规调零

测量轴端到量规 T10374 的距离,为了使测量尽量精确,将深度规放在相对的位置上测量两次,如图 5-116 所示。这样,由于压入式轴承摇晃而造成的不准确量就限制在最小范围内,得出的数值更精确。

求两次测量轴端到量规 T10374 的距离的平均值,记下该数值,称之为“*A*2”。

下一步的计算:

“*A*2” + 量规 T10374 的高度 -“*B*” = 离合器 K_2 压入式轴承的实际深度。

量规 T10374 的高度是确定的,等于 36.20 mm(提示:不是前述的 51.81mm,量规是反向安装的)。

图 5-116　测量轴端到量规 T10374 的距离

[示例]

如果前面测量的数值"$A2$" = 2.52mm、"B" = 2.96mm。

则离合器 K_2压入式轴承的实际深度 = 2.52mm + 36.20mm − 2.96mm = 35.76mm。

现在,已计算确定压入式轴承在变速器内的实际深度。在每个变速器内,轴承深度的额定尺寸是 34.35mm。额定尺寸与实际深度之间的偏差,即离合器 K_2 的实际间隙。

继续计算:离合器 K_2压入式轴承的实际深度 − 额定尺寸 = 离合器 K_2 的间隙。

离合器 K_2 的间隙 = 35.76mm − 34.35mm = 1.41mm。

和离合器 K_1 一样,我们还要确定双离合器 K_2 的公差。

从新离合器上读取离合器公差的数值。

示例 1:离合器上标明" − 0.40 mm",则最后一项关于 K_2 的计算:计算确定的间隙 + 离合器 K_2 的数值 = 1.41mm − 0.40mm = 1.01mm。

示例 2:离合器上标明" + 0.20 mm",则最后一项关于 K_2 的计算:1.41mm + 0.20mm = 1.61mm。

参考表 5-34 选出合适的垫片。

以此确定 K_2 适用的调整垫片,在之后安装离合器 K_2 时安装该垫片。

5　安装双离合器

安装时不要上油或涂抹润滑脂。

插入压入杆的塑料定位件(图 5-117)。

确认压入杆的正确位置,其仅在一个位置上能正确安装,如图 5-118 所示。

图 5-117　安装塑料定位件

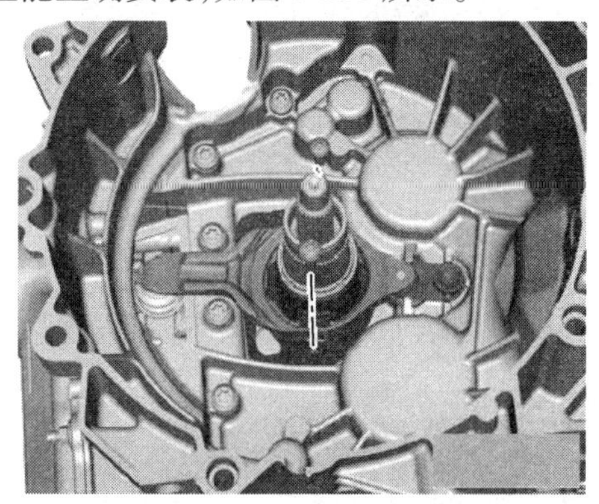

图 5-118　检查压入杆安装位置

用两个新螺栓紧固压入杆,拧紧力矩 8N · m,旋转 90°,如图 5-119 所示。

请注意压入杆的固定架和压入式轴承必须干燥,不能有机油或润滑脂,必要时用抹布清洁。

安装大压入杆,检查安装是否正确,如图 5-120 所示。

安装小压入式轴承和测量后选出的垫片(图 5-121)。先放入垫片,再放入轴承(大调整垫片用于离合器"K_1",小调整垫片用于离合器"K_2")。

由于有四个凹槽,小压入式轴承仅在一个位置上能正确安装,通过旋转,检查是否安装到位，凹槽位置是否正确，如图 5-122 所示。

图 5-119　固定压入杆

图 5-120　安装大压入杆

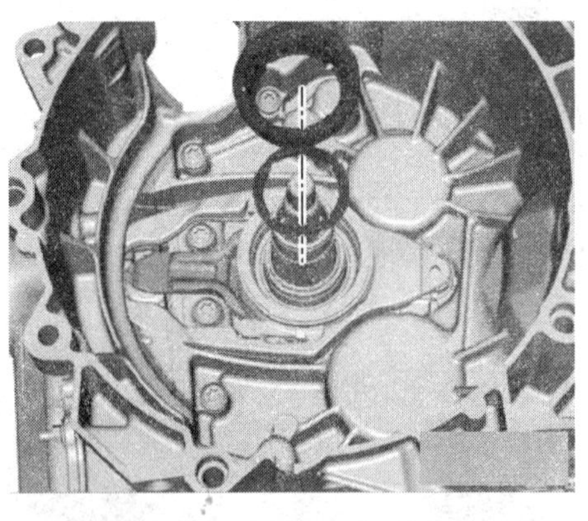
图 5-121　安装小轴承和调整垫片

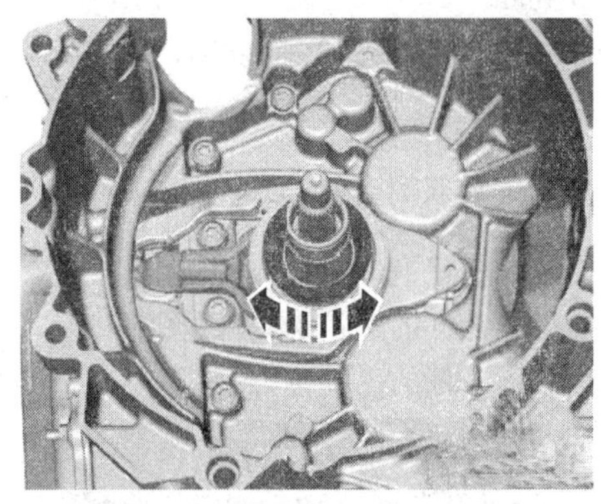
图 5-122　检查小轴承安装是否正确

用三滴黏接剂 AMV 195 KD1 01 固定调整垫片（图 5-123），这样就能防止在放入离合器时，垫片从其位置中滑下。

回旋起拔器 T10373 的丝杆，起拔器 T10373 用于将离合器放入变速器中，如图 5-124 所示。

图 5-123　黏接调整垫片

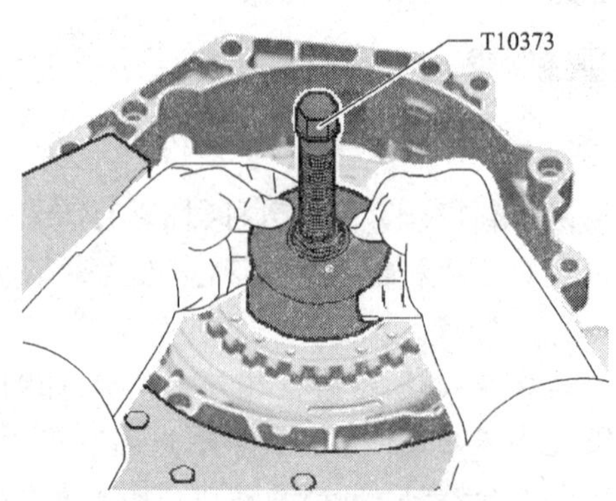

图 5-124　安装离合器总成

向下按压离合器，至限位位置，如图5-125所示。

安装时请注意，工具T10323与变速器凸缘平行。A为自制螺栓，根据需要带有螺母。

观察卡环的开口，该卡环开口较窄一侧朝上，如图5-126所示。

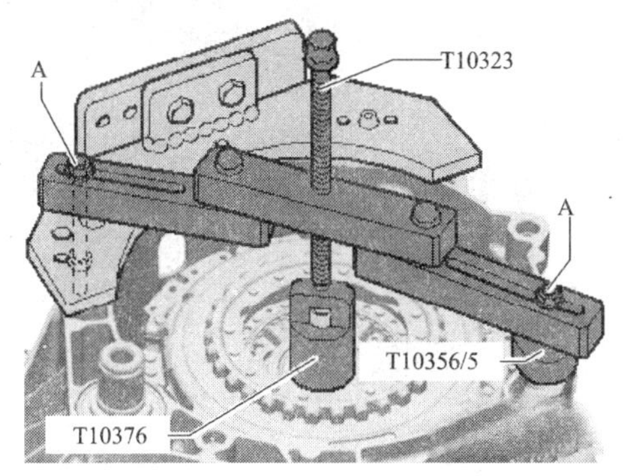

图5-125　用专用工具压入离合器

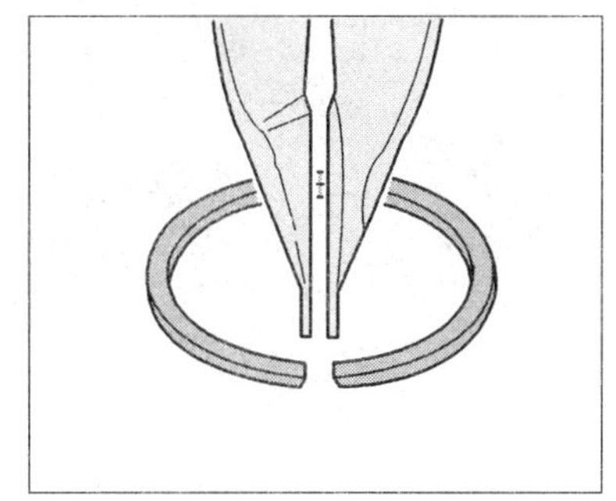
图5-126　定位卡环的方向

如果可以装入卡环，则说明离合器已压到极限位置，如图5-127中箭头所示。

为了使离合器现在到达驱动位置，用手将离合器向起拔器旋转，至触及卡环位置为止，如图5-128所示。为谨慎起见，仅用手进行操作，不使用工具。

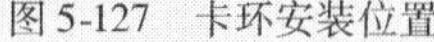
图5-127　卡环安装位置

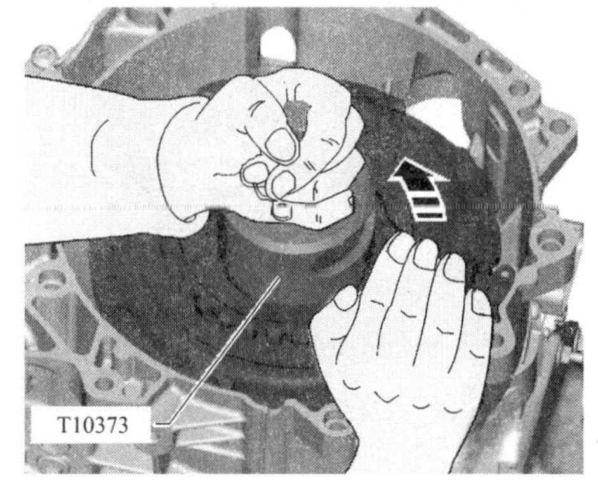

图5-128　旋转离合器使其至正确定位

接下来安装齿毂，齿毂上有一个大轮齿，在齿毂朝向发动机的一侧，大轮齿处有一个标记箭头，即装配标记，如图5-129所示。

插入齿毂的卡环(图5-130)。

用手旋转离合器，并在旋转时观察小压入杆安装是否正确(图5-131)。

此时小压入杆必须在其位置上保持静止　。小压入杆不得上下移动。如果小压入杆上下移动，如图5-132所示，则说明调整垫片安装不到位。出现这种情况，应再次拆卸离合器。

最后重新装上两个排气罩。

安装变速器后,必须用 VAS 5052 进行基本检测。

图 5-129　齿毂上的定位标记

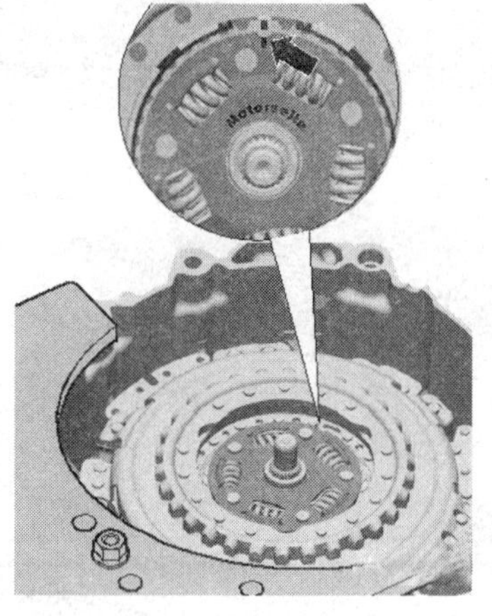

图 5-130　安装齿毂的卡环

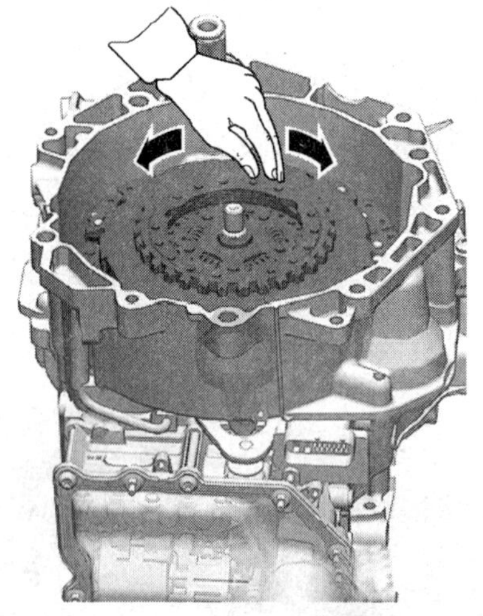

图 5-131　检查小压入杆安装是否正确

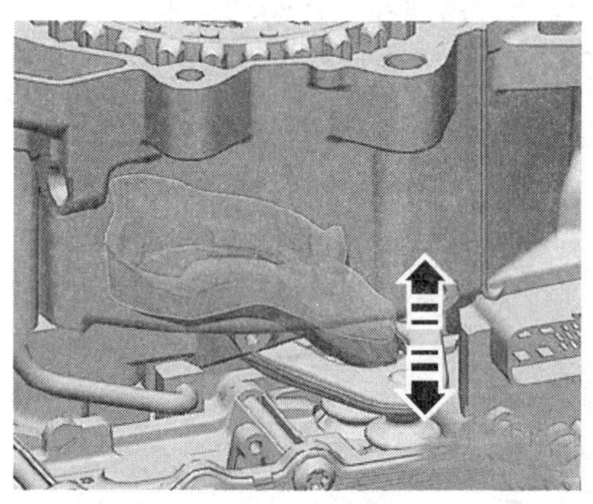

图 5-132　小压入杆上下移动示意图

参 考 文 献

[1] 沈锦.汽车底盘技术与检修[M].北京:机械工业出版社,2010.

[2] 刘利胜,刘成.汽车自动变速器原理与维修[M].北京:中国劳动社会保障出版社,2009.

[3] 丁鸣朝,渠桦.汽车故障维修实例[M].北京:电子工业出版社,2009.

[4] 陈家瑞.汽车构造(下)[M].5版.北京:人民交通出版社,2006.

[5] 周林福.汽车底盘构造与维修[M].北京:人民交通出版社,2005.

[6] 吴玉基.汽车自动变速器构造与维修[M].北京:人民交通出版社,2002.

[7] 蒲永锋.汽车检测、诊断与维修[M].北京:清华大学出版社,北京交通大学出版社,2008.

[8] 崔选盟.汽车故障诊断技术[M].北京:人民交通出版社,2005.

[9] 戴胡斌,程国元.丰田系列轿车维修一本通[M].南京:江苏科学技术出版社,2007.

[10] Jack Erjavec.汽车底盘及其诊断维修[M].司利增译.北京:电子工业出版社,2006.